Tucholsky, Die Zeit schreit nach Satire

Kurt Tucholsky

Die Zeit schreit nach Satire

im Auftrag der Kurt Tucholsky-Gesellschaft herausgegeben

von

Ian King und Steffen Ille

VERLAG ILLE & RIEMER
Leipzig - Weissenfels

Der Text »Begegnung mit Tucho« von Erich Kästner erscheint mit freundlicher Genehmigung des Atrium Verlags Zürich.

VERLAG ILLE & RIEMER
© Leipzig - Weissenfels

Erich Kästner, Begegnung mit Tucho, aus: Der tägliche Kram © Atrium Verlag, Zürich 1948 und Thomas Kästner

2. Auflage 2017

ISBN: 978-3-95420-000-9 (Print)

ISBN: 978-3-95420-100-6 (ePUB)

ISBN: 978-3-95420-200-3 (mobi)

Alle Rechte vorbehalten

Inhaltsverzeichnis

Vorwort 10
Ian King und Steffen Ille

Chronologie 17

An das Publikum (1931) 32

Vorsätze (1907) 34

Die Kartoffeln (1913) 35

Büchner (1913) 36

Der Sadist der Landwehr (1914) 38

Demonstranten-Briefe (1914) 41

Memento (1916) 42

Auf die Weltbühne (1918) 44

Zum ersten August (1918) 45

Helm ab -! (1918) 46

Weihnachten (1918) 47

An Lucianos (1918) 48

Zwei Erschlagene (1919) 50

Was darf die Satire? (1919) 52

Wir Negativen (1919) 55

Krieg dem Kriege (1919) 62

Revolutions-Rückblick (1919) 65

Prozeß Marloh (1919) 67

Gefühle nach dem Kalender (1919) 73

Das leere Schloß (1920) 76

Die Grenze (1920)	83
Offiziere (1920)	85
Deutsche Richtergeneration 1940 (1921)	89
Das Buch von der deutschen Schande (1921)	91
Fang nie was mit Verwandtschaft an! (1921)	98
Die Verteidigung des Vaterlandes (1921)	100
Kleine Begebenheit (1921)	104
Die Reichswehr (1922)	106
Was wäre, wenn... ? (1922)	108
Rathenau (1922)	115
Nebenan (1922)	117
Drei Minuten Gehör! (1922)	120
Rote Melodie (1922)	123
An einen Bonzen (1923)	126
Park Monceau (1924)	128
Der Graben (1924)	129
Vor Verdun (1924)	131
Der General im Salon (1924)	138
Abends nach sechs (1924)	140
Jemand besucht etwas mit seinem Kind (1925)	143
Brief an einen bessern Herrn (1925)	145
Deutsche Kinder in Paris (1925)	151
Der kaiserliche Statthalter (1925)	155
Monolog mit Chören (1925)	158

Herr Wendriner erzieht seine Kinder (1925) 160

Die Zentrale (1925) 162

Ruhe und Ordnung (1925) 164

Frauen von Freunden (1925) 166

Gruß nach vorn (1926) 167

Der Sieg des republikanischen Gedankens (1926) 169

Feldfrüchte (1926) 174

Siegfried Jacobsohn † (1926) 175

Wo bleiben deine Steuern -? (1926) 176

Das Ideal (1927) 178

Zeugung (1927) 180

Start (1927) 182

Ulysses (1927) 186

Wie werden die nächsten Eltern? (1927) 194

Der Mann am Spiegel (1928) 197

Die großen Familien (1928) 202

Wo kommen die Löcher im Käse her -? (1928) 206

Bürgerliche Wohltätigkeit (1928) 211

Was würden Sie tun, wenn Sie die Macht hätten? (1928) 213

Sie schläft (1928) 214

Taschen-Notizkalender (1928) 215

Frauen sind eitel. Männer? Nie -! (1928) 217

Eine leere Zelle (1929) 220

Deutsch für Amerikaner (1929) 222

Die fünfte Jahreszeit (1929) 225

Hej -! (1929) 228

Ideal und Wirklichkeit (1929) 234

Heimat (1929) 236

Augen in der Großstadt (1930) 239

Deutschland erwache! (1930) 241

Die Mäuler auf! (1930) 243

Herr Wendriner steht unter der Diktatur (1930) 244

Ratschläge für einen schlechten Redner (1930) 248

Ein älterer, aber leicht besoffener Herr (1930) 251

Kreuzworträtsel mit Gewalt (1930) 256

Die Karte für den Pfirsich-Melba (1930) 260

Mancher lernts nie (1930) 263

Was machen die Leute da oben eigentlich? (1930) 265

Die Verräter (1931) 268

Lottchen beichtet 1 Geliebten (1931) 270

Rosen auf den Weg gestreut (1931) 273

Der bewachte Kriegsschauplatz (1931) 274

Ein Ehepaar erzählt einen Witz (1931) 276

Es gibt keinen Neuschnee (1931) 280

Das Persönliche (1931) 282

Europa (1932) 284

Für Carl v. Ossietzky (1932) 286

Hitler und Goethe (1932) 289

Moment beim Lesen (1932) 293

An Mary Gerold-Tucholsky 294

Eigenhändige Vita Kurt Tucholskys 297

Begegnung mit Tucho (1946) 301
Erich Kästner

Letzte Seite in Tucholskys »Sudelbuch« 304

Auswahlbibliographie 305

Portrait der Kurt-Tucholsky-Gesellschaft 308

Vorwort

Kurt Tucholsky (1890-1935): schon die Geburts- und Todesjahre verraten einen Anlass für das Erscheinen dieses Bandes. 2015 erleben wir am 9. Januar das 125. Jubiläum seiner Geburt, am 21. Dezember reiht sich zum achtzigsten Mal sein Todestag. Die Kurt Tucholsky-Gesellschaft, die seit 1988 das Andenken an sein Leben und Werk hochhält, will mit diesem Band dem Namenspatron ein neues Publikum erschließen.

Wer war Kurt Tucholsky? Das älteste Kind einer wohlhabenden, assimilierten jüdischen Familie aus Berlin, lautet die erste Antwort. Die zweite fällt komplizierter und ausführlicher aus. Schriftsteller, Publizist, Zeitkritiker, Polemiker, Kriegsgegner, unabhängiger Linker, Antifaschist und Militärkritiker, betonen die Einen: Satiriker, Humorist, Lyriker, Kabarett-Texter, Bestsellerautor, Rezensent, Mitautor eines Stückes und eines Drehbuches, sagen die Anderen. Beide Gruppen haben mit ihren kontrastierenden Aussagen recht. Kurt Tucholsky, der in einer 25jährigen Karriere ca. 3.200 Artikel veröffentlichte, war dies alles und mehr: Promovierter Jurist, Idealist, Frauenkenner, der sich trotz wiederholter Versuche weder persönlich noch politisch auf Dauer binden ließ. Er betrachtete sich als Kassandra der Weimarer Republik, als beruflichen Schwarzseher,[1] dessen düstere Prognosen sich fast immer bewahrheiteten. Als die deutschen Faschisten an die Macht kamen, verbrannten sie seine Bücher, entzogen ihm die deutsche Staatsbürgerschaft, beschlagnahmten seine Bankkonten. Da verstummte er vor Hoffnungslosigkeit und Ekel, lebte zwei Jahre verarmt und vereinsamt im abgelegenen schwedischen Dorf Hindas, nahm vier Tage vor Weihnachten 1935 eine Überdosis und starb in einem Göteborger Krankenhaus. Der Kämpfer für ein sozial gerechtes, demokratischeres Deutschland hatte verloren und trat von der Bühne ab.

Doch war damit die Geschichte des so vielseitig begabten Schriftstellers nicht zu Ende. Zwar hatten die Nazis seine erste Ehefrau, die Ärztin Else Weil, 1942 in Auschwitz ermordet, seine hochbetagte Mutter ein Jahr später in Theresienstadt umgebracht. Aber Mary Gerold-Tucholsky,

---

[1] "Stahlhelm oder Filzhut?", *Die Weltbühne* 17.5.1927, *Kurt Tucholsky, Gesamtausgabe* Band 9, S. 358, sowie „Der Hellseher", WB 1.4.1930, GA 13, S. 135-140.

seine zweite Frau und Alleinerbin eines Nachlasses, der im materiellen Sinne größtenteils aus Schulden bestand, kümmerte sich um die verstreuten Schriften, knüpfte Kontakte zu Freunden und noch lebenden Mitstreitern, half bei der Herausgabe neuer Editionen,[2] baute in ihrem Haus in Rottach ein Archiv, führte Generationen von Tucholskybegeisterten Forscherinnen und Forschern an das Werk ihres geschiedenen Ehemanns heran. Sie inspirierte ihrerseits Herausgeber wie Fritz J. Raddatz in der Bundesrepublik, Roland Links in der DDR, den Schweizer Gustav Huonker und nicht zuletzt die verdienstvollen Herausgeber der Gesamtausgabe, Antje Bonitz, Dirk Grathoff, Michael Hepp und Gerhard Kraiker. So kam der Schriftsteller, der sich zu Lebzeiten beklagte, „Erfolg, aber keinerlei Wirkung"[3] zu haben, Jahre nach seinem Tode zu einem neuen, viel zahlreicheren Publikum, das sich bei seinen Werken amüsierte und seinen komplexen Charakter abwechselnd bewunderte und bedauerte, an seinem Kampf Anteil nahm und Lehren für die Gegenwart daraus zog. Letzteres gilt ironischerweise auch für die Verteidiger der Ehre der Bundeswehr, die sich noch 1996 von dem 1931 geschriebenen Tucholsky-Satz „Soldaten sind Mörder"[4] beleidigt fühlte und vor verschiedenen Gerichten Prozesse gegen den Spruch und den Toten durchführte. Dass Tucholskys Humor die Jahre überdauert hatte, wussten viele; doch mag dieser Beweis der politischen Aktualität seiner Schriften einige Leser in Deutschland sowie im Ausland überrascht haben.

---

[2] Mary Gerold-Tucholsky und Fritz J. Raddatz (Hg), *Kurt Tucholsky, Gesammelte Werke*, Reinbek, Rowohlt, verschiedene Editionen ab 1960, Roland Links mit Christa Links (Hg), *Kurt Tucholsky, Werke in sechs Bänden*, Berlin, Volk und Welt, ab 1960; Mary Gerold-Tucholsky und Gustav Huonker (Hg), *Briefe aus dem Schweigen* und *Die Q-Tagebücher*, Reinbek, Rowohlt, 1977 und 1978; Antje Bonitz, Dirk Grathoff, Michael Hepp und Gerhard Kraiker, *Kurt Tucholsky Gesamtausgabe, Texte und Briefe*, Reinbek, Rowohlt, 1996-2011.
[3] Tucholsky, Brief an Hans Schönlank, 10.1.1923, GA 17, S. 224.
[4] Das Zitat in Tucholsky, "Der bewachte Kriegsschauplatz", WB 4.8.1931, GA 14, S. 348. Eine Analyse der Kontroverse in Michael Hepp/Viktor Otto (Hg), *„Soldaten sind Mörder". Dokumentation einer Debatte 1931-1996*, Berlin, Christoph Links Verlag, 1996.

Der Editionsgrundsatz in dieser neuen Anthologie von Tucholskys wichtigsten Werken lautete daher, sowohl den Politiker als auch den Stilisten Tucholsky angemessen und systematisch zu Wort kommen zu lassen, ohne sich an der Leistung der Herausgeber der Gesamtausgabe messen zu wollen. Denn gerade die politische Entwicklung Tucholskys - vom SPD-Anhänger vor 1914 und *Vorwärts*-Autor zum Kriegskritiker, aber auch Kriegsteilnehmer, zum demokratisch inspirierten Möchtegern-Militärreformer 1919 und 1920 ist ein oft missverstandenes Kapitel. Tucholsky wollte eine neue Armee mit neuem Geist, wo der Offizier sich als befehlender Kamerad verstand:[5] stattdessen bekam Deutschland einen antidemokratischen Staat im Staat, der Arbeiteraufstände in Blut erstickte, gegen die eigene Regierung putschte und das Land außenpolitisch kompromittierte. Erst als sich die Nicht-Reformierbarkeit der Militärs eingestehen musste, wiederholte Tucholsky den alten sozialdemokratischen Spruch der Kaiserzeit: „Dieser Reichswehr keinen Mann und keinen Groschen!"[6] Erst als er die Wirklichkeit der mörderischen Schlachten an der Westfront vor Verdun im nachhinein erlebte[7] und die aggressiven Pläne deutscher Militärs für einen Revanchekrieg durchschaute, verlangte er - übrigens in Verbindung mit anderen Pazifisten wie dem Physiker Albert Einstein[8] - die Dienstverweigerung im Kriegsfall, die Notwendigkeit, das „Vaterland Europa"[9] vor einer Wiederholung des Weltkrieges zu schützen.

Auch Tucholskys wechselnde parteipolitische Stellungnahmen werden erst erklärbar, wenn man die wechselnde Wirklichkeit der Weimarer Republik und nicht zuletzt die Ansprüche seiner verschiedenen Brotgeber in Betracht zieht. In dem liberalen *Berliner Tageblatt*, wo er von Dezember 1918 bis März 1920 als Redakteur angestellt war, verlangte man

---

[5] "Militaria VI, Unser Militär", WB 20.2.1919, GA 3, S. 52-58.
[6] "Keinen Mann und keinen Groschen", WB 5.4.1927, GA 9, S. 297-299.
[7] "Vor Verdun", WB 7.8.1924, GA 6, S. 252-258.
[8] Siehe David E. Rowe und Robert Schulmann (Hg.): *Einstein on politics, his private thoughts and public stands on nationalism, Zionism, war, peace and the bomb*, Princeton/Oxford, Princeton University Press, 2007, S. 241.
[9] "Die großen Familien", WB 27.3.1928, GA 10, S. 124.

eine gegen Gewaltanwendung von rechts und links gerichtete Linie[10] - die er anfangs nach vier Jahren rücksichtslosen Blutvergießens durchaus bejahen konnte. Andererseits musste er bald erkennen, dass die hinter dieser renommierten Zeitung stehende, linksliberal eingestellte Deutsche Demokratische Partei eher an undurchsichtigen Manövern zur Selbsterhaltung als an der Einführung und Sicherung einer Demokratie interessiert war. Nicht nur auf militär-, sondern auf allgemeinpolitischem Gebiet hatten die in der Revolutionsregierung und der späteren Koalition der linken Mitte regierenden Mehrheitssozialdemokraten um Friedrich Ebert und Gustav Noske ebenfalls versagt: die Demokratie blieb schwach und vor allem ihren rechten Feinden gegenüber verwundbar. So trat Tucholsky im März 1920 der Unabhängigen Sozialdemokratischen Partei bei, seine erste und letzte Erfahrung als Mitglied einer Partei; er unterstützte sie mit Kriegserinnerungsartikeln im Reichstagswahlkampf,[11] zerpflückte für sie den alle vernünftigen Grenzen sprengenden Militäretat mit einer Mischung von Genauigkeit und unterkühltem Zorn, die an den *Hessischen Landboten* des jungen Georg Büchner erinnert.[12] Doch die ursprünglich 1917 als Sammelbecken für Kriegsgegner gegründete USPD spaltete sich bereits im Herbst 1920, ein Großteil der Mitglieder sowie einige Abgeordnete traten der bisher kleinen, relativ einflusslosen Kommunistischen Partei Deutschlands bei. Tucholsky folgte ihnen nicht; aber auch nach der Vereinigung mit der SPD-Mutterpartei 1922 blieb er nicht lange in den gleichen Reihen wie die für ihn durch ungünstige Kompromisse diskreditierten SPD-Führer.

Nach der Wahl des greisen preußischen Monarchisten und ehemaligen Feldmarschalls von Hindenburg zum Reichspräsidenten begann Tucholsky, an dem Parlamentarismus zu verzweifeln. Rechte Bürgerblockregierungen sorgten dafür, dass die von ihm ersehnte solidarische Gesellschaft mit Herz für die Schwachen ferner erschien denn je: und Hindenburgs Sieg bedeutete für ihn nicht nur das Ende der letzten Reste des parlamentarischen Systems, sondern die Gefahr eines erneuten Krieg

---

[10] Vgl. "Gegen rechts und gegen links", *Ulk*, 21.3.1919, GA 3, S. 94.
[11] "Vier Jahre und ein Tag", *Die Freiheit*, 6.6.1920, GA 4, S. 234-237.
[12] "Wo bleiben deine Steuern?", *Die Freiheit*, 18.11.1920 und 19.11.1920, GA 4, S. 498-503 und S. 507-511.

gegen sein Gastland Frankreich,[13] aus dem er seit einem Jahr um Frieden und gegenseitiges Verständnis warb. Er sah sogar die außenpolitischen Schritte voraus, mit denen Deutschland den Krieg vorbereiten würde - Anschluss Österreichs, Ausnutzung von Nationalitätenkonflikten in der Tschechoslowakei, vorläufiges Bündnis mit Sowjetrussland zur Beseitigung Polens - und die wahrscheinlichen Folgen: eine antideutsche Koalition von Schottland bis Kalifornien, die seinem Land eine noch verhängnisvollere Niederlage 1918 bringen würde.[14] Kein Wunder also, dass er die kommunistische Arbeiterbewegung - weniger deren Führer, denen er seit der Ermordung von Rosa Luxemburg und Karl Liebknecht und dem Tod Lenins misstraute[15] - eine Zeitlang als letzte Hoffnung betrachtete, gewissermaßen als letzten Rettungsanker auf stürmischer See. So schrieb er von 1928 bis 1930 Kampfgedichte für die auflagenstarke *Arbeiter Illustrierte Zeitung* des KPD-Pressechefs Willi Münzenberg,[16] veröffentlichte den polemischen, ironisch betitelten Sammelband *Deutschland, Deutschland über alles*, mit Fotomontagen von John Heartfield 1929 in Münzenbergs Neuem Deutschen Verlag - und wusste trotzdem genau, dass das von ihm und anderen linken Intellektuellen gesuchte Bündnis mit der KPD wegen deren dogmatischer Führung, der Gängelung durch die von Moskau gesteuerte Komintern und vor allem wegen der verhängnisvollen Sozialfaschismusthese nicht auf Dauer erfolgreich sein konnte. Statt zum Kampf gegen den gemeinsamen Feind, die Nazis, ließen weder Kommunisten noch Sozialdemokraten von ihrem Bruderkampf ab; auch Tucholsky und sein *Weltbühne*-Kollege Carl von Ossietzky konnten sie nicht davon abbringen. Teile von Deutschlands angestammten Eliten wollten Hitlers rechte Massenbewegung an die Macht bringen; am 30. Januar 1933 ist es den Junkern, hohen Offizieren, Mon-

---

[13] "Der kaiserliche Statthalter", *Die Menschheit*, 17.4.1925, GA 7, S. 179-182.
[14] "Brief an einen bessern Herrn", WB 24.3.1925, GA 7, S. 135-141.
[15] Siehe z.B. "Kleine Reise", WB 3.1.1924, wo er die KPD-Führer abschätzig als „Radeks sitzengebliebene Zöglinge" beschreibt. (GA 6, S. 123).
[16] Zwischen März 1928 und September erscheinen in der *Arbeiter Illustrierten Zeitung* Agitationsgedichte von Tucholskys dichtendem Pseudonym Theobald Tiger, aber auch unpolitische wie „Augen in der Großstadt", (AIZ März 1930, GA 13, S. 96-98).

tanindustriellen und Bankiers gelungen, den geistig schlichten Hindenburg auf ihre Seite zu ziehen. Die Folgen für Deutschland und die Welt sind bekannt.

Diese zuerst 1959 von Hans Prescher skizzierte,[17] mit den Problemen der Weimarer Republik eng zusammenhängende politische Entwicklung Tucholskys einem neuen Publikum deutlich zu machen, ist folglich das erste Ziel dieser Anthologie. Aber kaum weniger wichtig ist es, den anderen, „literarischen" Tucholsky zu zeigen: den glasklaren Stilisten, leidenschaftlichen Satiriker, den Lyriker und Humoristen. Denn wir haben es nicht nur mit einem unermüdlichen Kämpfer zu tun, sondern auch mit einem Meister der kleinen literarischen Form. Aber sein gattungsprengendes Werk hat noch längst nicht die gebührende Anerkennung an Deutschlands Hochschulen gefunden. (Der eine Herausgeber erinnert sich daran, wie ihm ein Tübinger Germanistik-Professor Tucholsky als Doktorthema auszureden versuchte: in den folgenden vierzig Jahren hat es den Anschein, als ob sich in der Beziehung wenig geändert hätte. Hoffen wir auf ein Umdenken.) Dass Satiren wie „Die Verteidigung des Vaterlandes"[18] kleine Meisterwerke sind, hat das KTG-Mitglied Dieter Mayer wiederholt öffentlich demonstriert: wir brauchen viele Nachfolger in diesem Geist. Was aber nicht ausschließen soll, der Frage nach der Herkunft der Löcher im Käse begeistert nachzugehen oder Parodien wie „Hitler und Goethe" zu genießen, wenn auch mit dem kalten Schauder derjenigen, die wissen, was nach dem Erscheinungsjahr 1932 kam. Überhaupt hat man oft das Gefühl, dass gerade die lustigsten Feuilletons aus der Feder des ob der Zukunft Deutschlands langsam verzweifelnden Tucholsky entstammen: wieder die Verbindung zwischen dem Idyllischen und dem Politischen, der ihm seit dem Vor-

---

[17] Hans Prescher, *Kurt Tucholsky,* Berlin, Colloquium Verlag, 1959, Neudruck 1982.
[18] Tucholskys Antikriegssatire "Die Verteidigung des Vaterlandes" erscheint am 6.10.1921 in der*Weltbühne,* (GA 5, S. 130-134). Dieter Mayers Analyse in „Vor Verdun: Tucholskys Kommunikationsstrategien als Teil eines wirkungsvollen Pazifismus", in der neuesten Fassung in Mayer, *Kurt Tucholsky, Joseph Roth, Walter Mehring, Beiträge zu Politik und Kultur zwischen den Weltkriegen,* Frankfurt, Peter Lang Verlag, 2010, S. 144-147.

spruch zum programmatischen *Weltbühne*-Artikel „Wir Negativen"[19] von März 1919 geläufig ist. Tucholsky hat zwar in seiner schriftstellerischen Karriere eine Menge Pseudonyme gebraucht, um einzelne Aspekte seines publizistischen und literarischen Schaffens besser zur Geltung kommen zu lassen. Aber den gemeinsamen Schöpfer verleugnen Ignaz Wrobel, Theobald Tiger, Peter Panter und Kaspar Hauser nicht. Dem Andenken dieses Schöpfers Kurt Tucholsky ist dieser Band und die Tätigkeit der Kurt Tucholsky-Gesellschaft gewidmet.

Ian King und Steffen Ille
London und Leipzig, 2015

---

[19] Vgl. das Schopenhauer-Zitat als Vorspruch sowie die letzten Sätze von „Wir Negativen", WB 13.3.1919, GA 3, S. 73 und den Schluss, ebd. S. 80.

Chronologie

1890

9. Januar — Kurt Tucholsky wird in Berlin-Moabit geboren. Eltern: Alex Tucholsky (1855-1905), Kaufmann und Bankdirektor; Doris Tucholsky, geb. Tucholski (1861-1943). 1893-1899 lebt die Familie in Stettin.

1905

1. November — Tod des Vaters

1907

22. November — Im »Ulk«, der satirischen Beilage des »Berliner Tageblatts«, erscheinen anonym seine ersten Arbeiten: »Märchen« und »Vorsätze«.

1909

7. Oktober — Beginn des Jura-Studiums an der Friedrich-Wilhelm-Universität in Berlin.

1910

studiert Tucholsky im Sommersemester an der Universität Genf.

1911

25. April — Erster Artikel im sozialdemokratischen »Vorwärts« (Mitarbeit bis Sommer 1914).

August — Mit Else Weil, genannt "Claire Pimbusch", in Rheinsberg.

Herbst — Tucholsky arbeitet im Wahlkampf für die SPD.

1912

17. Januar	Erste Veröffentlichung im »Prager Tagblatt«.
15. November	»Rheinsberg. Ein Bilderbuch für Verliebte« erscheint. (Das Buch wird bis 1932 120.000 mal verkauft.)

1913

9. Januar	Tucholsky beginnt seine Arbeit für die »Schaubühne«. Im Frühjahr führt er die Pseudonyme "Ignaz Wrobel", "Peter Panter" und "Theobald Tiger" ein.
7. April	Erstmals Arbeiten im »Simplicissimus«.
1. September	Der Zeitsparer, Grotesken von Ignaz Wrobel, erscheint.

1914

1. Juli	Austritt aus der Jüdischen Gemeinde zu Berlin.

1915

12. Februar	Promotion an der Universität Jena.
10. April	Dienstantritt an der Ostfront als Armierungssoldat. Bis August 1916 wird Tucholsky bei Stellungskämpfen eingesetzt, danach ist er Kompanie-Schreiber. Ab November 1916 arbeitet er als Redakteur der Soldaten-Zeitschrift »Der Flieger« in Alt-Autz im Baltikum.

1917

11. September	Beförderung zum Unteroffizier.
November	Tucholsky verliebt sich in Mary Gerold (1898-1987) aus Riga.

1918

8. Mai	Versetzung zur Politischen Polizei in Bukarest.
21. Juli	Tucholsky läßt sich in Turn-Severin evangelisch taufen.
20./21. November	Rückkehr nach Berlin.
Dezember	Er übernimmt die Redaktion des »Ulk«, der satirischen Wochenbeilage des »Berliner Tageblatts« und der »Berliner Volks-Zeitung«. Er führt das Pseudonym "Kaspar Hauser" ein.

1919

9. Januar	Erster Artikel der »Militaria«-Serie in der »Weltbühne«.
13. März	erscheint Tucholskys programmatischer Artikel »Wir Negativen«.
Juni	Er übernimmt auch redaktionelle Aufgaben bei der »Weltbühne«.
30. August	Tucholsky gehört mit Ossietzky, Gumbel, Vetter u.a. zu den Gründern des »Friedensbundes der Kriegsteilnehmer«, der die »Nie wieder Krieg«-Massenkundgebungen organisiert.
Ende Oktober	Die Gedichtsammlung »Fromme Gesänge« von Theobald Tiger erscheint. Arbeiten für das von Max Reinhardt gegründete Kabarett »Schall und Rauch«.

1920

5. Januar	Mary Gerold kommt nach Berlin, sie trifft Tucholsky nach anderthalb Jahren wieder, Februar trennen sich die beiden.

9. Februar	Premiere von Nestroys »Judith und Holofernes« in der parodistischen Bearbeitung von Theobald Tiger, Regie: Max Reinhardt.
1. März	Eintritt in die USPD.
3. Mai	Tucholsky heiratet die Ärztin Else Weil (1889-1942), die "Claire" aus Rheinsberg.
ab Mai	Arbeiten für die USPD-Blätter »Freie Welt« und »Die Freiheit«.
Juli	Redakteur des »Pieron«, einer staatlich finanzierten Propaganda-Zeitschrift, die vor der im Versailler Vertrag festgelegten Abstimmung für den Verbleib Oberschlesiens im Deutschen Reich wirbt.
1. August	Rede auf der »Nie wieder Krieg«-Kundgebung im Berliner Lustgarten.
November	»Träumereien an preußischen Kaminen« von Peter Panter.
Dezember	Wegen seiner Arbeit für den »Pieron« lehnen die USPD-Zeitungen es ab, Artikel von Tucholsky zu publizieren.
18. Dezember	Aufgrund der öffentlichen Kritik kündigt er beim »Pieron« zum Jahresende.

1921

	Chansons für Gussy Holl, Paul Graetz, Claire Waldoff, Rosa Valetti, Trude Hesterberg, Kate Kühl u.a.
Oktober	Premiere der Nelson-Revue »Bitte zahlen« mit zahlreichen Chansons von Theobald Tiger.
3. November	Der von Reichswehrminister Geßler gegen Tucholsky angestrengte Prozeß wegen des Artikels Offiziere endet mit einem Freispruch.

1922

30. März	In der »Weltbühnen«-Militär-Kritik »Die Erdolchten« verwechselt Tucholsky zwei Namen von Offizieren. Daraufhin Strafantrag der Reichswehrführung.
26. April	Teilnahme an einer Kundgebung der »Deutschen Liga für Menschenrechte«.
17. Juni	Die USPD-Führung fordert ihre Parteiblätter auf, Tucholsky wieder zu drucken.
30. Juli	»Nie wieder Krieg«-Kundgebung in Berlin. Das Gedicht Drei Minuten Gehör wird in vielen Städten vorgetragen.
11. August	Massenkundgebung zum »Geburtstag der Reichsverfassung« in Berlin. Tucholsky war an der Vorbereitung des republikanischen Festes beteiligt.
Herbst	Bewerbungen bei verschiedenen Wirtschaftsunternehmen.
Oktober	Premiere der Rudolf Nelson-Revue »Wir steh'n verkehrt« mit 9 Couplets von Theobald Tiger.

1923

1. März	Arbeit im Bankhaus Bett, Simon & Co.
Juni	Eröffnung des von Tucholsky mitbegründeten Cabarets »Die Gondel«.
22. Juni	Trennung von Else Weil.
15. Juli	Das Angebot Siegfried Jacobsohns für eine feste Mitarbeit im »Weltbühnen«-Verlag lehnt Tucholsky vorerst ab.

1924

15. Februar	Vertrag mit Siegfried Jacobsohn über Tucholskys Mitarbeit bei der »Weltbühne«.

24. März	Aufnahme in die Berliner Freimaurerloge »Zur Morgenröte«.
6. April	Abreise nach Paris als Korrespondent für die »Weltbühne« und die »Vossische Zeitung«.
30. August	Kurt Tucholsky und Mary Gerold heiraten.
16. September	Das Ehepaar zieht nach Paris.
23. Oktober	In der »Weltbühne« erscheint die erste »Herr Wendriner«-Geschichte von Kaspar Hauser.

1925

1. Mai	Gemeinsamer Umzug von Paris nach Le Vesinet.
16. Juni	Aufnahme in die Freimaurer-Loge »Les Zélés Philanthropes [Eifrige Menschenfreunde]«.
23. Juni	Aufnahme in die Loge »L'Effort [Die Bemühung]«.
7. Juli	Die erste »Nachher«-Geschichte von Kaspar Hauser erscheint in der »Weltbühne«.
18. August-Mitte Oktober	Reise mit seiner Frau in die Pyrenäen. Immer wieder Streit.

1926

Januar	Vorträge bei der französischen »Liga für Menschenrechte«.
Mai	Reise über Basel nach Wien, wo er mit Max Reinhardt über ein neue Revue berät.
Juni	Er reist allein in die Normandie.
Juli	Kurt Hiller gründet die »Gruppe Revolutionärer Pazifisten«. Tucholsky wird in den Vorstand gewählt.

6. Juli	Reise nach Garmisch, um mit Alfred Polgar eine Revue für Max Pallenberg und Fritzi Massary zu schreiben.
1. August	Versammlung der »Deutschen Liga für Menschenrechte«. Carl von Ossietzky und der abwesende Tucholsky werden in den Vorstand gewählt.
September	In Berlin.
Oktober	Das Ehepaar Tucholsky zieht nach Fontainebleau.
3. Dezember	Siegfried Jacobsohn stirbt. Tucholsky fährt sofort nach Berlin und übernimmt bis Mai 1927 die Leitung der »Weltbühne«.

1927

8. Januar	Verhandlungen mit Edith Jacobsohn über die Weiterführung der »Weltbühne«.
25. Januar	Tucholsky lernt die Journalistin Lisa Matthias (1894-1982) kennen, das Vorbild für die Figur des "Lottchens".
März	»Ein Pyrenäenbuch« von Peter Panter erscheint.
15. Mai	Jahrestagung der »Deutschen Liga für Menschenrechte«, Tucholsky gehört dem Vorstand bis 1930 an.
Mai	Nach der Übergabe der Leitung der »Weltbühne« an Carl von Ossietzky reist er nach Dänemark.
22. Mai	Beim II. Reichskongress der kommunistischen »Roten Hilfe Deutschland« wird Tucholsky in den Vorstand gewählt.
Juni	In Morgenstrup-Kro per Lou in Dänemark arbeitet er an dem Sammelband »Mit 5 PS«.
27. Juli	Rückkehr nach Paris.

9.-29. September	Spessart-Wanderung mit Erich Danehl ("Karlchen") und Hans Fritsch ("Jakopp").
18. November	Die »Vossische Zeitung« druckt Peter Panters Reisebericht »Das Wirtshaus im Spessart«.
Dezember	Der Sammelband »Mit 5 PS« erscheint.

1928

Januar	In Berlin. Klagen über Nasenbeschwerden.
21. März	Das Gedicht »Ersatz« von Theobald Tiger ist sein erster Beitrag in der KPD-nahen »A-I-Z« [Arbeiter-Illustrierte-Zeitung].
7. Mai	Lisa Matthias bei Tucholsky in Paris. Gemeinsame Riviera-Reise.
4. Juni-13. Juli	Kuraufenthalt im Sanatorium am Königspark in Dresden.
Ende Juli/August	In Kivik (Süd-Schweden), um ein Theaterstück über Kolumbus zu schreiben und einen neuen Sammelband für Rowohlt zu konzipieren.
6. September	Erster »Lottchen«-Monolog von Peter Panter in der »Vossischen Zeitung«.
18. September	In Berlin. Vorwürfe aus dem Ullstein-Verlag wegen der »A-I-Z«-Beiträge.
19. September	Verhandlungen mit Münzenberg (Organisator der »Roten Hilfe« und kommunistischer Großverleger) über eine engere Zusammenarbeit.
29. September	Rückkehr nach Paris.
20. November	Mary Tucholsky verlässt ihren Mann und zieht nach Berlin.
Dezember	Der Sammelband »Das Lächeln der Mona Lisa« erscheint.
ab 20. Dezember	Bei Lisa Matthias im Tessin.

1929

	Ständige Klagen über Kopfschmerzen und Krankheiten.
4. Januar	Rückkehr nach Paris.
11. Januar	Tucholsky erhält die Carte d'identité der Republik Frankreich, gültig bis 1930.
6. Februar	Lisa Matthias trifft in Paris ein.
24. März	»Tucholsky-Matinee« im Theater am Nollendorfplatz mit Henri Barbusse, Hollaender, Ernst Busch, Graetz, Valetti u.a.
April-Oktober	Tucholsky wohnt im Haus Fjälltorp in Läggesta, in der Nähe von Schloß Gripsholm.
6. August	Deutschland, Deutschland über alles erscheint.
7. August	Tucholsky mietet die Villa Nedsjölund in Hindås an.
14. / 15. Oktober	Auf dem III. Reichskongress der »Roten Hilfe Deutschland« erneute Wahl in den Vorstand.
15. Oktober-16. November	In Berlin bei Lisa Matthias.
18. November-2. Dezember	Lesereise: Köln, Frankfurt, Mannheim, Wiesbaden, Darmstadt, Mainz, Dresden, Leipzig, Breslau, Hamburg. In Wiesbaden kommt es zu Tumulten; ein Besucher wird für Tucholsky gehalten und verprügelt.
6. Dezember	Reise über Basel nach Lugano zu Lisa Matthias.

1930

22. Januar	Tucholsky verlegt seinen Wohnsitz nach Schweden, anfang Februar zieht er in die Villa Nedsjölund in Hindås.

1.-12. Juni	Reise nach Berlin.
19. Juli	Kurhaus Sonnmatt in Luzern, nach monatelangen Klagen über eine "Magensache" und Nasenbeschwerden. Nach einer Tessin-Reise im August verbringt er den Sommer in Berlin.
Oktober	Gertrude Meyer (1897-1990) wird seine Sekretärin und Dolmetscherin. Bald entsteht eine engere Beziehung.
21. Oktober	Besuch Carl von Ossietzkys in Hindås. Sie beraten über einen Ausweich-Ort für die »Weltbühne«.
10. Dezember	Vertrag mit Rowohlt über Schloss Gripsholm.
25. Dezember	Lisa Matthias in Hindås.

1931

	Die Beziehung mit Lisa Matthias zerbricht.
16. / 17. März	Treffen mit Carl von Ossietzky in Lübeck. Sie beraten über die zukünftige Strategie der »Weltbühne«.
20. März-26. April	Vorabdruck von Schloß Gripsholm im »Berliner Tageblatt«.
29. März	Versammlung der »Liga für Menschenrechte«, Tucholsky bleibt im Politischen Beirat.
Anfang Mai	»Schloß Gripsholm. Eine Sommergeschichte« erscheint.
15. Mai	Reise über die Schweiz nach Paris, in Juni ist er in London.
3. Juli-3. Oktober	Aufenthalt in Kent, zusammen mit Gertrude Meyer.
2. August	Exposé für einen Roman »Eine geschiedene Frau« an Rowohlt (nicht ausgeführt).

4. August	In der »Friedensnummer« der »Weltbühne« erscheint der Artikel »Der bewachte Kriegsschauplatz« von Ignaz Wrobel. Wegen des Satzes "Soldaten sind Mörder" erstattet die Reichswehrführung Anzeige.
17. August	Das Filmmanuskript »Seifenblasen« ist fertig. Der Film wird nie gedreht.
18. August	Austritt aus dem »Schutzverband deutscher Schriftsteller«, dem er seit 1913 angehörte.
29. September	letzter Beitrag für die »Vossische Zeitung«.
Oktober	Der Sammelband »Lerne lachen ohne zu weinen« erscheint.
11. November	Hasenclever kommt nach Hindås. Zwei Monate lang arbeiten sie an »Christoph Kolumbus«.
17.-23. November	»Weltbühnen-Prozeß« vor dem Reichsgericht in Leipzig: Aufgrund des Artikels »Windiges aus der deutschen Luftfahrt« über die geheime Aufrüstung der Reichswehr werden der Autor Walter Kreiser und Carl von Ossietzky wegen "Landesverrats" zu je anderthalb Jahren Gefängnis verurteilt.
12. Dezember	Einjahresvertrag mit Rowohlt über einen monatlichen Vorschuß von 1.500 Mark.

1932

7. Januar	Ermittlungen der Staatsanwaltschaft Berlin wegen der "Aufforderung für die »Rote Hilfe« Zahlungen zu leisten" im Artikel "Im Gefängnis begreift man". (Am 27. Januar wird das Verfahren eingestellt).
24. März	In Kopenhagen. Operation an der Nase.
16. April	Tucholsky schreibt die letzten Arbeiten für die »Weltbühne«.

18. April	Reise über Paris nach Le Lavandou zu Walter Hasenclever, dann nach Zürich.
1. Juli	Der Prozess gegen Ossietzky wegen des Tucholsky-Satzes "Soldaten sind Mörder" endet mit Freispruch.
August	Bei Aline Valangin in ihrem Tessiner Sommerhaus lernt Tucholsky die Züricher Ärztin Dr. Hedwig Müller (1893-1973) kennen, die er "Nuuna" nennt.
26. August	Reise zu Hedwig Müller nach Zürich.
24. September	Uraufführung von »Christoph Kolumbus« in Leipzig. Das Stück wird bald wieder abgesetzt.
29. September	Mit seinem letzten größeren politischen Artikel »Berliner in Österreich? Nein: Sozialisten bei Sozialisten!« eröffnet Tucholsky die Wiener Ausgabe der »Weltbühne«.
8. Oktober	Tucholsky fährt nach Zürich und wohnt bis 7. September 1933 bei Hedwig Müller.
Herbst	Zwei kleinere Nasen-Operationen, die jedoch nicht helfen.
28. November	Offizielle Anmeldung in Zürich.

1933

30. Januar	Hindenburg ernennt Adolf Hitler zum Reichskanzler.
28. Februar	Nach dem Reichstagsbrand wird Ossietzky verhaftet und am 6. April ins Konzentrationslager Sonnenburg eingeliefert.
7. März	Das letzte Heft der »Weltbühne« erscheint.
10. Mai	Bücherverbrennung: "Undeutsche" Literatur wird öffentlich verbrannt, auch die Bücher Tucholskys.

Juni	Einvernehmliche Auflösung der Verträge mit Rowohlt, da Tucholskys Bücher in Deutschland verboten sind. Tucholsky lehnt alle Angebote für öffentliche Auftritte und zur Mitarbeit an der Exilpresse ab.
21. August	Gerichtliche Scheidung von Mary Tucholsky.
23. August	Tucholsky steht auf der ersten Ausbürgerungsliste des Deutschen Reiches.
7. September	Rückreise von Zürich über Frankreich nach Schweden.
25. Dezember	Hedwig Müller kommt nach Hindås. Sie bleibt bis zum 20. Januar 1934.

1934

14. Januar	Tucholskys deutscher Reisepaß wird ungültig. Fortan hat Tucholsky einen schwedischen Fremdenpass mit der Auflage "Arbeitsaufnahme nicht erlaubt". Dieser Pass muss alle sechs Monate verlängert werden.
8. Mai	Ankunft in Paris.
20. Mai-14. Juni	Schwefelkur in Calles-les-Eaux.
14. Juni-29. Juni	Bei Hedwig Müller in Zürich.
3. Juli- 29. September	In Lysekil an der westschwedischen Küste.
12. August	Hedwig Müller kommt für vier Wochen zu Besuch.
27. September	In einem Brief an das Nobel-Komitee in Oslo wirbt er für die Verleihung des Friedensnobelpreises an Carl von Ossietzky.
3. Dezember	Erste von fünf Nasenoperationen, die bis Mai 1935 durchgeführt werden.

1935

29. März	Bitte an den Schweizer Bundesrat, sich für die Freilassung Berthold Jacobs, ein von den Nazis entführter »Weltbühnen«-Mitarbeiter, einzusetzen.
Mai	Tucholskys finanzielle Reserven sind erschöpft. Er ist nun auf die Unterstützung durch Hedwig Müller angewiesen.
10. Juni-6. Juli	Hedwig Müller verbringt ihren Urlaub in Hindås.
11. Juni	Tucholsky setzt sich für die Verleihung des Friedens-Nobelpreises an Ossietzky ein.
14. Juli-29. September	Mit Gertrude Meyer in Visby auf Gotland.
14. Oktober-4. November	Stationäre Untersuchung im Göteborger Sahlgrenska Krankenhaus wegen andauernder Magenbeschwerden.
Ende November	Abschiedsbrief an Mary Gerold-Tucholsky.
30. November	Sein schwedischer Anwalt rät davon ab, bereits jetzt ein Einbürgerungsgesuch zu stellen. Änderung des Testaments.
14. Dezember	Tucholsky bietet der Baseler »Nationalzeitung« einen Artikel gegen Knut Hamsun an, der Ossietzky öffentlich angegriffen hatte.
15. Dezember	Brief an Arnold Zweig.
17. Dezember	Angebot für einen Hamsun-Artikel an das Osloer »Arbeiterbladet«. Absage am zwei Tage später. Am 20. Dezember: Dasselbe Angebot an »Det Norske Studentersamfund«.
21. Dezember	Um 21.55 Uhr stirbt Kurt Tucholsky im Sahlgrenska Krankenhaus in Göteborg. Im Obduktionsbericht steht: "Intoxicatio? (Veronal?)".

1936

20. Januar   Gedenkfeier des »Schutzverbandes deutscher Schriftsteller« in Paris mit Reden u.a. von Egon Erwin Kisch, Rudolf Leonhard, Georg Bernhard, Gustav Regler, im Juli wird seine Urne in Mariefred / Gripsholm beigesetzt.

An das Publikum (1931)

O hochverehrtes Publikum,
sag mal: bist du wirklich so dumm,
wie uns das an allen Tagen
alle Unternehmer sagen?
Jeder Direktor mit dickem Popo
spricht: »Das Publikum will es so!«
Jeder Filmfritze sagt: »Was soll ich machen?
Das Publikum wünscht diese zuckrigen Sachen!«
Jeder Verleger zuckt die Achseln und spricht:
»Gute Bücher gehn eben nicht!«
Sag mal, verehrtes Publikum:
bist du wirklich so dumm?

So dumm, daß in Zeitungen, früh und spät,
immer weniger zu lesen steht?
Aus lauter Furcht, du könntest verletzt sein;
aus lauter Angst, es soll niemand verhetzt sein;
aus lauter Besorgnis, Müller und Cohn
könnten mit Abbestellung drohn?
Aus Bangigkeit, es käme am Ende
einer der zahllosen Reichsverbände
und protestierte und denunzierte
und demonstrierte und prozessierte...
Sag mal, verehrtes Publikum: bist du wirklich so dumm?

Ja, dann...
Es lastet auf dieser Zeit
der Fluch der Mittelmäßigkeit.
Hast du so einen schwachen Magen?

Kannst du keine Wahrheit vertragen?
Bist also nur ein Grießbrei-Fresser -?
Ja, dann...
Ja, dann verdienst dus nicht besser.

Theobald Tiger
»Die Weltbühne«, 07.07.1931, Nr. 27, S. 32, wieder in:
»Lerne Lachen«.

Vorsätze (1907)

Ich will den Gänsekiel in die schwarze Flut tauchen. Ich will einen Roman schreiben. Schöne, wahre Menschen sollen auf den Höhen des Lebens wandeln, auf ihrem offenen Antlitz soll sich die Freiheit widerspiegeln...

Nein. Ich will ein lyrisches Gedicht schreiben. Meine Seele werde ich auf sammetgrünem Flanell betten, und meine Sorgen werden kreischend von dannen ziehen...

Nein. Ich will eine Ballade schreiben. Der Held soll auf blumiger Au mit den Riesen kämpfen, und wenn die Strahlen des Mondes auf seine schöne Prinzessin fallen, dann...

Ich will den Gänsekiel in die schwarze Flut tauchen. Ich werde meinem Onkel schreiben, daß ich Geld brauche.

Anonym
»Ulk«, 22.11.1907.

Die Kartoffeln (1913)

Ich las eines dieser patriotischen Bücher, die das deutsche Heer einer genauem Betrachtung unterziehen. Da stand auch eine historische Erinnerung, die es wert ist, daß wir sie uns aus der Nähe ansehn. Bei der Belagerung von Paris im Jahre 1870, erzählt der Autor, haben sich die feindlichen Vorposten ganz gut gestanden. Man schoß durchaus nicht immer aufeinander, o nein! Es kam zum Beispiel vor, dass man sich mit Kartoffeln aushalf. Meistens werden es ja die Deutschen gewesen sein, die den Retter in der Not gemacht haben. Aber einmal näherte sich ein französischer Trupp von ein paar Mann, die Deutschen nahmen die Gewehre hoch, da sagte jemand auf deutsch: »Nicht schießen! Wir schießen auch nicht!« und man begann sich wegen auszutauschender Getränke zu verständigen.

Man könnte da von »Landesverrat« sprechen, und tatsächlich untersagte nachher ein Armeebefehl diese Annäherungen aufs schärfste. Aber was ging hier Wichtigeres vor sich?

Doch offenbar eine Diskreditierung des Krieges. Denn es ist nicht anzunehmen, daß Pflichtvergessene beider Parteien hier böse Dinge inszenierten. Es waren sicher Familienväter, Arbeiter, Landleute, die man in einen farbigen Rock gesteckt hatte, mit der Weisung, auf andersfarbige zu schießen.

Warum schossen sie nicht? Offenbar waren doch der Nationalhaß, der Zorn, der angeblich das ganze deutsche Volk auf die Beine rief, nicht mehr so groß, wie damals Unter den Linden, als es noch nicht galt, auf seine Mitmenschen zu schießen. Damals hatte mancher mitgebrüllt, weil alle brüllten, und das verpflichtete zu nichts. Aber hier waren Leute, die einen Sommer und einen Winter lang an den eigenen Leibern erfahren hatten, was das heißt: Töten, und was das heißt: Hungern. Und da verschwand der tief eingewurzelte Haß, und man aß gemeinsam Kartoffeln...

Dieselben Kartoffeln; dieselben Kapitalisten.
Aber andere Röcke. Das ist der Krieg.

Anonym
»Vorwärts«, 09.07.1913, wieder in:
»Mona Lisa«.

Büchner (1913)

Der Tonfall von Wozzek, die Melodie von Leonce und Lena ist mir im Fleisch und Blut. Diese starke Wirkung beruht, glaube ich, nicht so sehr auf einer Technik, die zum Teil die Shakespearesche ist, wie auf einer Betrachtungsweise. Der Welt und des Theaters. Das Theater ist bei Büchner, der ein Dramatiker war von Geburt, ein buntes erleuchtetes Loch, vor dem die Zuschauer mit weit aufgerissenen Augen sitzen, die lieben Leute, denen man es doch ein bisschen deutlich machen muß, wie es so im Leben zugeht. Im Leben? Nun, jedenfalls in dem, das Büchner sich zurechtgelegt hatte. Der Rahmen war immer der gleiche: mochten das zarte Pastellprinzessinnen sein oder besoffene Hofmeister, arme Soldaten oder gelehrte Ärzte mit Knopfstock und lateinischen Floskeln - immer wurde das Typische gegeben. Und mehr als das: ein bißchen Ironie. Ein bißchen - eben ein bißchen Theater. Die Rede allein macht es nicht, wenn nicht die Gegenrede dazu kommt. Der erste weiß schon immer, was der andere sagen wird: sie reichen sich gegenseitig das Stichwort zu, werfen es hin und her und spielen mehr mit der Sprache, als daß sie sie sprechen. Von den Wortspielen wissen alle Beteiligten, daß sie eigentlich nur zum Spaß angebracht sind - so, damit sich die Spieler und das Publikum unterhalten.

Aber manchmal, da geht dann doch das Blut und das Tempo mit ihm durch. Im Wozzek sind so ein paar Stellen, etwa: wie sie dem Kind mitteilen, dass sein Vater ermordet worden, und Leonce und Lena besteht zur Hälfte aus diesen Passagen, die singen und tönen und nie mehr loslassen. Und so ist auch der Anfang der einzigen Novelle, die wir von ihm besitzen: Lenz. »Den zwanzigsten ging Lenz durchs Gebirg.« Maestoso. Wie Paukenschläge am Anfang einer großen Symphonie.

Ist dies das Forte, so gibt es zwei Pianostellen: die zwei Gedichte. Die - denn außer unerheblichen Jugendgedichten sind sie die einzigen. Eins im Wozzek, eins in Leonce und Lena. Das zweite pianissimo, das erste von einer so zerrissenen, fürchterlichen Verzweiflung, daß es sich lohnt, nur dieses schrecklichen Wiegenliedes wegen das Stück zu lesen. Wie das aufhört:

Lauter kühle Wein muß es sein, juchhe!
Lauter kühle Wein muß es sein!
Mit dem Ton auf lauter - und wem sich bei dem
Juchhe das Herz nicht zusammenkrampft, der ist
kein Mensch.

Hundert Jahre - man sollte meinen, er würde nun auf den Schulen gelesen. Als Klassiker. Ach nein! Die Familie, der er angehört, hat nie großes Glück gehabt bis auf den heutigen Tag: der junge Schiller wird auf eben den Schulen nur wegen seiner körperlichen Identität mit dem alten geduldet, Panizza ist unbekannt im Irrenhaus gestorben - wir werden ihm nächstens einen Kranz aufs Grab legen, nicht wahr? - und Wedekind... Nun, man weiß ja, warum der zieht.

Lieber S. J.,[20] sagen Sie doch den Theaterdirektoren, sie möchten Georg Büchner aufführen. Hundert Jahre sind eine lange Zeit, und wenn einer so lange gewartet hat, dann will er sich im Grab auch einmal auf die andre Seite drehen. Gewiß: »Ein guter Mensch, der sein gutes Gewissen hat, tut alles langsam«, sagt der Hauptmann zu Wozzek. Ein gutes Gewissen haben doch die Theaterleute, und nun ists Zeit.

Kurt Tucholsky
»Die Schaubühne«, 16.10.1913, Nr. 42, S. 997.

---

[20] S.J. – Siegfried Jacobsohn (1881-1926), Herausgeber der »Schaubühne«, der späteren »Weltbühne«.

Der Sadist der Landwehr (1914)

Wenn die alten Herren kriegswütig werden, das ist von je eine possierliche Sache gewesen. Der Bart sträubt sich, die Äuglein blitzen, und da soll doch auf den Erbfeind gleich ein Hämorrhidonnerwetter herunterfahren! Weil wir nicht kriegsbereit sind!

So heißt eine kleine Broschüre, die ein Medizinalrat und Stabsarzt der Landwehr außer Diensten geschrieben hat. Ich denke, daß Namen und Verlag nichts zur Sache tun, denn ich möchte nicht, daß jemand für das Heftchen Geld ausgibt. Wenn der kleine Aufsatz wirklich, wie der Verfasser es nennt, ein Beitrag »zur Psychologie des Imperialismus« ist, dann kann einem diese Geistesrichtung allerdings leid tun. Dieser Stabsarzt hat wohl nie in seinem Leben den mordenden Säbel, sondern immer nur das Hörrohr gezückt und hat wohl nie geschossen, es sei denn daneben. Und nun greift er auf das Jahr 1813 zurück und beschreibt die Grausamkeiten und Schlächtereien dieser Zeit mit so intensivem Vergnügen, daß man ihm den Titel Medizinalsadist nicht mehr verweigern darf.

Er spricht von der »Halalischlacht« von Waterloo und wälzt sich noch einmal freudig stöhnend im Blute der Gefallenen. Nach diesem Akt, in dem Blücher ein »titanischer Prolet« genannt wird, hat er genug. »Verschonen wir uns mit ferneren Details! Ich - es muß endlich heraus - ich kann diesen Leuten nicht böse sein! Im Gegenteil! Im allerschärfsten Gegenteil!«

Und dann teilt er jedes Volk in zwei Klassen, in die geborenen Krieger und in die andern »Menschen, denen es mehr oder weniger Mühe macht, Courage aufzubringen.« Früher, in der schönen alten Zeit, hätten bei den Söldnertruppen wohl nur die geborenen Krieger gekämpft. »Heutzutage aber haben wir es mit der Majorität der Friedlichen, der Temperamentarmen zu tun. Leider kann man auf sie nicht verzichten der Übermacht wegen, die man braucht. Was soll man also im Ernstfall mit all diesen Phlegmatikern, verwöhnten Schlemmern, Muttersöhnchen, Interesselosen, Dickbäuchen, Gewohnheitsspießern, Bangbüxen und sanften Antönchen anfangen? Wir haben es nicht nötig, uns lange den Kopf zu zerbrechen, denn wir wissen sowieso, daß diesen Leuten sofort geholfen ist, wenn ihnen eine Leidenschaft eingeflößt wird. Diese Leidenschaft kann in unserem Falle nur der Haß sein.«

Und dann folgt auf den nächsten Seiten eine Verherrlichung der Nationalbesoffenheit, der niedrigsten Stufe aller Leidenschaften, die man denn doch bei einem Christen nicht für möglich gehalten hätte. Der Mann, der bestimmt ein friedlicher Bürger ist, lässt hier wie aus einem Ventil seine gefährlichen Emotionen auspuffen, die er anderswo nicht ungestraft entladen dürfte. Solche Menschen finden wir gewöhnlich sonst nur als Erzieher in den Mädchenstiften: von Dippold bis zu den peitschenden Fürsorgeerziehern ist uns die Sorte wohl bekannt. Der Medizinalsadist der Landwehr außer Diensten bringt zum Belege Kriegslieder, die von Haß triefen, und er ist der festen Überzeugung, der habe den Erfolg für sich, der am meisten Haß aufzuweisen hätte. »Jener herrliche, niederrasende Haß ist der Beginn, die Hauptsache, der echte und erste Götterfunke. Wir heutigen Deutschen müßten wahrhaftig ganz von Gott verlassen sein, wenn wir aus alledem nicht die Nutzanwendung zögen!« Die ganze Innenpolitik paßt dem Landwehrsadisten nicht, das ist ihm alles zu weich und zu läppisch: »Erziehung zum Haß! Erziehung zur Liebe zum Haß! Organisation des Hasses! Fort mit der unreifen Scheu mit der falschen Scham vor Brutalität und Fanatismus! Auch politisch gelte das Wort: Mehr Backpfeifen, weniger Küsse!«

In einem Verzeichnis der in der Zeit von 1903-1913 in Preußen verbotenen Bücher finde ich auch zwei, deren Lektüre dem Medizinalrat bestens empfohlen sei. Rombach, Kurt. Meine grausame, süße Reitpeitsche. Preßburg, Hermann Hartleb - und: Das Tagebuch einer Masseuse. Deutsch von Klara M. Budapest, Grimm. Sagte ich Lektüre? Aber er soll selbst solche Bücher schreiben und nicht Patriotismus nennen, was eine krankhafte Gemütsart ist!

Wir alle wissen, daß ein gesunder Haß keine Schande ist, aber wir alle wissen auch, daß es das Streben jeder Zivilisation ist, tierische Instinkte im Interesse der Allgemeinheit möglichst einzudämmen. Ob das ganz und gar möglich sein wird, steht in Frage, aber versuchen soll man es doch. Auch dass einmal ein ganzes Volk in berechtigtem Haß gegen ein andres aufflammt und zu den Waffen greift, ist richtig und erklärlich, aber man muß nicht vergessen, daß moderne Kriege wesentlich auf kapitalistischen Gründen beruhen und daß alles andre ein wohl angelegter Schwindel ist: die Volksbegeisterung und die flatternden Fahnen und die Orden und alles das.

In der altgermanischen Volkssage wird der edle Hödur von dem hinterhältigen Loki tückisch ermordet. Der Medizinalrat ist auf Seiten Lokis, weil der zwar weniger Geist, aber doch mehr Körperkräfte hatte, und fragt höhnisch: »Ist Hödur inoperabel?« Ich weiß das nicht. Daß aber der Medizinalrat operabel ist, steht fest. Er soll sich kastrieren lassen.

Anonym
»Vorwärts«, 06.07.1914, wieder in:
»Mona Lisa«, »Lerne Lachen«.

Demonstranten-Briefe (1914)

»... Am Vorabend eines Krieges! Er wird, er muß kommen! Dafür werden wir schon sorgen. Gestern abend haben wir den Anfang gemacht - mit einer Demonstration! Es war glänzend! Entblößten Hauptes sind wir zwei und eine halbe Stunde in der Stadt herumgezogen und haben gelärmt wie Tollhäusler. Herrlich! Ich habe persönlich ein Hoch auf den Krieg ausgebracht, unmittelbar vor dem Kanzlerpalais. Ich hoffe, er hat es gehört. Er muß jetzt kommen, der Krieg. Du ahnst gar nicht, wie ich mich darauf freue. Ich höre schon den Donner der Kanonen von ferne in meinen Ohren; mein geistiges Auge sieht schon das Schlachtgewühl: Reiterattacke, die Säbel sausen, gespaltene Schädel, spritzendes Blut, quellende Eingeweide...

Herrlich! Großartig! Welchem Patrioten schlägt das Herz nicht höher, wenn er sich vorstellt, wie Deutschland so einmal wieder kriegerischen Lorbeer pflückt. Ach, was gibt es Schöneres als den Krieg?! Faul und matt sind wir geworden durch den langen Frieden. Stickig und schwül ist die Luft...

Nun aber soll es kommen, das erlösende Gewitter, reinigend, beglückend. Gewiß, es wird Opfer fordern. Aber - süß und ehrenvoll ist es, für das Vaterland zu sterben!...

Wer wollte zögern, wenn die Stunde der Entscheidung schlägt?...

Frisch auf, mein Volk, die Flammenzeichen rauchen! Vorwärts immer, rückwärts nimmer! Deutschland, Deutschland, über alles -!

Leb wohl, ich kann nicht mehr.

Dein begeisterter
Emil.
(Landsturm ohne Waffe)«

Kurt
Vorwärts, 27.07.1914.

Memento (1916)

Uns Junge hat es umgerissen -
wir stehen draußen so im Feld,
wir glaubten schon, zu halten und zu wissen -
und da versank die ganze Welt.

»Die Welt ist falsch!« Sie ist doch kein Exempel,
wozu der Lehrer seine Lösung hat -
sie ist real und warf uns alle Tempel
und, was wir lieb gehabt, um - wie ein Kartenblatt.

Ihr mahnt den Jüngling, tapfer durchzuhalten.
Gewiß, das scheint ja seine Pflicht -
doch was da in ihm war vom guten, alten,
das gibts in Zukunft alles nicht?

Der neue Wert, die neue Stufenleiter,
der oben und der unten - seltsam Spiel:
Hier gilt die Faust, der Säbel und der Reiter -
das was wir ehren, gilt nicht viel.

Muß das so sein? So darfs nicht bis zur Neige,
nicht bis zum Ende gehn. Wir bleiben rein.
Wir halten durch - es scheint mir gar nicht feige:
Soldat und doch ein Bürger sein! Sprecht euerm Jungen von der Krieger-
    tugend,
doch davon auch, wenn hart der Panzer klirrt:

Daß er den Träumen seiner Jugend
soll Achtung tragen, wenn er Mann sein wird!

Theobald Tiger
»Die Schaubühne«, 03.10.1916, Nr. 40, S. 324, wieder in:
»Fromme Gesänge«.

Auf die Weltbühne (1918)

Mein gutes Blatt! Wie hast du dich verändert!
Den Musentempel schließt du beinah zu;
mit Politik, Kunst, Wirtschaft dicht bebändert,
so geht dein Vorhang auf: auch du, mein Kind, auch du?
Du willst dich gleichfalls in den Strudel stürzen?
Randstaaten? Westfront? Die Veränderungswahl?
Nur eines kann mir meinen Kummer würzen:
Es war einmal...

Es war einmal... da glaubten wir noch beide
an Kunst und an Kultur, an Menschentum -
an deine ziegelrote Wand schrieb ich mit Kreide
die Namen meiner Lieben an zum Ruhm.
Wir dachten: essen und organisieren
sind Selbstverständlichkeiten, tief im Tal -
und auf den Bergen gehen wir spazieren...
Es war einmal...

Du lieber Gott, wie hat sich das gewandelt!
Wir schuften, bis dem Land die Schwarte knackt.
Und kein Professor, der nicht gerne handelt
mit weichem Klitschebrot, das er sich backt.
Es war einmal... Glück auf zur neuen Reise!
Eng wars einmal - heut bist du bunt und weit.
Doch kehr noch manchmal dich zurück im Kreise
zur alten Zeit!

Theobald Tiger
»Die Weltbühne«, 04.04.1918, Nr. 14, S. 331.

Zum ersten August (1918)

Herr Krieg, du bist unsre Zuflucht für und für.

Ehe die Berge wurden und die Länder und die Welt geschaffen wurden, warst du, Krieg, von Ewigkeit zu Ewigkeit.

Der du die andern Menschen lässest sterben und sprichst: Hinweg, Menschenkinder!

Denn vier Jahre sind vor dir wie der Tag, der gestern vergangen ist, und wie eine Nachtwache.

Du lässest sie dahinfahren wie einen Strom, und sie sind zum Glück wie ein Schlaf; gleichwie ein Gras,

das doch bald welk wird.

Das machet dein Zorn, daß sie so vergehen, und dein Grimm, daß sie, sie, sie so dahin müssen.

Denn ihre Missetaten stellest du vor dich, ihre Sünden ins Licht vor deinem Angesichte.

Ihr Leben währet zwanzig Jahre, und wenns hoch kommt, so sinds fünfundzwanzig, und wenns köstlich gewesen ist, so ist es schnell dahingefahren, als flögen sie davon.

Wer glaubts noch nicht, daß du so sehr zürnest?

und wer fürchtet sich noch nicht vor solchem deinem Grimm?

Lehre sie bedenken, daß sie sterben müssen, auf aß wir klug werden.

Zeige deinen Knechten deine Werke und deine Ehre ihren Kindern.

Und der KRIEG, unser Gott, sei uns freundlich und fördere das Werk unsrer Hände; ja, das Werk unsrer Hände wolle er fördern!

Theobald Tiger
»Die Weltbühne«, 01.08.1918, Nr. 31, S. 110.

Helm ab -! (1918)

Da liegt die große Pickelhaube
im schwarzen, dunkeln Grabesloch.
Sie ruhe sanft... Sieh da, ich glaube,
sie wackelt noch.

Ein Landrat fletscht die großen Zähne:
»Am Grabe noch ein Spottgedicht?
De mortuis nil nisi bene!«
Ich weiß doch nicht.

Steigt unser Leid heut zu den Sternen
nach blutigem Kling-Klang-Gloria -
vergeßt es nicht: ihr sollt das lernen,
wie es geschah.

Vergeßt sie nicht: die Ordensritter,
den Heimatkistenoffizier,
die Jungs der Reklamiertenzither -
all das Getier.
Helm ab!
Voll Pietät? Ja, Kuchen!
Er liegt auf wohlverdientem Mist.
Wir müssen erst dem Alten fluchen
und dann nach gutem Neuen suchen -
bis er vermodert ist.

Theobald Tiger
»Die Weltbühne«, 28.11.1918, Nr. 48, S. 519.

Weihnachten (1918)

So steh ich nun vor deutschen Trümmern
und sing mir still mein Weihnachtslied.
Ich brauch mich nicht mehr drum zu kümmern,
was weit in aller Welt geschieht.
Die ist den andern. Uns die Klage.
Ich summe leis, ich merk es kaum,
die Weise meiner Jugendtage:
O Tannebaum!

Wenn ich so der Knecht Ruprecht wäre
und käm in dies Brimborium
- bei Deutschen fruchtet keine Lehre -
weiß Gott! ich kehrte wieder um.
Das letzte Brotkorn geht zur Neige.
Die Gasse grölt. Sie schlagen Schaum.
Ich hing sie gern in deine Zweige,
o Tannebaum!

Ich starre in die Knisterkerzen:
Wer ist an all dem Jammer schuld?
Wer warf uns so in Blut und Schmerzen?
Uns Deutsche mit der Lammsgeduld?
Die leiden nicht. Die warten bieder.
Ich träume meinen alten Traum: Schlag, Volk, den Kastendünkel nieder!
Glaub diesen Burschen nie, nie wieder!
Dann sing du frei die Weihnachtslieder:
O Tannebaum! O Tannebaum!

Kaspar Hauser
»Die Weltbühne«, 19.12.1918, Nr. 51, S. 589, wieder in:
»Fromme Gesänge«.

An Lucianos (1918)

Freund! Vetter! Bruder! Kampfgenosse!
Zweitausend Jahre - welche Zeit!
Du wandeltest im Fürstentrosse,
du kanntest die Athenergosse
und pfiffst auf alle Ehrbarkeit.
Du strichst beschwingt, graziös und eilig
durch euern kleinen Erdenrund -
Und Gott sei Dank: nichts war dir heilig,
du frecher Hund!

Du lebst, Lucian! Was da: Kulissen!
Wir haben zwar die Schwebebahn -
doch auch dieselben Hurenkissen,
dieselbe Seele, jäh zerrissen
von Geld und Geist - du lebst, Lucian!
Noch heut: das Pathos als Gewerbe
verdeckt die Flecke auf dem Kleid.
Wir brauchen dich. Und ist dein Erbe
noch frei, wirfs in die große Zeit.

Du warst nicht von den sanften Schreibern.
Du zogst sie splitternackend aus
und zeigtest flink an ihren Leibern:
es sieht bei Göttern und bei Weibern
noch allemal der Bürger raus.
Weil der, Lucian, weil der sie machte.
So schenk mir deinen Spöttermund!
Die Flamme gib, die sturmentfachte!

Heiß ich auch, weil ich immer lachte,
ein frecher Hund!

Kaspar Hauser
»Die Weltbühne«, 12.12.1918, Nr. 50, S. 563, wieder in:
»Fromme Gesänge«, »Mit 5 PS«.

Zwei Erschlagene (1919)
(Liebknecht und Rosa Luxemburg)

Der Garde-Kavallerie-Schützen-Division
zu Berlin in Liebe und Verehrung

Märtyrer... ? Nein.
Aber Pöbelsbeute.
Sie wagtens. Wie selten ist das heute.
Sie packten zu, und sie setzten sich ein:
sie wollten nicht nur Theoretiker sein.

Er: ein Wirrkopf von mittleren Maßen,
er suchte das Menschenheil in den Straßen.
Armer Kerl: es liegt nicht da.
Er tat das Seine, wie er es sah.
Er wollte die Unterdrückten heben,
er wollte für sie ein menschliches Leben.
Sie haben den Idealisten betrogen,
den Meergott verschlangen die eigenen Wogen.
Sie knackten die Kassen, der Aufruhr tollt -
Armer Kerl, hast du das gewollt?

Sie: der Mann von den zwei beiden.
Ein Leben voll Hatz und Gefängnisleiden.
Hohn und Spott und schwarz-weiße Schikane
und dennoch treu der Fahne, der Fahne!
Und immer wieder: Haft und Gefängnis
und Spitzeljagd und Landratsbedrängnis.
Und immer wieder: Gefängnis und Haft -
Sie hatte die stärkste Manneskraft.

Die Parze des Rinnsteins zerschnitt die Fäden.
Da liegen die beiden am Hotel Eden.
Bestellte Arbeit? Die Bourgeoisie?
So tatkräftig war die gute doch nie...
Wehrlos wurden zwei Menschen erschlagen.

Und es kreischen Geier die Totenklagen:
Gott sei Dank! Vorbei ist die Not!
»Man schlug«, schreibt einer, »die Galizierin tot.«
Wir atmen auf! Hurra Bourgeoisie!
Jetzt spiele dein Spielchen ohne die!

Nicht ohne! Man kann die Körper zerschneiden.
Aber das eine bleibt von den beiden:

Wie man sich selber die Treue hält,
wie man gegen eine feindliche Welt
mit reinem Schilde streiten kann,
das vergißt den beiden kein ehrlicher Mann!
Wir sind, weiß Gott, keine Spartakiden.
Ehre zwei Kämpfern!
Sie ruhen in Frieden!

Kaspar Hauser
»Die Weltbühne«, 23.01.1919, Nr. 4, S. 97, wieder in:
»Fromme Gesänge«.

Was darf die Satire? (1919)

Frau Vockerat:
»Aber man muß doch seine Freude haben können an der Kunst.«
Johannes:
»Man kann viel mehr haben an der Kunst als seine Freude.«

Gerhart Hauptmann

Wenn einer bei uns einen guten politischen Witz macht, dann sitzt halb Deutschland auf dem Sofa und nimmt übel. Satire scheint eine durchaus negative Sache. Sie sagt: »Nein!« Eine Satire, die zur Zeichnung einer Kriegsanleihe auffordert, ist keine. Die Satire beißt, lacht, pfeift und trommelt die große, bunte Landsknechtstrommel gegen alles, was stockt und träge ist.

Satire ist eine durchaus positive Sache. Nirgends verrät sich der Charakterlose schneller als hier, nirgends zeigt sich fixer, was ein gewissenloser Hanswurst ist, einer, der heute den angreift und morgen den.

Der Satiriker ist ein gekränkter Idealist: er will die Welt gut haben, sie ist schlecht, und nun rennt er gegen das Schlechte an. Die Satire eines charaktervollen Künstlers, der um des Guten willen kämpft, verdient also nicht diese bürgerliche Nichtachtung und das empörte Fauchen, mit dem hierzulande diese Kunst abgetan wird. Vor allem macht der Deutsche einen Fehler: er verwechselt das Dargestellte mit dem Darstellenden.

Wenn ich die Folgen der Trunksucht aufzeigen will, also dieses Laster bekämpfe, so kann ich das nicht mit frommen Bibelsprüchen, sondern ich werde es am wirksamsten durch die packende Darstellung eines Mannes tun, der hoffnungslos betrunken ist. Ich hebe den Vorhang auf, der schonend über die Fäulnis gebreitet war, und sage: »Seht!« - In Deutschland nennt man dergleichen Kraßheit. Aber Trunksucht ist ein böses Ding, sie schädigt das Volk, und nur schonungslose Wahrheit kann da helfen. Und so ist das damals mit dem Weberelend gewesen, und mit der Prostitution ist es noch heute so.

Der Einfluß Krähwinkels hat die deutsche Satire in ihren so dürftigen Grenzen gehalten. Große Themen scheiden nahezu völlig aus. Der einzige Simplicissimus hat damals, als er noch die große, rote Bulldogge rechtens im Wappen führte, an all die deutschen Heiligtümer zu rühren gewagt: an den prügelnden Unteroffizier, an den stockfleckigen Bürokraten, an den Rohrstockpauker und an das Straßenmädchen, an den fettherzigen Unternehmer und an den näselnden Offizier. Nun kann man gewiß über all diese Themen denken wie man mag, und es ist jedem unbenommen, einen Angriff für ungerechtfertigt und einen anderen für übertrieben zu halten, aber die Berechtigung eines ehrlichen Mannes, die Zeit zu peitschen, darf nicht mit dicken Worten zunichte gemacht werden.

Übertreibt die Satire? Die Satire muß übertreiben und ist ihrem tiefsten Wesen nach ungerecht. Sie bläst die Wahrheit auf, damit sie deutlicher wird, und sie kann gar nicht anders arbeiten als nach dem Bibelwort: Es leiden die Gerechten mit den Ungerechten. Aber nun sitzt zutiefst im Deutschen die leidige Angewohnheit, nicht in Individuen, sondern in Ständen, in Korporationen zu denken und aufzutreten, und wehe, wenn du einer dieser zu nahe trittst. Warum sind unsere Witzblätter, unsere Lustspiele, unsere Komödien und unsere Filme so mager? Weil keiner wagt, dem dicken Kraken an den Leib zu gehen, der das ganze Land bedrückt und dahockt: fett, faul und lebenstötend. Nicht einmal dem Landesfeind gegenüber hat sich die deutsche Satire herausgetraut. Wir sollten gewiß nicht den scheußlichen unter den französischen Kriegskarikaturen nacheifern, aber welche Kraft lag in denen, welch elementare Wut, welcher Wurf und welche Wirkung! Freilich: sie scheuten vor gar nichts zurück. Daneben hingen unsere bescheidenen Rechentafeln über U-Boot-Zahlen, taten niemandem etwas zuleide und wurden von keinem Menschen gelesen.

Wir sollten nicht so kleinlich sein. Wir alle - Volksschullehrer und Kaufleute und Professoren und Redakteure und Musiker und Ärzte und Beamte und Frauen und Volksbeauftragte - wir alle haben Fehler und komische Seiten und kleine und große Schwächen. Und wir müssen nun nicht immer gleich aufbegehren (Schlächtermeister, wahret eure heiligsten Güter!), wenn einer wirklich einmal einen guten Witz über uns reißt. Boshaft kann er sein, aber ehrlich soll er sein. Das ist kein rechter Mann und kein rechter Stand, der nicht einen ordentlichen Puff vertragen kann. Er mag sich mit denselben Mitteln dagegen wehren, er mag widerschlagen - aber er wende nicht verletzt, empört, gekränkt das Haupt.

Es wehte bei uns im öffentlichen Leben ein reinerer Wind, wenn nicht alle übel nähmen.

So aber schwillt ständischer Dünkel zum Größenwahn an. Der deutsche Satiriker tanzt zwischen Berufsständen, Klassen, Konfessionen und Lokaleinrichtungen einen ständigen Eiertanz. Das ist gewiß recht graziös, aber auf die Dauer etwas ermüdend. Die echte Satire ist blutreinigend: und wer gesundes Blut hat, der hat auch einen reinen Teint.

Was darf die Satire?

Alles.

Ignaz Wrobel
»Berliner Tageblatt«, 27.01.1919, Nr. 36.

Wir Negativen (1919)

Wie ist er hier so sanft und zärtlich! Wohl seyn will er, und ruhigen Genuß und sanfte Freuden, für sich, für andere. Es ist das Thema des Anakreon. So lockt und schmeichelt er sich selbst ins Leben hinein. Ist er aber darin, dann zieht die Qual das Verbrechen und das Verbrechen die Qual herbei: Greuel und Verwüstung füllen den Schauplatz. Es ist das Thema des Aischylos.

Schopenhauer

Es wird uns Mitarbeitern der Weltbühne der Vorwurf gemacht, wir sagten zu allem Nein und seien nicht positiv genug. Wir lehnten ab und kritisierten nur und beschmutzten gar das eigene deutsche Nest. Und bekämpften - und das sei das Schlimmste - Haß mit Haß, Gewalt mit Gewalt, Faust mit Faust.

Es sind eigentlich immer dieselben Leute, die in diesem Blatt zu Worte kommen, und es mag einmal gesagt werden, wie sehr wir alle innerlich zusammenstimmen, obwohl wir uns kaum kennen. Es existieren Nummern dieser Zeitschrift, die in einer langen Redaktionssitzung entstanden zu sein scheinen, und doch hat der Herausgeber mutterseelenallein gewaltet. Es scheint mir also der Vorwurf, wir seien negativ, geistig unabhängige und von einander nicht beeinflußte Männer zu treffen. Aber sind wirs? Sind wirs denn wirklich?

Ich will einmal die Schubladen unsres deutschen Schrankes aufmachen und sehen, was darinnen liegt.

Die Revolution. Wenn Revolution nur Zusammenbruch bedeutet, dann war es eine; aber man darf nicht erwarten, daß die Trümmer anders aussehen als das alte Gebäude. Wir haben Mißerfolg gehabt und Hunger, und die Verantwortlichen sind davongelaufen. Und da stand das Volk: die alten Fahnen hatten sie ihm heruntergerissen, aber es hatte keine neue.

Der Bürger. Das ist - wie oft wurde das mißverstanden! - eine geistige Klassifizierung, man ist Bürger durch Anlage, nicht durch Geburt und am allerwenigsten durch Beruf. Dieses deutsche Bürgertum ist ganz und gar antidemokratisch, dergleichen gibt es wohl kaum in einem andern Lande, und das ist der Kernpunkt alles Elends. Es ist ja nicht wahr, daß sie in der Zeit vor dem Kriege unterdrückt worden sind, es war ihnen tiefstes Bedürfnis, emporzublicken, mit treuen Hundeaugen, sich zurechtstoßen zu lassen und die starke Hand des göttlichen Vormunds zu fühlen!

Heute ist er nicht mehr da, und fröstelnd vermissen sie etwas. Die Zensur ist in Fortfall gekommen, brav beten sie die alten Sprüchlein weiter, ängstlich plappernd, als ob nichts geschehen sei. Sie kennen zwischen patriarchalischer Herrschaft und einem ins Räuberhafte entarteten Bolschewismus keine Mitte, denn sie sind unfrei. Sie nehmen alles hin, wenn man sie nur verdienen läßt. Und dazu sollen wir Ja sagen?

Der Offizier. Wir haben hier nachgewiesen, warum und inwiefern der deutsche Offizier im Kriege versagt hat, und was er an seinen Leuten gesündigt. Es geht ja nicht um den Stand - Angriffe gegen eine Kollektivität sind immer ungerecht -: es geht um den schlechten Geist, der den Stand beseelte und der sich tief in das Bürgertum hineingefressen hatte. Der Leutnant und seine - sagen wir immerhin: Geistigkeit war ein deutsches Ideal, und der Reserve-Offizier brauchte keine lange Zeit, in die Uniform hineinzuwachsen. Es war die infernalische Lust, den Nebenmenschen ungestraft zu treten, es war die deutsche Lust, im Dienst mehr zu scheinen, als man im Privatleben ist, das Vergnügen, sich vor seiner Frau, vor seiner Geliebten aufzuspielen, und unten krümmte sich ein Mensch. Eine gewisse Pflichterfüllung des Offiziers (und sein Geist saß auch in vielen untern Chargen) soll nicht geleugnet werden, aber sie geschah oft nur auf der Basis der Übersättigung und der übelsten Raffgier. Die jungen Herren, denen ich im Kriege hinter die Karten gucken konnte, machten keinen hervorragenden Eindruck.

Aber es geht ja nicht um die einzelnen, und wie soll je eine Besserung kommen, wenn wir es jetzt nicht sagen! Jetzt, denn später hat es keinen Sinn mehr; jetzt, denn später, wenn das neue Heer aufgebaut ist, wäre es überflüssig, noch einmal die Sünden des alten Regimes aufzublättern.

Und es muß den Deutschen eingehämmert werden, daß das niemals wiederkommen darf, und es muß allen gesagt werden, denn es waren ja nicht die Sünden gewisser reaktionärer Kreise, sondern alle, alle taten mit! Das Soldatenelend - und mit ihm das Elend aller Untergebenen in Deutschland - war keine Angelegenheit der politischen Überzeugung: es war eine der mangelnden Kultur. Die übelsten Instinkte wurden in entfesselten Bürgern wachgerufen, gab ihnen der Staat die Machtfülle eines

Vorgesetzten in die Hand. Sie hat ihnen nicht gebührt. Und dazu sollen wir Ja sagen?

Der Beamte. Was haltet ihr von einer Verwaltung, bei der der Angestellte wichtiger ist als die Maßnahmen, und die Maßnahme wichtiger als die Sache? Wie knarrte der Apparat und machte sich imponierend breit! Was war das für ein Gespreize mit den Ämtern und den Ämtchen! Welche Wonne, wenn einer verfügen konnte! Von allen andern Dienststellen – und es gab ja so viele – wurde er unterdrückt: jetzt durfte er auch einmal! Und die Sache selbst ersoff in Verordnungen und Erlassen, die kleinen Kabalen und Reibereien in den Ämtern füllten Menschenleben aus, und der Steuerzahler war wehrlos gegen sein eigenes Werk. Und dazu sollen wir Ja sagen?

Der Politiker. Politik kann man in diesem Lande definieren als die Durchsetzung wirtschaftlicher Zwecke mit Hilfe der Gesetzgebung. Die Politik war bei uns eine Sache des Sitzfleisches, nicht des Geistes. Sie wurde in Bezirksvereinen abgehaspelt und durchgehechelt, und gegen den Arbeiter standen alle andern zusammen. Vergessen war der Geist, auf dessen Grundlage man zu Vorschlägen und Gesetzen kam, vergessen die Gesinnung, die, Antrieb und Motiv in einem, erst verständlich und erklärbar machte, was man wollte. Der Diplomat alter Schule hatte abgewirtschaftet, »er besitzt keinen modernen Geist«, sagten die Leute; nun sollte der Kaufmann an seine Stelle treten. Aber der besitzt ihn auch nicht. Eine wilde Überschätzung des Wirtschaftlichen hob an. Feudale und Händler raufen sich um den Einfluß im Staat, der in Wirklichkeit ihnen beiden unter der Führung der Geistigen zukommen sollte. Und dazu sollen wir Ja sagen?

Daß der Bürger zetert, dem anständige Politik nichts ist als Geschäftsstörung, nimmt uns nicht wunder. Daß Geistige gegen uns eifern, schon mehr. Wozu führen denn letzten Endes die Erkenntnisse des Geistes, wenn man nicht ein Mal von den Höhen der Weisheit herunterklettert, ihre Ergebnisse auf das tägliche Leben anwendet und das zu formen versucht nach ihrem Ebenbilde? Nichts ist bei uns peinlicher und verhaßter als konkret gewordene Geistigkeit.

Alles darfst du: die gefährlichsten Forderungen aufstellen, in abstracto, Bücherrevolutionen machen, den lieben Gott absetzen – aber die Steuergesetzgebung, die machen sie doch lieber allein. Sie haben eine unendlich feine Witterung und den zuverlässigsten Instinkt gegen alles, was ihre trübe Geschäftigkeit stören kann, ihr Mißtrauen ist unsäglich, ihre Abneigung unüberwindbar. Sie riechen förmlich, ob sich deine Liebe und dein Haß mit ihrem Kolonialwarenladen verträgt, und tun sies nicht: dann gnade dir Gott!

Hier steht Wille gegen Willen. Kein Resultat, kein Ziel auf dieser Erde wird nach dem logisch geführten Beweis ex argumentis gewonnen. Überall steht das Ziel, gefühlsmäßig geliebt, vorher fest, die Argumente folgen, als Entschuldigung für den Geist, als Gesellschaftsspiel für den Intellekt. Noch niemals hat einer den andern mit Gründen überzeugt.

Hier steht Wille gegen Willen: wir sind uns über die Ziele mit allen anständig Gesinnten einig - ich glaube, was an uns
bekämpft wird, ist nicht der Kampf: es ist die Taktik. Aber wie sollen wir gegen kurzstirnige Tölpel und eisenharte Bauernknechte anders aufkommen als mit Knüppeln? Das ist seit Jahrhunderten das große Elend und der Jammer dieses Landes gewesen: daß man vermeint hat, der eindeutigen Kraft mit der bohrenden Geistigkeit beikommen zu können. Wenn wir andern - die wir hinter die Dinge gesehen haben, die wir glauben, daß die Welt, so wie sie ist, nicht das letzte Ziel für Menschen sein kann - keinen Exekutor unsrer geistigen Gesinnung haben, so sind wir verdammt, ewig und auch fürderhin unter Fleischergesellen zu leben, und uns bleiben die Bücher und die Tinte und das Papier, worauf wir uns ergehen dürfen.

Das ist so unendlich unfruchtbar, zu glauben, man könne die negative Tätigkeit des Niederreißens entbehren, wenn man aufbauen will. Seien wir konkret.

Eine Naumannsche Rede in Weimar verpflichtet zu gar nichts: der Beschluß irgendeines Gemeindekollegiums zeigt uns den Bürger in seiner Nacktheit. Der unbedingten Solidarität aller Geldverdiener muß die ebenso unbedingte Solidarität der Geistigen gegenüberstehen. Es geht nicht an, daß man feixenden Bürgern das Schauspiel eines Kampfes liefert, aus dem sie nur und ausschließlich heraushören: dürfen wir weiter schachern, oder dürfen wir es nicht? Dürfen wir weiter in Cliquen und Klüngeln schieben, oder dürfen wir es nicht? Nur das wird gehört, und keine metaphysische Wahrheit und kein kritizistischer Irrtum. Ist schon alles vergessen? Gleiten wir schon wieder in den behaglichen Trott hinüber, in dem Ruhe die erste und letzte Pflicht ist? Schon regt sich allerorten der fade Spruch: »Es wird nicht so schlimm gewesen sein.« - »Ihr Herr Gemahl ist an Lungenentzündung gestorben?« sagte jener Mann, »na, es wird nicht so schlimm gewesen sein!«

Es ist so schlimm gewesen. Und man mache ja nicht wieder den Versuch, zu behaupten, die Pionierarbeit des deutschen Kaufmanns werde uns schon herausreißen! Wir sind in der ganzen Welt blamiert, weil wir unsre besten Kräfte tief im Land versteckt und unsre minderwertigen hinausgeschickt haben. Aber schon regen sich die Stimmen, die dem Deutschen einzureden versuchen, es werde, wenn er nur billige Ware liefere, sich alles einrenken lassen. Das wollen wir nicht! Wir wollen nicht mehr benutzt sein, weil unsre jungen Leute im Ausland alle andern unterboten haben, und weil man bei uns schuftete, aber nicht arbeitete. Wir wollen geachtet werden um unsrer selbst willen.

Und damit wir in der Welt geachtet werden, müssen wir zunächst zu Haus gründlich rein machen. Beschmutzen wir unser eigenes Nest? Aber einen Augiasstall kann man nicht beschmutzen, und es ist widersinnig, sich auf das zerfallene Dach einer alten Scheune zu stellen und da oben die Nationalhymne ertönen zu lassen.

Wir sollen positive Vorschläge machen. Aber alle positiven Vorschläge nützen nichts, wenn nicht die rechte Redlichkeit das Land durchzieht. Die Reformen, die wir meinen, sind nicht mit Vorschriften zu erfüllen, und auch nicht mit neuen Reichsämtern, von denen sich heute jeder für sein Fach das Heil erhofft. Wir glauben nicht, daß es genügt, eine große Kartothek und ein vielköpfiges Personal aufzubauen und damit sein Gebiet zu bearbeiten. Wir glauben, daß das Wesentliche auf der Welt hinter den Dingen sitzt, und daß eine anständige Gesinnung mit jeder, auch mit der schlechtesten, Vorschrift fertig wird und sie gut handhabt. Ohne sie aber ist nichts getan.

Was wir brauchen, ist diese anständige Gesinnung. Wir können noch nicht Ja sagen. Wir können nicht einen Sinn stärken, der über den Menschen die Menschlichkeit vergißt. Wir können nicht ein Volk darin bestärken, seine Pflicht nur dann zu tun, wenn jedem Arbeitenden ein Popanz von Ehre aufgebaut wird, der sachlicher Arbeit nur im Wege ist. Wir können nicht zu einem Volk Ja sagen, das, noch heute, in einer Verfassung ist, die, wäre der Krieg zufälligerweise glücklich ausgegangen, das Schlimmste hätte befürchten lassen. Wir können nicht zu einem Land Ja sagen, das von Kollektivitäten besessen ist, und dem die Korporation weit über dem Individuum steht.

Kollektivitäten sind nur ein Hilfsmittel für die einzelnen. Wir können nicht Ja zu denen sagen, deren Früchte die junge Generation darstellt: ein laues und flaues Geschlecht, angesteckt von dem kindischen Machthunger nach innen und der Gleichgültigkeit nach außen, den Bars mehr zugetan als der Bravour, von unsäglicher Verachtung für allen Sturm und Drang, den man zur Zeit nicht mehr trägt, ohne Flamme und ohne Schwung, ohne Haß und ohne Liebe. Wir sollen laufen, aber unsre Schenkel sind mit Schnüren gefesselt. Wir können noch nicht Ja sagen.

Leute, bar jedes Verständnisses für den Willen, der über die Tagesinteressen hinausheben will - man nennt das hierzulande: Realpolitiker - bekämpfen uns, weil wir im Kompromiß kein Heil sehen, weil wir in neuen Abzeichen und neuen Aktenstücken kein Heil sehen. Wir wissen wohl, daß man Ideale nicht verwirklichen kann, aber wir wissen auch, daß nichts auf der Welt ohne die Flamme des Ideals geschehen ist, geändert ist, gewirkt wurde. Und - das eben scheint unsern Gegnern eine Gefahr und ist auch eine - wir glauben nicht, daß die Flamme des Ideals nur dekorativ am Sternenhimmel zu leuchten hat, sondern sie muß hienieden brennen: brennen in den Kellerwinkeln, wo die Asseln hausen, und brennen auf den Palastdächern der Reichen, brennen in den Kirchen, wo man die alten Wunder rationalistisch verrät, und brennen bei den Wechslern, die aus ihrer Bude einen Tempel gemacht haben. Wir können noch nicht Ja sagen. Wir wissen nur das eine: es soll mit eisernem Besen jetzt, grade jetzt und heute ausgekehrt werden, was in Deutschland faul und vom Übel war und ist. Wir kommen nicht damit weiter, daß wir den Kopf in ein schwarz-weiß-rote Tuch stecken und ängstlich flüstern: Später, mein Bester, später! nur jetzt kein Aufsehen!

Jetzt.

Es ist lächerlich, einer jungen Bewegung von vier Monaten vorzuwerfen, sie habe nicht dasselbe Positive geleistet wie eine Tradition von dreihundert Jahren. Das wissen wir. Wir stehen vor einem Deutschland voll unerhörter Korruption, voll Schiebern und Schleichern, voll dreimalhunderttausend Teufeln, von denen jeder das Recht in Anspruch nimmt, für seine schwarze Person von der Revolution unangetastet zu bleiben. Wir meinen aber ihn und grade ihn und nur ihn.

Und wir haben die Möglichkeit, zu wählen: bekämpfen wir ihn mit der Liebe, bekämpfen wir ihn mit Haß? Wir wollen kämpfen mit Haß aus Liebe. Mit Haß gegen jeden Burschen, der sich erkühnt hat, das Blut seiner Landsleute zu trinken, wie man Wein trinkt, um damit auf seine Gesundheit und die seiner Freunde anzustoßen. Mit Haß gegen einen Klüngel, dem übermäßig erraffter Besitz und das Elend der Heimarbeiter gottgewollt erscheint, der von erkauften Professoren beweisen läßt, daß dem so sein muß, und der auf gebeugten Rücken vegetierender Menschen freundliche Idyllen feiert. Wir kämpfen allerdings mit Haß. Aber wir kämpfen aus Liebe für die Unterdrückten, die nicht immer notwendigerweise Proletarier sein müssen, und wir lieben in den Menschen den Gedanken an die Menschheit.

Negativ? Viereinhalb Jahre haben wir das fürchterliche Ja gehört, das alles gut hieß, was frecher Dünkel auszuführen befahl. Wie war die Welt so lieblich! Wie klappte alles, wie waren alle d'accord, ein Herz und keine Seele, wie bewegte sich die künstlich hergerichtete Landschaft mit den uniformierten Puppen darin zum Preise unsrer Herren! Es war das Thema des Anakreon. Und mit donnerndem Krachen ist das zusammengebrochen, was man früher für eisern gehalten hatte, und was nicht einmal Gußeisen war, die Generale fangen an, sich zu rechtfertigen, obgleich sie es gar nicht nötig hätten, keiner will es gewesen sein, und die Revolutionäre, die zu spät kamen und zu früh gebremst wurden, werden beschuldigt, das Elend herbeigeführt zu haben, an dem doch Generationen gewirkt hatten.

Negativ? Blut und Elend und Wunden und zertretenes Menschentum – es soll wenigstens nicht umsonst gewesen sein. Laßt uns auch weiterhin Nein sagen, wenn es not tut!

Es ist das Thema des Aischylos.

Kurt Tucholsky
»Die Weltbühne«, 13.03.1919, Nr. 12, S. 279.

Krieg dem Kriege (1919)

Sie lagen vier Jahre im Schützengraben.
Zeit, große Zeit!
Sie froren und waren verlaust und haben
daheim eine Frau und zwei kleine Knaben,
weit, weit -!

Und keiner, der ihnen die Wahrheit sagt.
Und keiner, der aufzubegehren wagt.
Monat um Monat, Jahr um Jahr...

Und wenn mal einer auf Urlaub war,
sah er zu Haus die dicken Bäuche.
Und es fraßen dort um sich wie eine Seuche
der Tanz, die Gier, das Schiebergeschäft.
Und die Horde alldeutscher Skribenten kläfft:
»Krieg! Krieg!
Großer Sieg!
Sieg in Albanien und Sieg in Flandern!«
Und es starben die andern, die andern, die andern...

Sie sahen die Kameraden fallen.
Das war das Schicksal bei fast allen:
Verwundung, Qual wie ein Tier, und Tod.
Ein kleiner Fleck, schmutzigrot -
und man trug sie fort und scharrte sie ein.
Wer wird wohl der nächste sein?

Und ein Schrei von Millionen stieg auf zu den Sternen.
Werden die Menschen es niemals lernen?

Gibt es ein Ding, um das es sich lohnt?
Wer ist das, der da oben thront,
von oben bis unten bespickt mit Orden,
und nur immer befiehlt: Morden! Morden! -
Blut und zermalmte Knochen und Dreck...
Und dann hieß es plötzlich, das Schiff sei leck.
Der Kapitän hat den Abschied genommen
und ist etwas plötzlich von dannen geschwommen.
Ratlos stehen die Feldgrauen da.
Für wen das alles? Pro patria?

Brüder! Brüder! Schließt die Reihn!
Brüder! das darf nicht wieder sein!
Geben sie uns den Vernichtungsfrieden,
ist das gleiche Los beschieden
unsern Söhnen und euern Enkeln.
Sollen die wieder blutrot besprenkeln
die Ackergräben, das grüne Gras?
Brüder! Pfeift den Burschen was!
Es darf und soll so nicht weitergehn.
Wir haben alle, alle gesehn,
wohin ein solcher Wahnsinn führt -

Das Feuer brannte, das sie geschürt.
Löscht es aus! Die Imperialisten,
die da drüben bei jenen nisten,
schenken uns wieder Nationalisten.
Und nach abermals zwanzig Jahren
kommen neue Kanonen gefahren. -
Das wäre kein Friede.
Das wäre Wahn.

Der alte Tanz auf dem alten Vulkan.
Du sollst nicht töten! hat einer gesagt.
Und die Menschheit hörts, und die Menschheit klagt.
Will das niemals anders werden?
Krieg dem Kriege!
Und Friede auf Erden.

Theobald Tiger
»Ulk«, 13.06.1919, Nr. 24.

Revolutions-Rückblick (1919)

Ich schau zurück. Die Pressegenerale
ergriff vor einem Jahr der große Schreck.
Die O H L verstummt mit einem Male.
Vorbei. Die Phrase lag im Dreck.
Vorbei die Pläne und die dicken Thesen,
vorbei die plumpen Renommisterein –
Behüt dich Gott, es wär zu schön gewesen,
behüt dich Gott, es hat nicht sollen sein!

Soldaten vor! Der Kaiser hat verzichtet.
Nun wolltet ihr alleine weiter sehn.
Das ist im Leben häßlich eingerichtet,
daß bei den Eberts gleich die Noskes stehn.
Kaum ist das Land von einer Pest genesen,
fällt es mit Grazie in die nächste rein –
Behüt dich Gott, es wär zu schön gewesen,
behüt dich Gott, es hat nicht sollen sein!

Wir dachten schon: Jetzt gilts den Offizieren!
Wir dachten schon: Hier wird nun Ernst gemacht.
Wir dachten schon: Man wird sich nicht genieren,
das Feuer brennt einmal... es ist entfacht...
Wir dachten schon: Nun kommt der Eisenbesen...
Doch weicht der Deutsche sich die Hosen ein –
Behüt dich Gott, es wär zu schön gewesen,
behüt dich Gott, es hat nicht sollen sein!

Kommt diesem Lande niemals denn ein Retter?
Die graue Regenluft weht naß und fahl.

Zum Abschiednehmen just das rechte Wetter:
Fahr wohl, fahr wohl, November-Ideal!
Denn erstens kostest du zu hohe Spesen,
und zweitens singt ihr noch die Wacht am Rhein -
Tatü-tata - es wär zu schön gewesen,
behüt dich Gott, es hat nicht sollen sein!

Kaspar Hauser
»Die Weltbühne«, 06.11.1919, Nr. 46, S. 576.

Prozeß Marloh (1919)

Ceterum censeo, Noske esse eundum

Der Spitzel einer Organisation, deren Mitglieder Mord und Totschlag brauchen, um ihre gut bezahlten Stellungen zu behalten, meldet dem Nachrichtenoffizier eines der Freikorps, die Volks-Marine-Division beabsichtige, in der Französischen Straße einen regierungsfeindlichen Putsch zu unternehmen. Die Meldung wird nicht geprüft, sondern mit Freuden aufgenommen, weitergegeben und übertrieben. Ein junger Offizier mit fünfzig Mann wird entsandt; die Räume der Division werden besetzt. Dreihundert Leute gehen in die Menschenfalle. Der junge Offizier, aufgehetzt und getrieben von den sich jagenden Befehlen seiner Vorgesetzten, sucht sich, damit irgend etwas geschehe, und ohne daß die Festgenommenen Widerstand leisten, neunundzwanzig Mann heraus - von seinem preußischen Offiziersstandpunkt aus diejenigen, die klug aussehen - und läßt sie erschießen. Dann erscheint in der Presse ein falscher Bericht dieses Vorgangs; der Offizier ist gezwungen, falsche Berichte anseine Vorgesetzten zu machen, die die Wahrheit kennen; dann flieht er. Er wird später gefaßt, einem ordentlichen Gericht entzogen und vor ein Sondergericht gestellt; seine Kameraden sprechen ihn frei.

Die Beurteilung dieses Mordes kann nur erfolgen, wenn man die Welt, aus der er hervorgegangen ist, genau kennt. Diese Welt ist skrupellos, tief unwahrhaftig und von einem großen Teil des deutschen Volkes heut noch verehrt und geschätzt. Die Verhandlungen haben gezeigt, wie verlogen dieser Apparat arbeiten kann: in dem Augenblick, wo über eine Lüge das Wort Bericht gesetzt wird, verstummt der Zweifel; in dem Augenblick, wo das Wort Dienst fällt, hat alles in Ordnung zu sein. Der preußische Offizier lügt nicht. Er tat Schlimmeres.

Es scheint mir nun einmal an der Zeit, hier öffentlich auszusprechen, was ich seit langem auf dem Herzen habe. Ich weiß, daß das taktisch nicht richtig ist; ich weiß, daß man den Mitkämpfern den Mut nicht nehmen soll, ich weiß auch, daß ich trotzdem nicht aufhören werde, für Menschen gegen das alte deutsche Offizierkorps zu kämpfen. Aber ich muß es einmal sagen: Dieser Kampf scheint aussichtslos.

Das deutsche Volk, in einer beispiellosen Katastrophe zusammengebrochen, die es zur guten Hälfte selbst verschuldet hat, befindet sich heute in schwerem wirtschaftlichem Niedergang, Wir haben realiter den Staatsbankrott. Die Fähigkeit weiter Volkskreise zu irgendwelchen Emotionen ist völlig erschöpft. Die Leute können nicht mehr. Das Gefühl für Anstand, für Recht und Gerechtigkeit - es ist völlig geschwunden.

Wärs nicht so, dann brauchte nicht Punkt um Punkt nachgewiesen zu werden, daß dieser Vorgang, von der Spitzelmeldung bis zum Freispruch des Marloh, ein einziger Sumpf ist. Die menschliche Minderwertigkeit, mit Unwahrheiten und Verschleierungen zu arbeiten, um ein Verbrechen zu verdunkeln, die unfaßbare Roheit, Deutsche, die andrer politischer Meinung sind, wie Tiere abzuschlachten - das wächst ausschließlich auf dem deutschen Kasernenhof. Die Leichen der Unglücklichen sollen furchtbar ausgesehen haben: es sind offenbar nicht alle auf jenem Hof erschossen, sondern sechs Geflüchtete sind im Keller massakriert worden; der Überlebende hörte ihre Todesschreie. Einem war die Wade von oben bis unten aufgeschlitzt; einem der Schädel eingeschlagen. Nach dem Mord spazierten die Offiziere auf dem Hof herum, betrachteten die am Boden liegenden Leichen, und einer sagte: »Seht mal, wie anständig die Hunde angezogen sind! Man sollte ihnen die Stiefel ausziehen!«

Der Pfarrer Rump hat in eine Korruption hineingeleuchtet, die man nicht erwähnen durfte, ohne von Tausenden maßlos beschimpft zu werden - bis tief in die demokratische Partei hinein. Dem Pfarrer Rump fiel es sichtlich schwer, gegen Leute, die er kollektiv verehrt hatte, derartig auszusagen. Er hat es trotzdem getan. Was sagte er?

Er sagte, daß alle diese Offiziere, einer wie der andre, bestrebt waren, bewußt, unter bewusstem Mißbrauch ihres moralischen Kredits, die vorgesetzten Dienststellen und die gesamte Öffentlichkeit zu belügen. Er sagte, daß mit Bestechung, Begünstigung, Urkundenfälschung und dienstlichen Falschmeldungen gearbeitet worden ist, um ein System, das noch lange nicht genug Feinde hat, vor Anfeindungen zu bewahren. Nicht das, wie ich hier in meinen Militaria immer wieder und wieder und wieder betont habe, ist ja das Schlimme, daß in einer großen Organisation Übergriffe vorkommen, sondern daß der Kernpunkt da sitzt: Wie stellen sich die Kameraden, wie stellt sich die Kollektivität dazu? Es muß gesagt werden, daß noch der letzte Verbrecher, wenn er nur Offizier ist, von seinen Kameraden in einem ganz falsch angebrachten Zusammengehörigkeitsgefühl gestützt und geschützt wird. Sie halten zusammen wie die Kletten. Dann müssen sie sich auch zusammen bewerten lassen.

Kleine menschliche Einzelheiten bleiben haften.

»Es ist doch hochanständig«, sagt Reinhard, »daß Kessel noch heute seine Hintermänner deckt.« Aber auch Einbrecher haben ein gewisses korporatives Ehrgefühl, das jeder Kenner ihnen zubilligen wird, ohne es deshalb anders als losgelöst von seinen Trägern hoch zu bewerten. In allen Betrachtungen wird fast immer vergessen, daß der Urgrund dieser Dinge kriminell ist, und daß ein Befehl und eine Anordnung irgendeines Gehaltsempfängers eine verbrecherische Handlung nicht sakrosankt machen.

»Der Oberst«, sagt ein junger Leutnant aus, »wußte auch gar nicht, was er mit den vielen Gefangenen anfangen sollte.« Und ließ sie, infolge mangelnder Unterbringungsmöglichkeit also, erschießen? Ich war dabei, als diese viehisch rohe Äußerung vorgebracht wurde - Reinhard saß auf der Zeugenbank, und kein Muskel zuckte in seinem Gesicht. Tapfer - und unbeteiligt - stand er seinen Mann. Das Wort Hintermänner tauchte auf. Finanzleute waren da, Menschen, die helfen wollten. Verbluten kann einer von uns - sie würden noch nach dem Zuckenden treten. Marloh hatte die Möglichkeit, Geld, Ausweise, Reisegelegenheit zu erhalten, und alles, was er sonst brauchte.

Über das Verfahren soll hier nicht ernsthaft gesprochen werden. Man erspare es mir, mein Juristenherz auszuschütten. Vielleicht war das früher anders - wir hatten immer geglaubt, daß der Vorsitzende in einem strafrechtlichen Verfahren alles zur Ergründung der Wahrheit tun müsse. Das ist hier nicht geschehen.

Viele wichtige Dinge sind nicht untersucht worden: Wer hat die verlorenen und noch nicht genug gefälschten Berichte entwendet? Warum verweigern die Zeugen die Aussage? (Es wäre Sache des Vorsitzenden gewesen, diese Gründe sorgfältig herauszuarbeiten.) Wie kam Reinhard zu der Annahme, daß dort in der Französischen Straße wirklich eine regierungsfeindliche Aktion im Gange war? Wie sind die gefälschten Papiere zur Flucht zustande gekommen? Die Größe unsres Vertrauens zur bürgerlichen Rechtsprechung geht aus unserm Ruf nach ihr hervor:

jeder bürgerliche Strafrichter hätte besser gearbeitet. Der geschickte Verteidiger des Angeklagten hatte leichtes Spiel.

Und hier möchte ich aufnehmen, was ich anfangs andeutete: Es scheint aussichtslos. Wir kämpfen hier gegen das innerste Mark des Volkes, und das geht nicht. Es hat keinen Sinn, die Berichte Punkt um Punkt durchzugehen, hier Widersprüche nachzuweisen und da Lügen, Roheiten und Minderwertigkeiten. Daß die Dienststellen der sogenannten Zeugen keinen Mann dieser Gesellschaft auch nur vom Dienst suspendiert haben, war nicht anders zu erwarten. Daß der Reichswehrminister sich der Lämmer annahm, ist selbstverständlich. Er steht und fällt mit diesem Pack. Er hat sie benutzt, sie wollen Lohn. Und er zahlt.

Noske, der Mann von der Straße, der Revolutionsminister, ist beim Gros der Bevölkerung fast beliebt. Soweit er aus den Decken, in die ihn sein Adjutant eingewickelt hat, hervorguckt: ein kopfloser Mann. Ich habe eigentlich noch niemals in der deutschen Politik - außer beim Kaiser - ein solch erschreckendes Maß von Einsichtslosigkeit in alle tiefem Zusammenhänge gesehen. Er weiß gar nicht, worum es sich handelt. Er weiß nicht, daß der Militarismus eine geistige Gefahr ist; er weiß nicht, daß hier Mächte am Werk sind, alles schlechte Alte zu konservieren und einer gradezu barbarischen Schicht wieder auf die Beine zu helfen. Er weiß es nicht und hilft mit. Nach dem Bibelwort müßte ihm der Herr vergeben - daß er die deutsche Welt täglich um Jahre zurückbringt, sollte ihn die Absolution kosten. Die deutsche Welt tut ihm alles, was er verlangt.

Das kindliche alte Spiel der Aufrechnung beginnt. Die Kommunisten in Dresden haben... die Kommunisten in München haben... Aber gewiß haben sie. Und? Entschuldigt das? Hier handelt es sich doch nur darum, ob die traditionelle Erziehung des deutschen Offizierkorps solches unmenschliche Verbrechen begünstigt hat oder nicht. Sie hat es hervorgerufen.

Das kindliche alte Spiel der Kompetenz beginnt. Das ist nicht Sache des Kriegsgerichts, das ist nicht Sache der vorgesetzten Dienststelle, das ist nicht Sache des Reichswehrministers. Mir sagte einmal eine Russin, ihre zaristische Rechtsprechung sei die beste der Welt gewesen. »Und Sibirien?« wandte ich ein. »Aber«, sagte sie, »das ist nicht Sache der

Rechtsprechung - das macht die Verwaltung!« So feine Unterschiede gibts.

Ich resigniere. Ich kämpfe weiter, aber ich resigniere. Wir stehen hier fast ganz allein in Deutschland - fast ganz allein. Denn was sollen wir mit Parteien, was mit Publizisten anfangen, die in den wichtigsten Punkten eine reservatio machen und sagen: »Ja - aber...« Und wir sagen: Nein.

Fest steht: die Mörder der deutschen Radikalen sind bis jetzt straflos ausgegangen. Was die Voruntersuchung nicht schafft, besorgt das sogenannte Gericht; gibts hier ein Unglück, dann tut die Exekutive das ihre; hilft alles nicht, läuft der Mann weg oder wird krank. Ihm kann nix gschehn.

Ist heute ein müder Tag? Ich will mich ja gern beschimpfen und anklagen lassen, ich will ja gern alles auf mich nehmen - wenn ich nur nicht sehen müßte, wie grauenhaft allein wir stehen. Ist denn moralische Sauberkeit wirklich nicht mehr das absolut erste Erfordernis des öffentlichen Lebens? Wohin geraten wir? Wo treiben wir hin? Wohin soll es führen, wenn nun auch die Rechtsprechung anfängt, zu wanken; wenn politische Gesichtspunkte ganz offen Sondergerichte beeinflussen? Wie lange noch, und die ordentlichen Gerichte folgen. Und dann ists aus.

Pathos tuts nicht und Spott nicht und Tadel nicht und sachliche Kritik nicht. Sie wollen nicht hören. Sie hangen mit ihrem ganzen Herzen an den Herren, an Menschen, die nicht einmal leidenschaftlichen Haß verdienen, sondern nur Verachtung.

Ist heute ein müder Tag? Ich habe hier gefunden und gerufen - lasst mich heute still sagen: Die Kaste verlangt für sich eine besondere Beurteilung, sie stehen alle für einen, sie sollen die Beurteilung haben. Immer und immer wieder. Aber ist das Vertrauen der Deutschen zu diesen Burschen zu erschüttern? Noch heute würden sie auf diese Berichte und Meldungen schwören - und käme morgen eine neue Gelegenheit, sie handelten alle grade so. Sie sehen nicht, sie hören nicht, und der himmlische Noske ernährt sich doch.

Der Prozeß ist morgen vergessen. Übermorgen bekommen wir wieder etwas von dem tüchtigen Geist des deutschen Offizierkorps zu hören. Die Kindlein, sie hören es gerne. Und, kurzstirnig, stets im Begriff, durch eine Pistolenknallerei Ehrenflecken aus der Welt zu schaffen, hartherzig und ungeistig, ragt der Koloß des eisernen Hindenburg aus dem Trümmerhaufen. Trotzalledem: wir wollen doch sehen, daß man ihn als Abbruch verkauft. Das Ziel ist fern. Aber es gibt eins.

Ignaz Wrobel
»Die Weltbühne«, 18.12.1919, Nr. 52, S. 755.

Gefühle nach dem Kalender (1919)

Eigentlich ist es ja ein bißchen merkwürdig: wenn nur noch wenige dünne Kalenderblätter den Abreißer vom 24. Dezember trennen, so senkt sich jenes weihnachtliche Gefühl auf ihn hernieder, das ihr alle kennt. Er wird ein bißchen weich, er wird ein wenig träumerisch, und wenn der ganze Apparat des Einkaufs vorbeigeklappert ist, wenn all das Tosen und Wirken vorüber ist, dann saugt er doch an seiner Weihnachtszigarre und denkt sich dies und das und allerlei. Aber wie denn? Kann man denn seine Gefühle kommandieren -? Kann man denn - nach dem Kalender - seine Empfindungen regeln? Man kanns nicht. Der Schnurriker Mynona erzählt einmal die Geschichte vom Schauspieler Nesselgrün, dem es plötzlich einfiel, sein ihm zustehendes Weihnachten im August zu feiern - und unter unendlichem Hallo geht denn diese deplacierte Festlichkeit auch vor sich.

Aber wir haben doch gelacht, als wir das lasen. Könnten wir andern das auch? Es ist wohl nicht nur die Furcht, uns lächerlich zu machen - es muß noch etwas anderes sein. Der Grund, daß wir wirklich - jeden Weihnachten - in jedem Jahr - immer aufs neue imstande sind, genau um den 25. Dezember herum die gleichen starken Gefühle zu hegen, liegt doch wohl darin, daß sie sich angesammelt haben. Es muß doch irgendetwas da sein, das tropfenweise anschwillt, das ganze Jahr hindurch.

Schließlich ist doch der Kalender etwas ganz Äußerliches, Relatives, wir sind in gewisser Hinsicht mit ihm verwachsen - aber die Zeit ist nicht in uns, wir sind in der Zeit. Und das kleine Blättchen, das den Vierundzwanzigsten anzeigt, ist kein Grund, es ist ein Signal und ein Anlaß. Ich habe immer das Gefühl, als ob wir jede Woche im Jahr weihnachtliche Empfindungen genug aufbrächten - aber gute Kaufleute, die wir sind, legen wir sie in kleinen Posten zurück, bis es sich einmal lohnt. Im Dezember ist dann das Maß meist voll.

Ist es nicht schließlich mit jedem Gedenktag so -? Warum sollen wir gerade am neunzehnten an sie denken, und warum nicht einen Tag später -? Heute vor einem Jahr - - ach Gott, entweder wir empfinden immer, daß sie auf der Welt ist - oder wir empfindens am neunzehnten auch nur konventionell. Gefühle nach dem Kalender -: das geht nur, wenn der Kalender sie ins Rollen bringt. Gefühle nach dem Kalender...

Wir haben alle nur keine Zeit, um gut zu sein, wie? Wir haben nur alle keine Zeit. Und müssen tausend- und tausendmal herunterschlucken und herunterdrücken und sind vielleicht im Grunde alle froh, allweihnachtlich einen Anlaß gefunden zu haben, den gestauten Sentiments freien Lauf zu lassen. Wer erst nach dem Kalenderblatt sieht, sich vor den Kopf schlägt und »Ach, richtig!« ruft - dem ist nicht zu helfen.

Vielleicht hat diese neue - ehemals große - Zeit manches am deutschen Weihnachtsfeste geändert. Ich weiß nicht, obs innerlich geworden ist. Es täte uns so not - nicht aus Gründen der Religion, die jedermanns Privatsache ist - sondern aus Gründen der Kultur. Diesem Volk schlägt ein Herz, aber es liegen so viel Kompressen darauf...

Reißt sie ab. Wagt einmal (was besonders dem Norddeutschen schwer und sauer fällt), wagt einmal, geradeaus zu empfinden. Und wenn euch das Fest nach all dem, was geschehen ist, doppelt lieb, aber doppelt schwierig erscheint, dann denkt daran, wie ihr es im Feld gefeiert habt, und wo - und denkt daran, wie es ein Halt gewesen ist gegen die Lasten des äußern und innern Feindes, und wie schon das Datum, wie schon der Kalender Trost war in verdammt schwarzen Tagen. Und - weil wir hier gerade alle versammelt sind - denkt schließlich und zu guter Letzt - auch an etwas anderes. Nach dem Kalender fühlen...

Aber habt ihr einmal geliebt...? Die Damen sehen in ihren Schoß, und die Herren lächeln so unmerklich, daß ich von meiner Kanzel her Mühe habe, es zu erkennen. Also ihr habt geliebt, und ihr - ich sehe keinen an - liebt noch. Nun, ihr Herren, und wenn sie Geburtstag hat? Nun, ihr Herren, und wenn der Tag auf dem Kalender steht, an dem ihr sie zum erstenmal geküßt habt -? Nun?

Ihr feiert das. Was im ganzen Jahr künstlich oder zufällig zurückgedämmt war - er bricht - wenns eine richtige Liebe ist - elementar an solchem Tage hervor aus tiefen Quellen. Der Tag, dieser dumme Tag, der doch gleich allen anderen sein sollte, ist geheiligt und festlich und feierlich und freundlich - und ihr denkt und fühlt: sie - und nur sie. Nach dem Kalender...?

Nicht nach dem Kalender. Ihr tragt alle den Kalender in euch. Es ist ja nicht das Datum oder die bewußte Empfindung, heute müsse man nun... Es ist, wenn ihr überhaupt wißt, was ein Festtag ist, was Weihnachten ist: euer Herz. Laßt uns einmal von dem Festtags-Rummel absehen, der in einer großen Stadt unvermeidlich ist. Laßt uns einmal daran denken, wie Weihnachten gefeiert werden kann, unter wenigen Menschen, die sich verstehen. Das ist kein Ansichtskarten-Weihnachten. Das ist nicht das Weihnachten des vierundzwanzigsten Dezembers allein - es ist das Weihnachten der Seele. Gibt es das -?

Es soll es geben. Und gibt es auch, wenn ihr nur wollt. Grüßt, ihr Herren, die Damen, küßt ihnen leise die Hand (bitte in meinem Auftrag) und sagt ihnen, man könne sogar seine Gefühle nach dem Kalender regeln: zum Geburtstag, zum Gedenktag - und zu Weihnachten.

Aber man muß welche haben.

Peter Panter
»Berliner Tageblatt«, 24.12.1919, Nr. 616.

Das leere Schloß (1920)

Seit Kaiser Wilhelm der Zweite das berliner Schloß seiner Väter verlassen hat, steht es leer. Keiner ist für die Dauer dort eingezogen - seitdem Ende 1918 und Anfang 1919 einige Spektakelstücke darin aufgeführt worden sind, steht es ganz leer. Die Regierung wohnt in der Wilhelmstraße.

Man sagt, dieses alte Schloß habe einen Hausgeist, eine im Nachtwind lohende weiße Frau. Es kann sich somit glücklicher schätzen als das Geschlecht der neuen Hohenzollern, die gänzlich ungeistig waren, und ich denke, daß die Zeit gekommen ist, wo auch wir an diesen Geist glauben dürfen. Das Schloß ist nicht leer.

Das berliner Schloß kann von der Regierung deshalb nicht bezogen werden, weil der alte monarchistische Geist darin wohnt, und weil diese Regierung Angst vor ihm hat. Nachts weht der Geist durch die öden Korridore. Und tagsüber? Tagsüber regiert er.

Staatsrechtlich ist folgendes vor sich gegangen: Durch einen gewaltsamen Umsturz haben sich im November 1918 Männer zur Regierung aufgeschwungen, die dazu - rein staatsrechtlich genommen - zunächst nicht das geringste Recht hatten. Alle ihre Regierungsakte waren, vom Standpunkt des getreuen Monarchisten gesehen, ungültig und unwirksam. Revolution. Die Revolution hat Recht geschaffen, weil sie Macht schuf. Wir entsinnen uns alle wohl noch dieses gänzlichen Vakuums, das damals, im November 1918, Deutschland darstellte. Alle Leute gingen herum wie die Kinder, wenn Mutter fortgegangen ist - man war frei, aber man traute sich nicht so recht. Die Revolution ist dann sabotiert worden, die Kleinstaaterei blieb erhalten, und die neuen Männer fußten auf dem alten Recht und hatten nur den begreiflichen Takt, von dem kleinen Staatsstreich, dem sie alles verdankten, möglichst wenig zu sprechen. Im übrigen aber: Allgemeines Landrecht 10, II, 17 und alte Kabinettsorders aus dem Jahre 1851, und was dergleichen Gummiparagraphen mehr sind. Es waren verschämte Republikaner. Seien wir doch offen: verschämte Monarchisten, die nur keinen Monarchen haben.

Die neuen Männer schwammen wie eine dünne Fettschicht auf dem Meer, und dann kam die riesige Wasserflut der Reaktionäre, mit denen sie arbeiteten. Diese Republik hat niemals verstanden, ihre Macht wirklich aus sich selbst zu stabilisieren. Ein Heer? Die Gewerkschaften waren vollzählig da, gut und zuverlässig an Gesinnung, leicht zu bewaffnen und meist aus alten Soldaten bestehend. Noske begann seine Wehrarbeit mit einem Herrn v. Bismarck und führte das alte Offizierkorps, dessen Macht erloschen schien, neuen herrlichen Zeiten entgegen. Den großen Verwaltungsapparat konnte man nicht von heute auf morgen reorganisieren. Aber man konnte die allerschlimmsten Säulen des alten Regimes entfernen, konnte immer und immer wieder - ohne Gesinnungsschnüffelei - zeigen, daß es heute nicht mehr ersprießlich sei, monarchistisch oder reaktionär zu empfinden, und konnte die, sicherlich anständigen, Elemente, die sich nicht ändern wollten, pensionieren.

Die republikanische Regierung ist so gut wie machtlos. Ihr eigner Apparat höhnt sie aus und verkehrt fast alle Maßregeln durch die berüchtigten Ausführungsbestimmungen in ihr Gegenteil. In der Wilhelmstraße zu Berlin sitzen, den größten Teil des Jahres durch Stacheldrahtverhaue geschützt, ein paar Männer; alle Provinzen lachen darüber und machen, was sie wollen. Und das ist nichts Gutes.

Die heimkehrenden Kriegsgefangenen werden in den Durchgangslagern von monarchistischen und reaktionären Offizieren empfangen und bearbeitet. In Potsdam findet, wie in alter Zeit, unter Anwesenheit der Offiziersfrauen, die dabei gar nichts zu suchen haben, eine preußische Parade (in Friedensuniformen) statt, bei der ein Angehöriger der Lüttwitz-Vereine dichtet: »Das ganze Leben sei euch ein Parademarsch!« (Schade, daß kein Echo da ist.) In der Universität Berlin hält ein pazifistischer Professor, Nicolai, eine Vorlesung, wird von den anders denkenden Studenten angeflegelt und findet bei der Republik keinen Schutz.

Irgendeine Aufklärung über die Kriegspolitik findet nicht statt - begeistert kaufen die Deutschen nach wie vor Bücher, die den Militarismus verherrlichen (Die drei kommenden Kriege. Englands Auseinandersetzung mit seinen Brüdern von der Entente. Deutschlands Aufstieg in den kommenden Wirren). In den militärischen Ämtern sitzen die alten Offizierstypen und machen jedem das Leben zur Hölle, der ihnen in die Finger fällt - niemand wehrt ihnen. Klagen auf Klagen kommen von den

Gequälten und Verärgerten, von den alten Soldaten an die Zeitungen, an die Volksvertreter - niemand ist mächtiger als die Beamten.

Im Auditorium maximum der berliner Universität hält der geschlagene General v. Falkenhayn über den Feldzug in Rumänien einen Vortrag, der von den Zuhörern ausschließlich deutsch-national gewertet wird, Heizung und Licht zu diesem Vortrag bezahlt die Republik. »Heute abend«, besagt eine Anzeige, »findet in den gesamten Festräumen des... ein Wohltätigkeitsfest der Kampfwagenverbände Lüttwitz statt« Kampfwagenverbände - das sind Vereinigungen der Leute, die über die Instrumente verfügen, womit man zur Zeit Deutsche tötet.

Die Bürgerräte und Bürgerbünde festigen sich. Einwohnerwehren sind plötzlich da, die Lasten werden von den Kommunen getragen, in den meisten Fällen werden sie schwer militaristisch - in altem, bewährtem Geiste - geleitet. Hinweise auf die alten Fehler im alten Heer werden mit den wildesten Beschimpfungen der neuen Republik abgewiesen. Niemand von der Regierung erwidert. Ja, man hat das deutliche Gefühl, als sei es diesen Männern peinlich, wenn auf das alte Regime etwas Böses gesagt wird: man ist doch immerhin, ein wenig, entfernt verwandt...

Die alten Militärs erfreuen sich noch des alten Einflusses in der Verwaltung. Da schreibt eine Dame, die ihren Namen und ihre Wohnung nennt, an die Weltbühne: »... Ein Fall, der mich tief empört, sollte eigentlich näher unter die Lupe genommen werden. Die liebliche Dame, bei der ich wohne, ist eine Frau Major. Unzweifelhaft. Der Mann fiel als Major in Rußland 1914. Sie bekam die Majorswitwenpension. Vom Oberst war er noch ziemlich entfernt. Nun wurden alle Hebel, alle guten Freunde, vor allem eine Exzellenz v. S. in heftigste Bewegung gesetzt. Und die Exzellenz erwirkte das Ersehnte denn auch: Diese Dame erhält die Oberstwitwenpension. Sie hat Vermögen, ausreichend, ist kinderlos, gesund, kräftig - aber von einer Faulheit, die alles, was ich in dieser Hinsicht für denkbar hielt, weit übersteigt. Sie erstickt fast in Fett und Selbstzufriedenheit. Nun kann sie noch fauler sein, was zwar kaum möglich ist. Wenn ich bedenke, wie arme Frauen mit vielen Kindern, oft auch noch krank, schwer kämpfen müssen um die kümmerlichen Renten, wie denen entzogen wird, was nur möglich ist - und dann diesen Fall daneben: dann könnte ich verzweifeln an allem!«

Die Provinz treibt Rassenverhetzung schlimmster Art. Hier mag der vertrauliche Bericht eines Offiziers vom siebzehnten Januar 1920 Platz finden: »... Sie glauben ja gar nicht, wie grade Hannover Stadt und Provinz augenblicklich der Schauplatz einer wahnsinnigen Agitation in reaktionärer Hinsicht ist. Man scheint allmählich eingesehen zu haben, daß der Arbeiter sich nicht mehr gegen den Arbeiter aufhetzen läßt, ich für mein Teil habe die felsenfeste Überzeugung, daß die von ultra links (?) inszenierten Putsche neben vielleicht einigen Schwärmern nur den Mob in seiner übelsten Auslese im Gefolge haben. Also damit kann die Reaktion nichts mehr anfangen. Der verständige Arbeiter ist ja viel zu vernünftig und zu geschult, um nicht hinter diesem ganzen Kram die Reaktion zu sehen. Und nun greift man zu einem andern Mittel.

Provinz Hannover ist zum großen Teil nur landwirtschaftlich, Bund der Landwirte, deutschnational alias konservativ - nun, da hat man ja immer noch in der großen Kiste ein paar Mittelchen, die geschickt angewandt, als Mittel zum Zwecke dienen. Mit USP und KPD ist es nichts, also nun so ein bißchen feuchtfröhliche Judenhetze. Sie glauben nicht, welche Formen das hier angenommen hat. In der gemeinsten Weise wird hier ein Haß ausgesät, der, wenn er aufgeht, die bedenklichsten Folgen haben kann. Hier hat man ein scheinbar ganz neutrales Mittelchen, um den Brand zu entzünden. Ist der Klamauk erst da, so kommt der wahre Charakter durch: die Reaktion. Es ist bezeichnend, daß die Judenhetze grade von denen kultiviert wird, die früher Vaterlandswohl in Erbpacht zu haben vorgaben. Hier in unsrer Stadt ist es jetzt gelungen, die Ankleber der Schmutzsprüche festzustellen. Man hat einen dabei erwischt, als er am hellichten Tage unsre Anschlagsäulen damit dekorierte. Es ist ein Unterprimaner, der Sohn des deutschnationalen Justizrates S. In Eisenbahn und auch sonst hört man die gehässigsten Äußerungen. Sie wissen, daß ich als vierzig Jahre alter Politiker eine Bewegung nicht mehr in ihrer Tragweite überschätze, aber hier muß ich sagen: Wohin soll das führen? Hier sammelt sich im stillen ein Haß an, der, zum Brand entfacht, fürchterlich in die Erscheinung treten muß. Unsre Provinz ist bislang die ruhigstegewesen, nie ist es gelungen, uns Niedersachsen aufzuputschen, aber jetzt mit der infamen Judenhetze, da heißt es: auf dem Posten sein. Es wird gar nicht mehr diskutiert, daß die Juden umgebracht werden sollen, sondern nur, wie man sie umbringen will.

Hat der Deutsche denn nun alle Kulturerrungenschaften abgestreift? Will er denn nun mit Gewalt gegen sich wüten? Nach Mitteilung aus Bremerhaven hat man dort ja schon Stempel gefunden mit dem Umdruck: Germanisches Armeeoberkommando, Sektion Bremen - Mahlzeit, also so weit ist es schon. Sehen Sie den Reichshammerbund an, betrachten Sie die fortwährenden judenhetzerischen Aufputschungen der Reichswehr: hier handelt sichs tatsächlich um eine großangelegte Offensive. Strategisch und taktisch klar erkennbar. Man putscht die deutschnationale Jugend auf, man putscht die Jungens in der Reichswehr auf. Diese gewissenlosen Leute wissen genau, daß die jungen Soldaten der Reichswehr, wie wir sie heute haben, politisches Verständnis nicht besitzen. Durch das Siebsystem hat man es verstanden, alle, die kritisches Verständnis haben und gezeigt haben, an die Luft zu setzen. Was wird nun geschehen? Ist es eine verläßliche Truppe? Brechen nicht hier und da, geschickt aufgeputscht, Mord- und Plünderungsinstinkte durch? Oder ist es schon ein Verdienst der Truppe, wenn sie bei ausbrechenden Judenunruhen neutral bleibt, um nicht für die Juden kämpfen zu müssen? Mein Lieber, das sind alles Fragen, die mit der Reaktion im engsten Zusammenhange stehen. Das ist Spekulation auf die niedersten Leidenschaften, um politischen Dunkelmännern zur Erreichung ihrer Ziele zu dienen. Ich bin kein Schwarzseher, aber hier muß etwas geschehen, etwas mehr als bisher. Vielleicht ist Ihnen in Berlin die Gefahr noch nicht als so groß erschienen, aber wir hier in der Provinz, wir haben einen sichern Blick dafür. Hat Berlin die Monarchie geschmissen, nun, so schmeißt die Provinz die Republik. Jedes Mittel ist recht dazu. Sollte dies nicht der Gedankengang sein? Für mich steht es fest, daß der Beginn der Offensive gegen die Republik mit einem Judengemetzel beginnen wird.

Jetzt ist es noch Zeit, Gegenmaßregeln zu treffen. Worte nützen nichts. Taten! Die Bewegung muß auf Männer, auf Organisationen treffen, an denen sie sich tot läuft. Hier liegt eine unsrer Aufgaben. Niemand zu Liebe. Niemand zu Leide. Schieber müssen erwischt werden: wir wollen uns aber nicht, durch Rassenhaß verblendet, davon ablenken lassen, sie dort zu nehmen, wo sie sitzen und den germanischen Schiebern einen Freibrief ausstellen. Ich kann nur empfehlen: Zugefaßt, frisch ans Werk, jede Minute ist kostbar. Bricht der Sturm los, dann Gnade

Gott! Kleinarbeit auch nach dieser Richtung hin! Es ist dringendste Gefahr im Verzuge.«

Die alldeutschen Blätter - und fast alle bürgerlichen Blätter sind alldeutsch - höhnen in frechster Weise die Republik. Ein geistiges Gegengewicht wird nicht geschaffen. Diese Regierung regiert nur, weil die Leute zu müde sind, sie davonzujagen. Die Hilflosigkeit dieser Minister mitanzusehen, in praktischen Fällen mitanzusehen, ist mitleiderweckend. Sie können ja nicht -!

Sie wirken wie Familienväter, die der Frau was befehlen, aber die Frau steckt sich die Haare auf und geht ihrer Wege. Und Vater schüttelt traurig den Kopf...

Sie können ja nicht. Hinten und vorn eingeschnürt von ihrem Apparat, der ihnen viel wichtiger ist als alles andre, verharren sie regungslos. Sie paktieren ängstlich mit einer Welt, die sie nie für voll nehmen wird, und die sie haßt, haßt, haßt.

Wackelnd und lavierend bejahen sie noch den schlechtesten deutschen Typ, der heute so aussieht, wie Bismarck ihn haben wollte -: willenlos nach oben, roh nach unten, eingekniffene Lippen, hochgebürsteter Schnurrbart, kurze Stirn, kleine Augen. Aber tüchtig, nicht wahr? Und das bejahen sie. Statt hier zu sagen: Nein! Grade das nicht! Statt hier ins Mark zu treffen und den Provinzspießer, den Nurverdiener, den unbedenklichen Beamten zu verneinen.

Und Geschehnis gliedert sich an Geschehnis, und keiner will sehen, wie wir offenen Auges ins Verderben laufen. Weit, weit hinter das Jahr 1914 zurück.

Es muß doch eine geheime Liebe zu den reaktionären Parteien dabei sein, wenn man sorgfältig untersuchen hört, was an ihren Angriffen berechtigt sei und was nicht. Wißt ihr nicht, daß Erzberger, den ein dummer Junge aus Steglitz, wo es am übelsten ist, zu erschießen versucht hat, daß Erzberger, Scheidemann, Ebert - Noske kaum -, alle Demokraten - daß all das ein Knäuel ist, unter dem der Durchschnittsdeutsche das Schlimmste mitdenkt, was es für ihn gibt: Fortschritt?! Wißt ihr das nicht? Wißt ihr nicht, daß er die glänzende, prunkende, rohe Macht brauchte und haben wollte, weil sie ihm ein Teilchen und Quentchen abgab? Weil er auch etwas war - vor den andern, die noch weniger waren als er -, wenn er nur die Spitze anerkannte?

Noch der letzte Schutzmann auf dem Anmeldebüro muß regieren, sonst macht ihm der ganze Dienst keinen Spaß. Und die Bevölkerung duldets gerne - es findet jeder eine Stelle, wo er Schutzmann ist. Es lebe der Kaiser!

Diese Regierung ist auf die Dauer unhaltbar. Die Wachtmeistertaktik des Herrn Noske wird an dem harten Gang der Geschichte zerschellen - aufhalten wird er den Lauf der Dinge nicht. Die andern aber sollen sich nicht wundern, daß ihre Arbeit unersprießlich bleibt. Um zu regieren: dazu gehören vor allem einmal Mut und Macht. Dazu gehört die - nicht nur figürliche - große Geste, die da sagt: Jetzt sind wir die Herren! Wir wohnen im Schloß! Wir herrschen! Wir repräsentieren! Wir decken das Alte auf und zeugen Neues! Wir. Wir. Wir.

Aber freilich: dazu müßte man irgendeine Mehrheit seines Landes hinter sich haben. Man hatte sie einmal. Es ist das genau fünfzehn Monate her. Vorbei, vorbei. Wohin gleiten wir? Dahin, wohin uns ein spießiger und kurzstirniger Kommodore gesteuert hat - und wohin wir doch wohl schließlich, wenn denn die Weltgeschichte einen Sinn haben sollte, zu gehören scheinen.

Durchs berliner Schloß aber der Kaiserlichen Republik Deutschland weht die weiße Frau. Sie klopft an die Türen, sie loht durch die Korridore, sie gleitet an den Fenstern vorüber. Wenn ihr hübsch leise seid, könnt ihr sie kichern hören. Das Schloß ist ansonsten leer. Die Regierung traut sich nicht recht, die Krongüter anzutasten, gibt damit die Superiorität des atlantischen Admirals zu und wohnt in der Wilhelmstraße. Da regiert sie.

Beherrscht aber werden wir von jemand anders: von einer weißen Frau im leeren Schloß.

Ignaz Wrobel
»Die Weltbühne«, 19.02.1920, Nr. 8, S. 240.

Die Grenze (1920)

Weit liegt die Landschaft. Berge, Täler und Seen. Die Bäume rauschen, die Quellen springen, die Gräser neigen sich im Wind.

Quer durch eine Waldlichtung, durch den Wald, über die Chaussee hinüber läuft ein Stacheldraht: die Grenze. Hüben und drüben stehen Männer, aber die drüben haben blaue Uniformen mit gelben Knöpfen und die hüben rote Uniformen mit schwarzen Knöpfen. Sie stehen mit ihren Gewehren da, manche rauchen, alle machen ein ernstes Gesicht.

Ja, das ist also nun die Grenze. Hier stoßen die Reiche zusammen - und jedes Reich paßt sehr auf, daß die Bewohner des andern nicht die Grenze überschreiten. Hier diesen Halm darfst du noch fauchen, diesen Bach noch überspringen, diesen Weg noch überqueren. Aber dann - halt! Nicht weiter! Da ist dieGrenze. Einen Schritt weiter - und du bist in einer anderen Welt. Einen Schritt weiter - und du wirst vielleicht für etwas bestraft, was du hier noch ungestraft tun könntest. Einen Schritt weiter - und du darfst den Papst lästern. Einen Schritt weiter - und aus dir ist ein ziemlich vogelfreies Individuum, ein ›Fremder‹ geworden.

Pfui, Fremder -! Du bist das elendeste Wesen unter der Sonne Europas. Fremder -! Die alten Griechen nannten die Fremden Barbaren - aber sie übten Gastfreundschaft an ihnen. Du aber wirst von Ort zu Ort gejagt, du Fremder unserer Zeit, du bekommst hier keine Einreiseerlaubnis und dort keine Wohnungsgenehmigung, und dort darfst du keinen Speck essen, und da von da keinen mitnehmen - Fremder!

Und das Ding, das sie Europa nennen, ist ein Lappen von bunten Flicken geworden, und jeder ist fremd, wenn er nur die Nase aus seinem Dorf heraussteckt. Es gibt mehr Fremde als Einwohner in diesem gottgesegneten Erdteil...

Nach diesem Krieg, nach solchen Verschiebungen, gegen die die kleinen Tagereisen der Völkerwanderung ein Kinderspiel waren, nach blutigen Märschen der Völker durch halb Europa, sind die Kirchturmangelegenheiten jedes Sprengeis zu höllischen Wichtigkeiten geworden. Greiz-Schleiz-Reuß ältere Linie und der Volksstaat Bayern und das autonome Oberschlesien und Frankreich und Kongreßpolen - es ist immer dasselbe. Jeder hält seinen Laden für den allerwichtigsten und ist nicht gesonnen, auch nur den kleinsten Deut nachzugeben. Zunächst einmal und zum Anfang ziehen wir eine Demarkationslinie. Wir trennen uns ab. Wir brauchen eine Grenze. Denn wir sind eine Sache für sich.

Eine Erde aber wölbt sich unter den törichten Menschen, ein Boden unter ihnen und ein Himmel über ihnen. Die Grenzen laufen kreuz und quer wirr durch Europa. Niemand aber vermag die Menschen auf die Dauer zu scheiden - Grenzen nicht und nicht Soldaten -, wenn die nur nicht wollen.

Wie lachten wir heute über einen, der mit schwärmerischem Pathos anfeuerte, die Grenzen zwischen Berlin und Magdeburg einzureißen! So, genau so wird man einmal über einen internationalen Pazifisten des Jahres 1920 lachen, wenn die Zeit gekommen ist.

Sie rascher heraufzuführen, sei unser aller Aufgabe.

Peter Panter
»Berliner Volkszeitung«, 27.06.1920.

Offiziere (1920)

Es wird in letzter Zeit etwas reichlich viel Geschrei von den Offizieren über die Offiziere gemacht.

Die Reichswehr wird in absehbarer Zeit auf den festgelegten Stand von hunderttausend Mann herabgesetzt werden. Rechnet man auf 30 Mann je einen Offizier (was hoch gegriffen ist), so ergibt das eine Zahl von dreitausend aktiven Offizieren. Skandal machen sie für zwanzigtausend.

Es muß dabei streng zwischen den Offizieren der alten kaiserlichen Armee und den aktiven Offizieren der Reichswehr unterschieden werden. Der Reichswehroffizier wird in ruhigeren Zeiten gesellschaftlich und auch politisch keine hervorragende Rolle mehr zu spielen haben; er kann politisch gefährlich werden, wenn die Reichswehr so schlecht geleitet wird wie bisher - aber die vorherrschende Rolle des Offizierkorps im Gesellschaftskörper ist ausgespielt. Das wissen die Offiziere. Es ist keinem Stand zu verdenken, wenn er mit der letzten Kraft des Untergehenden seine Existenz verficht, aber die Gründe, mit denen er es tut, sind dementsprechend zu werten.

Die Reste des alten kaiserlichen Offizierkorps, diese zehntausende verärgerter, entlassener, politisch enttäuschter und zum Teil in wirtschaftlicher Not befindlicher Männer erfüllen die Luft mit einem Lärm, als sei mit ihnen noch alles beim alten. Es ist aus.

Sie haben zweierlei Interessen, diese alten Offiziere: sie wollen die Verbreitung der Wahrheit über ihr Wirken im Kriege verhindern, und sie verlangen die Hebung ihrer wirtschaftlichen Lage, vor allem durch Stellenversorgung.

Das erste ist eine rein politische Frage. Es ist ja viel bequemer und angenehmer für einen Stand, in der Erinnerung durch offizielle Prachtwerke und bunte patriotische Bilderbücher fortzuleben, in aalglatten Statistiken fortzuleben, die dem preußischen Verwaltungsoffizier der Etappe bescheinigen, wieviel Stück Schlachtvieh er aus Flandern ausgeführt hat, wieviel Tanks Petroleum in Rumänien unter seiner Leitung hergestellt worden sind, wieviel Entlausungsanstalten, Fortbildungsschulen und Bordelle man unter seiner Leitung in Polen aufgebaut hat - und verschwiegen wird nur, welch grauenhafte Mißwirtschaft er in halb Europa trieb, was er sich in halb Europa zum Schaden seiner eignen Landsleute, die als Muschkoten nicht unter die Menschen gezählt wurden, dienstlich und außerdienstlich erraffte, verschwiegen wird seine Überheblichkeit, sein Mißbrauch der Dienstgewalt und sein gänzliches Unverständnis einer Zeit gegenüber, die er ›die große‹ nannte, und in der er wie ein Stück verrostetes Überbleibsel aus dem Mittelalter wirkte. Es ist natürlich bequemer und angenehmer für einen Stand, in dummen und bunten Hurrageschichten fortzuleben, Geschichten, mit denen man unter Wilhelm II. ganze Generationen gefüttert hatte, und in denen ebenso rührsam wie verlogen zu lesen war, wie edel, wie hilfreich, wie gut und vor allem: wie schneidig der elegante, ritterliche deutsche Offizier allzeit gewesen ist. »Neese!« sagt der Berliner.

Es ist ein bekannter Fluch des Kapitalismus, die Bedürfnisse der Welt nach den wirtschaftlichen Forderungen der Liefernden zu regeln. Nicht ob du Zahnbürsten brauchst, ist das wesentliche, sondern daß es eine Fabrik gibt, die ihre Million Zahnbürsten im Jahr absetzen muß. Und bist du nicht willig, so braucht sie Gewalt, von der Reklame bis zum Zoll. Das ist nicht nur ein Fluch des Kapitalismus, das ist ein Fluch vieler Einrichtungen. Die Bünde, zu denen sich das alte Offizierkorps zusammengeschlossen hat, wollen Deutschland mit allen Mitteln klar machen, daß das Land seine Offiziere so oder so brauche. Das ist ein Irrtum. Wir brauchen sie nicht.

Wir brauchen sie nicht als Offiziere. Sie haben sich nicht einzubilden, daß etwa jenes alte Offizierkorps in die Reichswehr so wie es war übernommen worden ist. Der 9. November 1918 ist ein Einschnitt, der nicht fortzudenken ist. Sie haben ausgespielt. Das Volk lehnt sie ab. Das Volk will sie nicht mehr. Wir haben alle, in der Friedensdienstzeit und vor allem in langen Kriegsjahren, viel zu viel gesehen. Wir haben alle die Hohlheit, die sittliche Ohnmacht und die Gedankenarmut eines Standes erkannt, der sich immer und immer nur sich als das Maß aller Dinge betrachtet hat. Das Wohl des Landes? Posten wollten sie.

Nach einem solchen Kriege, nach dem Kapp-Putsch, der zum großen Teil von Offizieren angezettelt und gemacht worden ist, überlaufen die Offiziersbünde den Reichswehrminister mit Forderungen, die der ernsthaft in Erwägung zieht, statt die Deputationen die Treppe hinunterzuwerfen. Sie verlangen sein Einschreiten, wenn einer das alte Offizierkorps so malt, wie es gewesen ist, obgleich das Herrn Geßler juristisch gar nicht zusteht; sie verlangen hart und gebieterisch, wie sie immer in Geldfragen gewesen sind, ihre Übernahme in den Reichsdienst, nur weil sie einmal Offiziere waren. Das ist eine Gefahr.

Denn auch die zweite ihrer Forderungen, ihre wirtschaftliche Hebung durch die Stellenversorgung, ist stark politisch gefärbt. Jedem deutschen Offizier steht das Recht auf Arbeit zu - aber weil er ein Staatsbürger ist, nicht, weil er Offizier gewesen ist. Das ist völlig belanglos.

Der eitle Stolz, mit dem sich ein kleiner Schwadronskönig heute noch sein ›Rittmeister a. D.‹ auf die Visitenkarte drucken läßt, zeigt, daß er die alte Gesinnung nicht aufgegeben hat. Er wäre noch wertloser als er es schon ohnehin ist, wenn er es täte. Ein ehrlicher Gesinnungswechsel kann von diesen Männern füglich nicht erwartet werden. Und so bilden sie eine Gefahr. Offiziersstellen haben wir Gott sei Dank nicht mehr soviel, daß man sie alle unterbringen kann. Setzt man sie auf Verwaltungsposten, so werden sie, mit ganz geringen Ausnahmen, selbstverständlich mit den Grundsätzen ihrer alten niedergeschlagenen Welt die neue bekämpfen wo sie können. Sie werden auf stumpfsinnige Strammheit dringen, wo wir Verständnis und Einfühlung erwarten; sie werden Unterordnung und Disziplin donnern, wo es sich um Zusammenarbeit handelt. Sie leben noch.

Einer der zahllosen Schreiber des Reichswehrministeriums hat neulich dargelegt, es sei Pflicht der Deutschen, ihre Offiziere durch auskömmliche Versorgung zu versöhnen. Womit? Damit, daß sie vierzig Jahre lang geschlafen haben, uns schadeten und schikanierten und sich dummstolz einen Staat im Staate schufen?

Revolution versöhnt nicht. Es ist ein Unding, politische Gegner flau und mau ans Herz zu drücken, um sie gut zu stimmen. Wir bekämpfen sie.

Ich weiß sehr wohl, daß die bezahlten Industrieblätter aus diesem Aufsatz ein hervorragendes Propagandamaterial für die Wahl herausholen können. »Seht, die bösen Unabhängigen! Sie greifen euch an! Sie greifen euch an die Ehre! An die Achselstücke! Eure Ideale sind bedroht: Sie greifen euch sogar ans Portemonnaie!« Ich weiß aber auch, was ein Volk, dumpf, schweigend und geduckt viereinhalb Jahre lang durch diese Kaste gelitten hat, und die vereinzelten Ausnahmen halten unser Verdammungsurteil nicht auf. Ich weiß, daß jeder von uns die Erinnerung an einen Kompanieführer, an einen Bataillonskommandeur, an einen Generalstäbler zähneknirschend durchs Leben mit sich fortträgt, und daß die Zeit wohl die erste Wut heilend sänftigt (sonst gnade Gott den Offizieren!) - aber daß wir alle letzten Endes nicht vergessen können. Und nicht vergessen wollen. Nicht die Redensarten vom Schutz der geistigen Arbeit, hinter der sich die höheren Stäbe verkrochen, wenn sie fernab vom Schuß so lebten, wie sich ein Wachtmeistergehirn Gott in Frankreich vorstellte (man sollte lieber sagen: »er lebte wie ein Brigadekommandeur in Frankreich«) - nicht vergessen können wir die rohe Selbstverständlichkeit, mit der Offiziere Vorschriften erließen, die für das Pack galten, das den Krieg führte, aber nicht für sie - nicht vergessen die tiefe Verlogenheit, mit der sich menschliche Abneigung gegen einen andern hinter starren Reglements und dienstlicher Schikane verkrochen. Wir wollen es nicht vergessen. Und wir wollen sie nicht mehr.

Hier gibt es nur eine reinliche Scheidung. Drüben sie: versorgt in selbstgeschaffenen Stellungen, in Sicherheitswehren, Freikorps, Einwohnerschutz und Zeitfreiwilligenorganisationen, immer auf dem gutbezahlten Posten gegen einen selbstgeschaffenen Feind, und im Herzen eine unauslöschbare Wut gegen eine neue Zeit und ihre Menschen, die den Jahrmarktsrummel von Abzeichen, Orden, Titeln und einer als Unteroffizier verkleideten Militärjustiz (selbstverständlich ohne Binde) nicht mehr anerkennen wollen.

Hüben wir: als Menschen der verhaßten neuen Zeit, die da glauben, daß es keine ›Untergebenen‹ und keine ›Vorgesetzten‹ mehr geben darf. Sie wittern die Gefahr: entziehen wir ihnen die Untergebenen, dann ist es mit ihnen aus.

Die deutschen Offiziere haben uns eine Riesenrechnung aufgemacht, und wir haben die einzelnen Posten sorgfältig im Kopf notiert. Wir wollen sie ihnen quittieren. Am ersten Sonntag des Monats Juni im Jahre 1920.

Ignaz Wrobel
»Freiheit«, 26.05.1920.

Deutsche Richtergeneration 1940 (1921)

Zum Hakenkreuz erzogen,
das damals Mode war,
vom Rektor angelogen -
So wurdst du Referendar.

Du warst im tiefen Flandern
Etappenkommandant.
Du spucktest auf die andern
auch hier, im Vaterland.

Ihr spieltet Wilhelms Stützen;
das Korps ersetzt das Heer.
Gäbs keine ohne Mützen:
ihr wäret gar nichts mehr.

Nach steifen Amtsvisiten,
der Landgerichtsstation
kam dann nach alten Riten
die Doktorpromotion.

Es kam das Staatsexamen.
Ihr seid emporgerückt.
Ihr setzt nun vor den Namen
den Titel, der euch schmückt.

Nun, deutsche Jugend, richte!
Hier Waage! Da das Schwert!
Räch dich für die Geschichte!
Zeig dich des Kaisers wert!

Würg mit dem Paragraphen!
Benutz den Kommentar!
Du mußt den Landsmann strafen,
der kein Teutone war.

Setz auf das Samtbarettchen!
Das Volk es glaubt an dich.
Justitia, das Kokettchen,
schläft gern beim Ludewich.

Du gibst dich unparteilich
am Strafgesetzbuchband...
Du bist es nicht. Nur freilich:
Juristen sind gewandt.

Du wirst des Rechtes Künder.
Dich kriegt man nicht - für Geld.
Gott gnade dem armen Sünder,
der dir in die Finger fällt!

Ich grüße dich, wunderbare
Zukunft der Richterbank!
Du nennst das einzig Wahre:
Rechtspruch nach Stand und Rang!

Ihr wählt euch eure Zeugen!
Ihr sichert den Bestand!
Wo sich euch Rechte beugen,
ist euer Vaterland!

Theobald Tiger
»Die Weltbühne«, 05.05.1921, Nr. 18, S. 536.

Das Buch von der deutschen Schande (1921)

E. J. Gumbel hat im Verlag Neues Vaterland ein kleines Buch erscheinen lassen: ›Zwei Jahre Mord‹. Es ist die wichtigste Publikation der letzten drei Jahre.

E. J. Gumbel hat die politischen Mordtaten der Jahre 1918 bis 1920 kühl und sachlich gesammelt, alle, die von rechts und die von links, und er hat gleichzeitig ihre gerichtliche Aburteilung aufgezeichnet. Die Vorarbeiten machen den Eindruck der lobenswertesten Sorgfältigkeit; es ist nirgends ein Anhalt dafür zu finden, daß der Verfasser Tatsachen umgekrempelt hat, um irgendeinen Standpunkt zu verfechten. Er hat, wie ausdrücklich bemerkt ist, alle Mordtaten überhaupt fortgelassen, die von einer Menschenmenge, gleichviel welcher Art, begangen worden sind; ferner solche, wo die erschießende Partei behauptete, angegriffen worden zu sein; alle Erschießungen in Oberschlesien; alle Fälle, wo es sich um persönliche Racheakte handelte; alle Fälle, wo die Erschießung auf Grund eines kriegsgerichtlichen Urteils erfolgte (was sehr anständig von ihm ist: denn Qualität und Kompetenz dieser ›Gerichte‹ waren mehr als suspekt) - und endlich alle Fälle, die nicht ganz aufgeklärt sind. Was dargestellt wird, ist einwandfreies Material. Im November 1918 flutete ein Heer von annähernd acht Millionen Mann in die Heimat; die dort befindlichen Formationen kamen in Unordnung und lösten sich teilweise auf. Es ist nicht gesagt, daß die Desertion desjenigen, dem ein erzwungener Fahneneid geleistet worden war, die Ursache hierzu war. Ungezählte Truppenteile hielten - wenigstens solange sie in Feindesland waren - aus Klugheit zusammen. Wenngleich auch hier viele Offiziere ihre Extratouren fuhren - im allgemeinen war doch in der Masse die Sehnsucht, ›endlich wieder zu Muttern‹ zu kommen, ebenso groß wie der Wunsch, den verhaßten feldgrauen Kittel auszuziehen. Hunderttausende jubelten.

Aber das erste Gesicht, das ich in den Tagen, da Ludendorff Lindström hieß und in Schweden weilte, in einer münchner Weinstube genauer ansah, war das eines typischen alten Majors, ein Gesicht, in dem die Backenknochen gar grimmig arbeiteten. Seine Frau durfte gar nicht zu ihm sprechen, so wütend war er; der ganze Mann, der da in einem Räuberzivil am Tisch saß, schien eine bis zum Platzen gefüllte Wutblase.

Und, merkwürdig, er wirkte unedel. Zwei Tage vorher waren wir mit einem sehr bekannten österreichischen General im eiskalten Coupé von Budapest nach Wien gefahren, und als der Morgen dämmerte und wir uns verabschieden wollten, hatte der hochgewachsene Mann sich mit aschgrauem Gesicht erhoben, hatte jedem von uns die Hand gedrückt und hatte sagen wollen: »Meine Herren - Gott erhalte...« Er hatte es nicht zu Ende sagen können, und in dem Raum war wohl keiner, dem nicht das Wasser in die Augen gestiegen war. Wir fühlten: Hier zerbrach ein Leben. Und wie verschieden wir alle auch zum Kriege standen - wir fühlten: dieser Mann sah etwas versinken, an das er klar und selbstlos geglaubt hatte sein Leben lang. Fahr wohl... Der alte Major in München wirkte wie ein Nußknacker. Ob seine Kinnladen noch funktionierten, war ungewiß - sicher war nur, daß er nun keine Nüsse mehr bekommen würde, und daß es - so schien es damals - unwiderruflich vorbei war: vorbei mit der Selbstherrlichkeit und vorbei mit der Anbrüllerei, vorbei mit dem Vorzugsessen und vorbei mit der Vorzugsstellung, vorbei mit dem dicken Gehalt und mit verschiedenem andern auch. Was war das für eine neue Welt, wo die ›Kerls‹ in derselben Weinstube sitzen durften wie die ›Herren‹, wo man nicht durch ein Achselstück ein für alle Mal als höherer Held legitimiert war, sondern wo man - Tag für Tag und Situation für Situation - seinen Mann stehen und sich immer wieder aufs neue das erkämpfen mußte, was man darstellte. Der Schmerz jenes Generals war tragisch - der Schmerz des Majors grotesk. Dem einen war ein Idol zerbrochen - dieser war von einer Höhe heruntergepurzelt, auf die er nie gehört hatte.

Der Major war nicht der einzige. Ein kleines Heer unbefriedigter, verärgerter, deklassierter und menschlich degradierter Männer war nach Hause zurückgekehrt und wußte nicht, was beginnen. Ihre Hauptangst, die Rente könnte ausbleiben, trat später zurück - aber das andre blieb doch: mit der Separatstellung im Staat und täglichen Leben war es zunächst einmal aus. Flüche hallten ihnen in die Ohren: Betrogen habt ihr uns und belogen! Ihr habt uns das Essen vier Jahre lang vom Munde weggestohlen! Ihr habt gesoffen, während wir darbten! Ihr habt geschnauzt! Ihr habt getreten! Ihr habt Scheine bekommen, wo man uns Groschen hinwarf! Ihr habt uns wie Hunde behandelt - schlechter als die feindlichen Offiziere und viel schlechter als die Damen in den Nebenstraßen eurer Etappen! Und - schlimmer als die Flüche die Versicherung -: Nie wieder! Schmiert Akten, schleppt Kohlen, macht euch nützlich: wir fügen uns nicht mehr! Wir ordnen uns nicht mehr unter!

So 1918. Damals war keiner der Hauptschreier von heute auf dem Plan, damals wagten sich keine Achselstücke auf die Straße... Sie warteten.

Es waren viele, die da warteten. All die aktiven Offiziere, die ihr Handwerk kümmerlich erlernt hatten, aber weiter nichts, jene, die ganz genau wußten, daß die Phrase: »Der deutsche Offizier kann alles!« eben nur Phrase war, und daß sie ohne die Befehlsgewalt, hinter der das Zuchthaus stand, unter den natürlichen Hemmungen des Zivillebens nichts ausrichten konnten; ehrgeizige Streber, die die Qualifikation als Reserve-Offizier zu einer persönlichen Machtgeltung benutzten, wie sie ihnen in Familie und Amt oder Beruf versagt blieb; und das Heer der chargierten aktiven Subalternen, die der deutsche Sadismus und der Zivil-versorgungsschein gleichermaßen zu ihrem Handwerkgelockt hatten. Die Verachtung einer Welt interessierte sie nicht. Hier war Deutschland, hier schinde! Und nun warteten sie.

Sie brauchten nicht lange zu warten. Es ist heute erwiesen, daß Organisation und Einmarsch der Truppen, die 1919 in Berlin einzogen, beschlossen war, bevor die berliner Unruhen begannen, und daß alle die radauliebenden Elemente, die in irgendeiner bunten Uniform ›Ruhe und Ordnung‹ zu schützen kamen, Anlaß und Motiv sorgfältig vertauscht hatten. Der Schuster ohne Leisten wird sich unglücklich fühlen - wenn der gelernte Soldat keinen Feind hat, dann macht er sich einen.

Ein entlaufener Kriegsberichterstatter und früherer sozialdemokratischer Redakteur machte die Wand. Was jener Noske, heute lebender Oberpräsident der Provinz Hannover und wohlbestelltes Mitglied der Sozialdemokratischen Partei angerichtet hat, bezeugen 49 Gräber. Sein zweites Werk war eine Reichswehr, die heute schon jährlich fünf Milliarden verschlingt, an Stelle eines glücklich ausgerotteten Heeres - und sein drittes: die Wiedererweckung der deutschen Pest, des Militarismus. Sekundiert wurde Noske dabei von Wolfgang Heine, einem Rechtsanwalt, bei dem es allenfalls zu einem gut bürgerlichen Kampf gegen die Zensur reichte - und sekundiert von den ewig blinden tapsenden Demokraten, denen es doch ein klein wenig bänglich war, daß nun gar keiner mehr da sein sollte, vor dem sie stramm stehen konnten... Das Werk begann.

Ich habe das deshalb so ausführlich erzählt, weil so - und nur so - die militärische Schreckensherrschaft der letzten Jahre verständlich ist: aus dem gänzlich unpolitischen Impetus jener gärenden, immer kampflustigen, versorgungsbestrebten Masse unbefriedigter junger Leute: aktive Offiziere, Studenten, aus der Bahn geschlagene Beamte, Abenteurer und Schieber. Sie hätten die Freikorps auch in der tiefsten Wüste gegründet: sie mußten das tun - es war eine Frage des Bluts, daß sie es taten. Sie standen wie leere Droschken oder nächtliche Damen an der Ecke und warteten auf ihren Käufer.

Der kam. Eine gerissene politisierende Industrie hielt die Freikorps aus, die ungeheure Mittel verschlangen - und nun griff das in die politischen Wirren ein.

Diese Soldateska hat sich - und das nachgewiesen zu haben, ist das unschätzbare Verdienst E. J. Gumbels - gegen die eignen Landsleute schlimmer als die Neger benommen.

Über die widerwärtigen Roheitsakte, die nicht tödlich ausgingen, berichtet das Buch gar nicht - man braucht diese Grosz-Gesichter nur gesehen zu haben, um alles zu verstehen: die Prügelszenen und die Kolbenstöße, immer gegen Deutsche -; auch nichts über die bis heute verbliebene Gewohnheit polizeilicher und militärischer Formationen, Gefangene körperlich aufs Schlimmste zu mißhandeln. (Also grade das, was die deutschen ›Gegenlisten‹, mit Recht, den Feinden vorwerfen.)

Aber immer bliebs nicht beim Schlagen. Noske trägt die Verantwortung - ruhe sanft, Verantwortung! - für 49 Morde in Berlin, v. Oven, der ›Befreier‹ Münchens, die für 184; die kommunistischen Unterjocher hatten 14 Tote auf dem Gewissen - und der Kapp-Putsch kostete 62 Republikanern das Leben.

In den meisten Fällen handelt es sich um politischen Mord. Daneben gabs auch sinnlose Übergriffe größenwahnsinniger Sadisten, wie die, wo man zwei Sechzehnjährige und einen Achtzehnjährigen auf eine Denunziation hin ohne Beweiserhebung erschoß; wie die, wo ein Tischler ohne Untersuchung und Beweisführung ermordet wurde, weil er einen leeren russischen Patronenrahmen sein eigen nannte; wie die, wo ein sechzigjähriger Mann erschossen wurde, weil er seine Waffe, die er nicht benutzt, auch nicht angegeben hatte – erschossen von demselben Burschen, einem Leutnant Szekalla, dem Mörder eines Familienvaters, der Waffen und Waffenschein besaß und beides sofort auf Befragen herausgegeben hatte. Einer wurde abgeknallt, weil er ein Fernglas, eine Mitgliedskarte der USPD und gedruckte Straßenpläne besaß. 29 Matrosen wurden in der Französischen Straße von einem grünen Jungen ermordet, der den Kopf verloren hatte – und das alles immer mit Berufung auf irgendwelche Wische sonst beschäftigungsloser Offiziere, ›militärische Dienstbefehle‹ genannt.

Schlimmer waren die politischen Morde. Es wurden, systematisch, alle irgend erreichbaren Führer der Opposition hingemordet. Ach, und was verstanden diese Soldatengehirne nicht alles unter ›Opposition‹! Zu dumm und zu faul, etwas andres als Dienstvorschriften, Jagdhumoresken, die *Tägliche Rundschau*, ein Blatt ähnlichen Kalibers oder Zoten zu lesen, richteten sie sich in ihrem Haß gleichmäßig gegen Demokraten, Bolschewisten, Dada-Leute, moderne Maler und Nationalökonomen. Unverdächtig war, wer Schmisse auf den Gesichtsbacken und jenes vorschriftsmäßig deutsche Bullenbeißergesicht trug, in dem die richtige Mischung von Kellner und Assessor ganz realisiert war.

Ermordet wurden: Karl Liebknecht, Rosa Luxemburg, Kurt Eisner, Leo Jogiches, Dorrenbach, Gustav Landauer, Alexander Futran, Bernhard Schottländer, Hans Paasche. Die Liste kann beliebig verlängert werden: dies sind die bekanntesten, die getötet wurden. Und wie getötet! Zerstampft, zu Tode geprügelt, von hinten erschossen, erschlagen, ins Wasser geworfen und mit ›Fangschüssen‹ erledigt!

Summa: 314.

Demgegenüber stehen während zweier Jahre 14 analoge Mordtaten der Kommunisten.

Die deutsche Justiz hat vor diesen Mordtaten versagt.

Das aktenmäßige Material Gumbels versetzt uns in die Lage, klipp und klar festzustellen:

Wie da – in den Jahren -1913 bis 1921 – politische Morde von deutschen Richtern beurteilt worden sind, das hat mit Justiz überhaupt nichts zu tun. Das ist gar keine.

Verschwendet ist jede differenzierte Kritik an einer Rechtsprechung, die folgendes ausgesprochen hat:

Für 314 Morde von rechts 31 Jahre 3 Monate Freiheitsstrafe, sowie eine lebenslängliche Festungshaft.

Für 13 Morde von links 8 Todesurteile, 176 Jahre 10 Monate Freiheitsstrafe.

Das ist alles Mögliche. Justiz ist das nicht.

Ganz klar wird das, wenn wir das Schicksal der beiden Umsturzversuche: Kapps und der münchner Kommunisten vergleichen, zweier Versuche, die sich juristisch in nichts unterscheiden:

Die Kommunisten haben für ihren Hochverrat 519 Jahre 9 Monate Freiheitsstrafe erhalten. Eine Todesstrafe hat man vollstreckt.

Die Kapp-Leute sind frei ausgegangen.

Hier kann ich nicht kritisch folgen. Ich weise es von mir, mich mit Männern - Staatsanwälten und Richtern - ernsthaft auseinanderzusetzen, die das fertig bekommen haben. Sie haben nicht gerichtet. Sie sind es. Sie sind es leider nicht.

Und wie sollte das Resultat auch anders sein bei ihrer Vorbildung, die in Offizieren und Reserve-Offizieren einen bevorzugten Stand sieht, also grade die für eine ordnungsmäßige Ausübung der Rechtsprechung nötige Voraussetzung vernachlässigt! Diese deutschen Richter sind keine.

Daß ein Richterverein, daß ein Justizminister, daß laue Blätter der ängstlichen Demokraten wagen, einenStand zu verteidigen, der einen ganzen Hochverratsversuch wie den von Kapp juristisch einfach unter den Tisch fallen läßt: das spricht für die Verkommenheit des deutschen Rechtsempfindens. Denn dies eben heißt Verkommenheit: nicht mehr fühlen, wie tief man gesunken ist.

Keine Strafe! - Ich könnte mir denken, daß ein humaner Richter den Kapp-Offizieren gewisse mildernde Umstände zubilligt, daß er ihnen alles Mögliche zugute hält: das Toben der Kommunisten - aber wo hätten die je so getobt wie die Militärs? -, ihre Vergangenheit, die Kriegspsychose, alles, alles - aber er mußte am Ende doch zu dem Schluß kommen: diese Leute haben einen Hochverratsversuch begangen und müssen bestraft werden. Sie sind alle in Freiheit.

Soweit nicht die Hintermänner des Umsturzes in den Parlamenten ihre Militärs durch die Amnestie retteten, die sie ihren Gegnern verweigerten, fand sich kein deutscher Richter, der Offiziere für die schwersten

Verbrechen verurteilte. Er war ein Offizier. Und jener ist sein Richter. Sie sind einander wert.

Gumbels Buch kam zur rechten Zeit. Mit dem Vertrauen der anständigen Leute in die politische deutsche Rechtsprechung dürfte es nunmehr endgültig vorbei sein. Was diese deutschen Richter künftig noch in politischen Prozessen für Recht erkennen, mag ihre subjektive einwandfrei begründete Meinung sein: objektives Recht ist es nicht.

Lest dieses Buch von der deutschen Schande! Von der Schande unsres Militärs und von der Schande unsrer Justiz! Unterstützt von einem verprügelten und auf seine Unterkasten stolzen Bürgertum wüten Exekutive und Rechtsprechung nach wie vor, Woche aus, Woche ein gegen Schwarz-Rot-Gold für Schwarz-Weiß-Rot, gegen die Republik für die Monarchie, gegen den Geist - für Preußen und Bayern und, wenns so weiter geht, für ihr Deutschland.

Wir andern aber vergessen viel zu rasch. Wir konstatieren und gehen nach Hause. Jene dagegen wiederholen Tag um Tag und Tag um Tag, seit zwei Jahren: den Schwindel vom Dolchstoß, die Legende vom Scheidemann-Waffenstillstand, der doch eine Monar-chenniederlage war, die historischen Unwahrheiten vom U-Boot-Krieg und die Lüge vom Erzberger-Frieden. Und sie drehen die Geschichte unermüdlich so lange, bis auch sie ihnen und ihrer Existenz recht gibt.

Und wir? Wir trommeln nicht. Wir reden immer zu uns. Wir glauben, es sei nicht unterhaltend, den Leuten *das* einzuhämmern, was sie doch erst einmal wissen müßten, bevor sich die Grundlage für ihre Wandlung bilden kann. Geld fehlt. Freunde fehlen, Zeitungen schweigen. Immer wieder? Nie genug. Blut steht auf dem Spiel.

Ich habe geglaubt, es müßte noch einmal im Lande gezeigt werden, daß es auch andre Deutsche gibt als solche, die auf dem Kasernenhof gezüchtet worden sind. Und daß diese Deutschen die Eigenschaften, die das Reichsgericht in diesen Tagen als Tugenden des deutschen Militärs ausgerufen hat, für Laster ärgster Art halten.

Deshalb stand hier noch einmal die Geschichte vom Buch deutscher Schande.

Ignaz Wrobel
»Die Weltbühne«, 08.09.1921, Nr. 36, S. 237.

Fang nie was mit Verwandtschaft an! (1921)

Zur Erinnerung an die Sonntage meiner Jugend!

Alles ist schon dagewesen:
Zulukaffern, Filmchinesen, Asien, Amerika.
Die Geschäfte sind dieselben,
bei den Schwarzen wie den Gelben;
bist du flink,
dann drehst du jedes Ding
und stehst als Obermime da.
Nur einen Volksstamm gibt es hier auf Erden
mit dem kann kein Mensch richtig fertig werden.

Fang' nie was mit Verwandtschaft an,
denn das geht schief, denn das geht schief!
Sieh lieber dir 'ne fremde Landschaft an,
denn die Familie wird gleich so massiv.
Und seist du auch ein Landesfürst,
du sollst mal sehn, mein Sohn, wie klein du wirst.
Fang' nie was mit Verwandtschaft an,
dann bist du wirklich glücklich dran.

Deine Frau hat, Gott behüte,
zwei garnierte Winterhüte.
Schon platzt deine Schwägerin.
Onkel Max und Tante Fiechen
können sich nun mal nicht riechen.
Großmama
sitzt alle Tage da,
du stehst im Testamente drin.
Siehst du den Nachlaß voller ernster Weihe,
dann hast du nichts wie lauter Kriegsanleihe.

Fang' nie was mit Verwandtschaft an,
denn das geht schief, denn das geht schief!
Sieh lieber dir 'ne fremde Landschaft an,
denn die Familie wird gleich so massiv.
Du sitzt in der Mischpoche Schoß,
die lieben Leute wirst du niemals los.
Fang' nie was mit Verwandtschaft an,
dann bist du wirklich glücklich dran.

Geht die ganze Welt auch unter,
die Familie frisch und munter
bleibt uns, wie man erzählt.
Alle sitzen am Äquator, Schwiegermutter als Diktator,
Großpapa
mit allen Babys da,
und nur ein einz'ges Mitglied fehlt,
denn auf dem Nordpol im kleinen Stübel
sitzt die Tante und nimmt übel.

Fang' nie was mit Verwandtschaft an,
denn das geht schief, denn das geht schief!
Sieh lieber dir 'ne fremde Landschaft an,
denn die Familie wird gleich so massiv.
Denn so von Herzen hundsgemein,
kann aufder ganzen Welt kein Fremder sein.
Fang' nie was mit Verwandtschaft an,
dann bist du wirklich glücklich dran.

Theobold Tiger
Aus der Revue: »Bitte, zahlen!«, Notendruck 1921.

Die Verteidigung des Vaterlandes (1921)

»Angora, 4. August (W. T. B.). Die große Nationalversammlung beschloß, daß alle Mitglieder der Versammlung an der Verteidigung des Vaterlandes teilnehmen sollten. Die militärischen und medizinischen Mitglieder reisen an die Front ab, während die andern mit Versorgungsangelegenheiten hinter der Front sich befassen werden.« Das steht in zweihundert Provinzzeitungen, und der Prozentsatz der Leser, die von Angora nur wissen, daß es solche Kater gibt, dürfte neunundneunzig sein. Der kluge Rest rät entweder auf Jugoslawien oder einen Balkanstaat... Und was denken alle hundert? Was sie denken sollen: ›Die Verteidigung des Vaterlandes!‹

Es ist durchaus nicht festgestellt, wer gegen wen den Katerstaat Angora zu verteidigen sich bemüßigt fühlt. Das ist dem Leser auch völlig gleichgültig. Wenn nur ein Vaterland verteidigt wird. Vaterländer lassen sich gern verteidigen, und die deutschen Zeitungsleser lieben das. Haben die Katermänner in Angora nun auch ihre große Zeit? Das ist recht. Und des Lesers Blick schweift in die Verlobungsanzeigen.

Wir aber, liebe Freunde, lasset uns ein wenig spintisieren.

»Die große Nationalversammlung beschloß...« Die große Nationalversammlung, das große Lalula Angoras - wer mag das sein? Ich bin noch nie im Vaterland Angora gewesen - aber ich sehe sie alle vor mir: die würdigen Vollbärte, gewaschen in allen Wassern des Parlamentarismus, unentwegt treu irgendwelche Fahnen hochhaltend und nach guter alten Katersitte auf den jeweiligen Miezislaus den Ersten schwörend. Die Vollbärte zittern. Fette Hände senken sich wohlwollend auf junge Schultern, Beruhigung klopfend, alles im Leben endet mit einem Arrangement. Und ich sehe die andern, die jungen, sportgebräunten Schieber mit den schwarzen Lacktollen und den französischen Stiefelchen. Laßt sie Schlachten liefern -: wir liefern Brotbeutel. Und essen Kuchen.

»Die militärischen und medizinischen Mitglieder reisen an die Front ab...« An die Front - ja. Noli me tangere - sagte die Schwangere.

Die Militärischen also werden nah an die Front reisen und dort von Villen und Schlössern aus den andern sagen, wie sie zu sterben haben. Das ist nicht einfach. Man muß Reden zu diesem Zweck halten. »Kater Angoras! Wahrt eure heiligsten Güter! Bis zum letzten Hauch von Mann und Roß... !« Ich sehe die Tausende zusammengeprügelter Bauernjungen, die, ein wenig ängstlich, ein wenig müde vom langen Warten und ein wenig angeregt vom Anblick der vielen glänzenden Uniformen, da im Karree stehen; vor ihnen eine prachtvolle Suite und dann irgendein er. Ein glorreicher Oberbefehlshaber, ein Präsident, ein General, was weiß ich. Knapp legt er die Hand an den blinkenden Mützenschirm. »Ich danke, meine Herren!« Furchtlos hält der tapfere Mann die ordenübersäte Brust den fotografischen Objektiven hin, die alle auf ihn gerichtet sind. Ein ff. historischer Moment -! Danke, meine Herren!

Die Medizinischen sind auch an die Front gereist. Oho! Kein wilder Negerstamm ohne einen. Medizinmann. Dickbäuchige Zivilärzte werden, schnaufend in der ungewohnten Uniform, an Grobheit es den aktiven Kollegen gleichzutun suchen - mit Erfolg, mit Erfolg. Wer noch keine Kassenpraxis gehabt hat: hier lernt er, wie man mit Leuten umzugehen hat, »Zum Sterben tauglich - raus!« Und was sich vor vierzehn Tagen noch katzbuckelnd und händereibend vor den Kommerzienräten Angoras verbeugt hat, weiß sich hier nicht zu lassen vor Manneskraft.

»... während die andern mit Versorgungsangelegenheiten hinter der Front sich befassen werden.« Beim Katzenschwanz Angoras und beim heiligen Sankt Baldrian: das werden sie! Ja, wenn wir diese andern nicht hätten -! Während vorn, noch vor den Militärischen und den Medizinischen, Menschen in Ackergräben verlausen und verrecken, befassen sie sich. Womit du willst: mit Proviant und mit Leder, mit Granaten und mit Pferden, ein wenig auch mit sich selbst; auf Samtpfoten und leise schnurrend buckeln sie zum Bezirkskommando Angoras. Miau! Wir sind alle, alle unabkömmlich...

Ich sehe Angora. Branntwein wird ausgeteilt; ein paar Narren, die nicht glauben wollen, daß ihr Vaterland auch über das Leben verfüge dürfe, fliegen ins Gefängnis; Redakteure schreiben sich die Federkiele heiß - vom Sterben der andern; das Kater-Lampesche Telegrafenbüro fertigt gut sitzende Originalsiege an, an denen alle Welt seine Freude hat; wer ›mies, mies, mies‹ macht, bekommt Prügel; die Regierung streicht den sozialistischen Katzen solange über das Fell, bis sie vor Behagen schnurren und alle auf dem Bauch liegen: in allen Schaufenstern prangt das Bild jenes historischen Moments, mit jenem großen Mann, einem Ludendorff, der einmal desertieren wird: ein wahrhaft gestiefelter Kater.

Alle Generale vergessen Gicht und Gallenstein und wettern wieder auf den Kasernenhöfen daher, daß es eine Lust ist; der ganze Militärstand wacht auf und sträubt die Katerbärte, bereit zum Sterben der andern und froh der eignen so aktuell gewordenen Wichtigkeit. Ja, und die Berufssoldaten werden doppelt so froh ihren Lohn einstecken, und ihre Onkel und Neffen, die sich schämen, nicht selbst mitzumarschieren, und die sich ärgern, in jeder Gesellschaft - und noch dazu vor Damen - von so einem uniformierten Kater ausgestochen zu werden, werden auch nicht hinter der Zeit zurückbleiben wollen. Und so werden sie in ihren Büchern und in ihren Kollegs, in ihren Kirchen und in ihren Lesezirkeln davon sprechen, wie heilig, wie notwendig und wie edel der Krieg ist, sie werden das Sterben der andern loben, und wie süß es sei... Denn nichts ist schwerer und nichts erfordert mehr Charakter, als sich in offenem Gegensatz zu seiner Zeit zu befinden und laut zu sagen: Nein.

Es ist nicht nur gefährlich; stirnrunzelnd wird der Kaufherr von seinen Lieferungsverträgen aufblicken und den neben ihm stehenden militärischen Handlanger fragen, wer denn da toll geworden sei - winkend, man möge den Verräter einsperren. Was geschieht. Es ist nicht nur das, weshalb so viele Leute es scheuen, nein zu sagen. Es ist ja so schön, im großen Strom der Masse mitzuschwimmen - Windstoß und Wasserrichtung tragen das Schiff -; und wenn es dann so stolz dahinsegelt, denken die Leute, es fahre aus eigener Kraft... Es ist auch bekömmlicher, sich der Macht zu unterwerfen - wer sich vor ihr verbeugt hat, auf den geht ein Quentchen der großen Macht über, und aus einem kleinen Lehrer oder Delikateßwarenverkäufer ist über Nacht plötzlich ein gewaltiger Mann geworden. Ein Tyrann macht viele. Das ist ein großes Geheimnis...

Und die Frauen Angoras werden jubeln und schnurren und miauen und Scharpie zupfen und rosenrote Gedichtchen schreiben und über blau gekleidete Leichen jauchzen und über rot gekleidete jammern und am lautesten nach dem Oberkater schreien... Auf den Dächern Angoras...

Und in den Schulen Angoras lehrt man die Lehre von der Herrlichkeit des Krieges. Man lehrt: Du sollst nicht töten! und man lehrt: Du mußt töten! - und weil niemand in der Geschichtsstunde an die Religion denkt, so hat beides in den jugendlichen Gehirnen sehr wohl Platz, um so mehr, als ja das staatliche Töten mit vielen herrlichen, leuchtenden, bunten Farben verbunden ist, mit Musik und Ehren, mit Feiern und Orden und mit sehr viel Kaisern, die man ganz aus der Nähe ansehen darf. Und weil der Mensch immer glaubt, alles, was er auf der Schule, als er noch klein war, gelernt hat, ohne nachzudenken, nur, weil es ihm so eingetrichtert ward, das sei als absolute Wahrheit vom Himmel gefallen, so werden die jungen Angoristen später im Leben gute Staatswürger abgeben.

So wird in Angora das Vaterland verteidigt. Der Deutsche liests, bejahts und nimmt sich vor, es bei nächster Gelegenheit grade so zu machen.

Und keiner steht auf - in Angora nicht und in Potsdam schon gar nicht - und sagt dem Tier Masse, dem Tier Zeitgeist, dem Tier Staat: Nein! Du, die blinde, schwarze Kollektivität, bist der große Krumme, der Teufel, ein wütiges Tier, bar jeder Verantwortung. Denn ist das Katzenfest vorüber, so löst du dich in einzelne Lebewesen auf, von denen es keiner, keiner gewesen sein will. Und auch keiner war. Einzeln sind sie ganz vernünftig.

Und nicht eher wird die Kateridee der absoluten Souveränität des Staates schwinden, als bis die einzelnen, die unter ihm seufzen, sich hochrichten und klar und bestimmt sagen:

Wir wollen nicht mehr.

Ignaz Wrobel
»Die Weltbühne«, 06.10.1921, Nr. 40, S. 338, wieder in:
»Mit 5 PS«.

Kleine Begebenheit (1921)

Der Strumpfwirker und der Bauerssohn waren in der Nacht von einem Ackergraben in den andern geklettert - warum sie es getan hatten, wußten sie nicht. Man hatte ihnen gesagt, sie sollten es tun. Herren, die lesen und schreiben konnten, hatten es ihnen gesagt. Im andern Ackergraben hatte man sie gleich angehalten, in derselben Nacht noch, und, weil sie fremdgefärbte Kleider anhatten, sie sehr geschlagen und in einHaus gesperrt. Nachher saß ein Advokat hinter einem Tisch - er war so froh, hinter diesem Tisch sitzen zu dürfen! - und schrieb auf, was der Strumpfwirker und der junge Bauer zu sagen wußten. Da war noch ein Gastwirt, der schlug sie, wenn sie nicht genug sagten. Ein Besucher kam zu ihnen und sagte, man würde sie töten - und zwei Leute, ein Steinklopfer und ein junger Mensch, der noch keinen Beruf hatte und bei den Eltern lebte, bewachten sie von Stund an.

Vierundzwanzig Menschen wurden benötigt, um die beiden totzuschießen. Es meldeten sich, freiwillig, achtzig. Achtzig - darunter waren Verheiratete und Ledige, Stille und Freche, Kräftige und Schlappe - sonst brave Leute, die keinem etwas zuleide taten, und die nur so gern einmal dabei sein wollten, um zu sehen, wie das wäre, wenn einer totgeschossen würde. Mehr: die ihn selbst totschießen wollten. Denn es war erlaubt... Befehligt wurden sie von einem Kohlenhändler.

Am Morgen dieses Tages erschien der traurige Zug auf dem ungeheuern Schneefeld südlich des Dorfes. Voran der Bauer und der Strumpfwirker, zwischen zwei Leuten von denen, die man aus den achtzig ausgesucht hatte; ein Arzt aus einer großen Stadt, der dergleichen noch nicht gesehen hatte und gleichfalls begierig war, es zu sehen; und der Kohlenhändler mit seinen Leuten. Die beiden in dünnen Jacken zitterten vor Kälte und Todesfurcht. Der Zug machte hinter den Scheunen halt. Der Advokat, der mitgegangen war, zeigte den beiden ein Papier; aber sie froren und konnten auch nicht lesen. Man stellte sie an kleine schwarze Pfähle. Der Kohlenhändler sagte zu seinen Leuten, sie sollten ihre Gewehre laden. Er sagte es sehr laut, obgleich er nahe bei ihnen stand. Er hätte gewünscht, daß ihn seine Frau so sähe, wie er, der sonst Kohlen verkaufte, hier zwei Leute totschießen durfte. Die Schüsse knallten. Die beiden fielen um wie leere Säcke. Der Arzt aus der großen Stadt ging hin und sah sich genau ihre Wunden an. Dann verscharrte man sie.

Ich habe vergessen zu erzählen, daß alle verkleidet waren: die Gerichteten als serbische, die Henker als deutsche Soldaten.

Peter Panter
»Die Weltbühne«, 07.07.1921, Nr. 27, S. 20, wieder in:
»Mit 5 PS«.

Die Reichswehr (1922)

Dies soll hier nur stehen, um in acht Jahren einmal zitiert zu werden. Und auf daß ihr dann sagt: Ja - das konnte eben keiner voraussehen!

Ich halte es für meine Pflicht, noch einmal die beiden sozialdemokratischen Parteien auf die Gefahr aufmerksam zu machen, die von der Reichswehr droht.

Die Truppe, in Hundert und aber Hundert überflüssige Detachements gegliedert - überflüssig ihrer Quantität, überflüssig ihrer Qualität nach -, liegt hauptsächlich in kleinen und kleinsten Orten. Damit die Herren unter sich sind. Der Drill ist genau so wie unter dem Kaiser - nein, er ist schlimmer, verschärfter, bösartiger, der Zeit noch mehr ins Gesicht schlagend als schon damals. Ich habe Nachrichten, die alle dasselbe besagen: viele Offiziere politisieren, schikanieren, sind Gegner der Republik - und die Leute fürchten sich. Sie fürchten sich vor dienstlichen Unannehmlichkeiten; sie fürchten sich, vor eine Republik zu treten, die diesen Schutz gar nicht haben will, und die sie gegen die vorgesetzten Monarchisten nicht schützt; sie fürchten sich vor der Entlassung und vor noch Ärgerm. Wer die Verhältnisse kennt, wird diese Andeutung verstehen.

In den Soldatenzimmern wimmelt es von kaiserlichen Abzeichen, von Kaiserbildern, von nationalistischen Broschüren und Zeitungen. Die Offiziere, ältere Generalstäbler oder sehr junge Herren, pflegen genau dieselbe Lebens- und Staatsauffassung, deren Rückständigkeit uns in jenes Unglück gestürzt hat. Ihre politische Zuverlässigkeit verträgt keine Prüfung.

Der Milliarden-Etat geht Jahr um Jahr, mit schönen Sparsamkeitsreden begleitet, im Reichstag durch - die Abgeordneten der Mehrheitssozialdemokratie versagen bei Wehrfragen in den Ausschüssen und im Plenum. Die Unabhängigen allein Schaffens nicht. Wirklich sachverständige Militär-Spezialisten scheint es nicht zu geben. Jedenfalls merkt man nichts von ihnen.

Fast gänzlich unbeachtet, in aller Stille, reift hier ein Werk, das heute noch abzutöten ist. Über die Notwendigkeit einer Reichswehr läßt sich streiten - über die Beschaffenheit dieser Reichswehr gibt es nur eine Meinung: sie muß geändert werden. Geßler zählt nicht - denn er ist nicht

Herr über seine Leute. Er hat alle Eigenschaften Noskes - ohne dessen schlimme. Also gar keine.

Einst wird kommen der Tag, wo wir hier etwas erleben werden. Welche Rolle die Reichswehr bei diesem Erlebnis spielen wird, beschreiben alle Kenner auf gleiche Weise, Der Kapp-Putsch war eine mißglückte Generalprobe. Die Aufführung ist aufgeschoben.

Die Realpolitiker, viel klüger und erfahrener als wir Outsider, werden mir antworten, der Staat habe jetzt keine Zeit - er müsse seine ganze Kraft an die außenpolitischen Probleme wenden.

Ich will aber nicht in acht Jahren hier eine Serie Standgerichte haben, die die gewissen raschen Kneifer nicht, wohl aber alle andern treffen werden. Ich will nicht meine Steuern für Menschen ausgeworfen wissen, die nichts andres im Kopf haben als ihre überlebte Zeit und ihre Ideale - Ideale, deren Unwert nur noch von ihren forschen Vertretern übertroffen wird. Ich will nicht. Viele wollen nicht. Und ich halte es für eine Pflichtverletzung der beamteten und gewählten Volksvertreter, sich auf Meldungen zu verlassen, die verlogen sind, und auf Gruppen zu hören, die warten und warten... Ihre Zeit kommt.

Bedankt euch in acht Jahren bei dieser Regierung, diesem Staatsrat, diesem Reichstag.

Ignaz Wrobel
»Die Weltbühne«, 23.02.1922, Nr. 8, S. 203.

Was wäre, wenn... ? (1922)

Und den Mordstahl seh ich blinken
Und das Mörderauge glühn;
Nicht zur Rechten, nicht zur Linken
Kann ich vor dem Schrecknis fliehn.

Schiller: ›Kassandra‹

... Und wenn alles vorbei sein wird: die rauschenden Durchzüge der Truppen mit Militärmusik, die Schüsse, das Geschrei, die wild hochgehenden Preise, die Gerede-Republiken an den Ecken, die so bald und so blutig zerstreut wurden, wenn sogar die Börse wieder funktioniert und die ersten Zeitungen scheu und zensurverängstigt aus der Ecke kriechen - dann werden sich die Leute ansehen und überlegen: Was ist denn vorgegangen?

Angefangen hatte es... Ja, angefangen hatte es eigentlich gar nicht. Man las in den Zeitungen täglich von großen Demonstrationen der Monarchisten - aber weil das Polizeipräsidium und ›alle in Frage kommenden Dienststellen‹ übereinstimmend erklärt hatten, damit habe es nichts auf sich, beruhigte man sich bald wieder und fuhr friedlich in die Sommerfrische. (Wie damals vor der großen Zeit, als Klio die Reisenden auf dem Stettiner Bahnhof überfiel...) In den heißen Strandburgen lasen Herr Müller und Herr Meier von den Versammlungen am Johannistag - Ludendorff hatte in Kaub die Republik verhöhnt, in Berlin hetzte Wulle, die Polizei stand Gewehr bei Fuß, und niemand in der Republik wagte einzuschreiten. Hatte sie gar keine Beamte, auf die sie sich verlassen konnte? Der Seewind ließ knisternd Sand in die sonnenbeschienenen Zeitungspapiere rinnen - da lagen sie, und niemand bekümmerte sich darum. In Borkum besprengten die Hunde die schwarz-rot-goldene Flagge - die Republik schwieg. Und dann kamen die meisten nach Hause zurück, weil es Mitte August war und die Kinder wieder in die Schule mußten - und dann...

Ja, sie waren einfach eines Nachts da. Woher sie kamen und wie und warum, und wer das vor allem war, der da die Straßen füllte und eine Menge Leute aus den Betten holte - »Sofort öffnen! Oder wir schlagen die Tür ein!« -: das wußte man alles gar nicht. Man wußte nur eines: Sie waren da.

Der graue Regenmorgen war so verhängt wie alle berliner Fenster. Die Straßen brütend still. Keine Bahn, kein Wagen, nichts. Nur die Schritte vieler Fußgänger trappten auf den Trottoirs. Im Zentrum der Stadt alles abgesperrt - die freien Straßen schwarz von Menschen. Es brauste von Gerüchten. Vieles war übertrieben. Aber so viel hatte man doch bald heraus:

Die neue Regierung hatte sich in aller Stille in Bayern konstituiert. München war sofort ab- und umgefallen. Ostpreußen hatte mit der Abtrennung gedroht und so alle Beamten auf seine Seite gebracht. Vom flachen Land lauteten die Nachrichten verschieden. Die Truppensammlungen hatten zu ›Manöverzwecken‹ stattgefunden, die höhern Offiziere der Schutzpolizei hatten sich ›zur Verfügung‹ gestellt - und die Regierung? Der Regierung war es nicht gut gegangen.

Die Automobilstraßen hatte man dieses Mal sorgfältig abgesperrt: so konnte sie nicht wieder - wie damals beim Kapp-Putsch - nach Dresden verreisen. Ein Minister war erschossen worden; wie es hieß, bedauerte das die Regierung - schon aus dem Grunde, weil sie ihnen allen den Prozeß machen wollte. Sie saßen sämtlich hinter Schloß und Riegel.

Die Menge summte. Und sah sich in Berlin um.

Ganze Viertel hatten Schwarz-Weiß-Rot geflaggt.

Kleine Kolonnen gingen umher und verlangten stürmisch die Entfernung der Accents aigus von dem Wort ›Café‹ - seufzend stiegen die Cafétiers auf die Leitern, die sie schon im Jahre 1914 zu gleichem Zweck angesetzt hatten... Konsumenten-Stimme: Gottes Stimme.

Es wimmelte von Uniformen. Bunte Friedensuniformen und feldgraue Kriegsuniformen und ganz veraltete Zoll- und Gendarmerie-Uniformen - und alle Herren mit schleppendem Säbel und blitzendem Monokel und einem weithin strahlenden Blick: »Jetzt sind wir dran!« Besonders in den westlichen Vororten tauchten viele Männer im Stahlhelm auf - sie trugen eine Binde am Arm und gehörten den verschiedensten ›Wehren‹ an. Sie forderten Ausweise ab, schnauzten, kommandierten und waren ständig von einem Rudel bewundernder Straßenjungen umschwärmt, denen ihr martialisches Aussehen mächtig imponierte. Und alle, alle hatten eine Waffe. Es war ganz merkwürdig, woher auf einmal nur alle diese Gewehre und Revolver und Pistolen gekommen waren.

Ohne Blutvergießen war es nicht abgegangen. Man hatte in Berlin insgesamt 124, nach andern Nachrichten 154, radikale Führer erschossen, ohne Verhör, ohne Verfahren, ›standrechtlich‹, wie es hieß - offenbar nach vorher angefertigten schwarzen Listen. Die Leichen der Erschossenen wurden gefleddert, die Wohnungen der Opfer waren verwüstet, ausgeraubt, dann versiegelt worden - die Angehörigen befanden sich sämtlich in Haft. Straßenkämpfe hatte es an zwei Stellen gegeben - einen im Norden und einen im Osten (der mit Barrikaden). Beide Male waren die tapfern, aber überraschten Arbeiter von den Maschinengewehren hingemäht worden. Darunter auch Frauen.

Vom Bürgertum wurde keine gewaltsame Gegenwehr versucht.

Das Leben hatte sich schon nach fünf Tagen merkwürdig verwandelt. Der alte preußische Kasernenhofton griff verheerend um sich. In den Amtszimmern, in den Betrieben, in den Büros der Kaufleute - überall behandelte der Vorgesetzte seinen Untergebenen wieder wie weiland der Reserve-Offizier seinen Putzer. Tausend und aber Tausend wilhelminischer Kriegsabzeichen glänzten auf fadenscheinigen Röcken, die Schnurrbärte waren streng nach oben gebürstet. Und alle, alle sagten es: »Gottseidank! Das hört jetzt auf! Jetzt kommt hier ein andrer Zug in die Bude!« Und er kam. Mit der Aufhebung des Achtstundentages und des Betriebsräte-Gesetzes begann es - und in einer völligen Veränderung des allgemeinen Verkehrstones sickerte die Wandlung nach unten in die Regionen des täglichen Lebens. Das Land war ein einziger Kasernenhof. Bakunin hatte den Ausdruck für das geprägt, was jetzt begann: L'empire Knouto-Germanique.

Nur auf den Gerichten ging der alte Betrieb weiter - das waren die einzigen, die sich nicht erst umzustellen brauchten. Sie waren richtig.

Das Telefon war völlig gesperrt und nur Dienstgesprächen zugänglich, Viele Leute waren unauffindbar. Demokratische Führer öffneten nicht, wenn man an ihre Türe pochte. Nun waren sie vor denen weggelaufen, die sie so oft in Presse und Parlament verteidigt hatten.

Die Zeitungen erschienen wieder. Langsam, ganz langsam ebbte die ungeheure Aufregung ab. Und man erfuhr:

Der Rektor der Universität Berlin hatte in einer zündenden Ansprache die neue Regierung willkommen geheißen, und die alldeutschen Verbände der Studentenschaft, die schon unter der Republik an den Tafeln der Vorhalle ›Für Kaiser und Reich!‹ annonciert hatten, schienen jauchzend zugestimmt zu haben. Hier zeigte sich, wie gut und sorgfältig man vorgearbeitet hatte: fast alle Studenten waren bewaffnet bis an den Stehkragen.

Selbstverständlich war Ludendorff mit von der Partie. Zwei Tage hatte er sich vorsichtig im Hintergrund gehalten - als er die Stabilität des neuen Unternehmens sah, trat er offiziell, in voller Kriegsbemalung, hervor.

Die Presse drückte sich äußerst zaghaft aus. Die Zeitungsunternehmer hatten in einer gemeinsamen Konferenz ihrem Wunsch Ausdruck gegeben, nach dem ersten Schock der Unterbrechung vor allem wieder zu erscheinen - ›die Presse sei gerade in dieser harten Zeit notwendig wie das liebe Brot‹. Sie wurden alle unter Vorzensur gestellt. Und erschienen. Und spiegelten ihre Zeit. Und so sahen sie auch aus.

Die Rechtspresse jubelte ungehemmt. Sie, die vorher von nichts gewußt hatte, die alle Warner und Propheten verhöhnt hatte, ›sie hätten vielleicht den Hitzschlag‹ - sie floß über die Ränder vor Freude. Las man ihre Artikel, so mußte man glauben, Deutschland sei vier Jahre hindurch von blindwütigenBolschewiken regiert worden und käme nun endlich wieder an die einzige rechtmäßige Gewalt. Spaltenlang berichteten die nationalen Blätter im alten Hofstil von Ordensverleihungen, Empfängen und würdevollen Ausfahrten, Die Bevölkerung sei, mit Ausnahme der Häftlinge, vollständig auf Seiten der neuen Regierung. ›Auch unter den Arbeitern dämmerte es.‹ Es ging zu wie im Krieg.

Die Presse war notwendig wie das liebe Brot. Das liebe Brot kostete in den ersten Tagen der Aufregung 48 Mark - aber das hatte sich bald gelegt, als die Wulle-Garden vier jüdische Bäcker aufgehängt hatten. Von da an kaufte man - mit einer Handgranate - bei den Juden umsonst; bei den andern kostete das Brot mit Genehmigung der Behörden 50 Mark.

Der Boden der gegebenen Tatsachen war überfüllt. Sie standen alle darauf. Sie paßten sich an. Sie arbeiteten am Wiederaufbau des Vaterlandes. Holzbock beschrieb die Schnurrbärte der neuen Regierungsmänner und verwechselte in der Aufregung noch mehr Fremdwörter als sonst.

Andre alte Frauen trugen die Regiments-Abzeichen ihrer Söhne als Broschen, was ihnen ein wikingisches Aussehen verlieh. Die Kinos gaben den hundertfünfundsiebzigsten Teil von ›Fridericus Rex‹ und machten damit - wie so oft im menschlichen Leben - ein gewaltiges Geschäft. Bejahrte apoplektische Männer sah man durch die Straßen stapfen - sie sangen Lieder von Theodor Körner, dem bekannten christlichen Lissauer, und fühlten sich trotzdem ganz gesund.

Die Haltung der Entente war zweifelhaft. England schien das Unternehmen aus einer gewissen Rivalität gegen Frankreich sanft unterstützt, zum mindesten stillschweigend geduldet zu haben - nachweisbar war das natürlich nicht. Aber da waren so gewisse Anzeichen...

Und bevor wir nun sehen werden, wie sich diese neue Gesellschaft von Revanche-Schreiern aus der Affäre ziehen wird - denn nun heißt es doch: cash down! -; während wir jetzt alle warten, was die Entente antworten, und ob sie mit den Neuen genau so zusammengehen wird wie mit Horthy-Ungarn; während wir hier sitzen, wollen wir noch einmal überlegen: Wie war das möglich?

Das war möglich, weil die Republik vier Jahre hindurch geschlafen hatte. Das war möglich, weil man sich darauf verlassen hatte, daß ein großer Teil des Bürgertums und fast die gesamte Arbeiterschaft gut republikanisch sei - was ja auch stimmte. Aber man hatte nichts, nicht das Geringste getan, um diese Leute zu unterstützen. Warnten sie, so hatte man abgewiegelt. Zeigten sie mit dem Finger auf ein Malheur, etwa auf den Reichswehrminister, oder auf die Polizei, auf das platte Land, auf die noch immer fortbestehenden Verbände - so hatte man überlegen gelächelt. Vor lauter feiner Taktik kam die Wilhelmstraße zu gar nichts. Gewiß gab es Republikaner. Aber sie waren dazu da, um in Landtagsreden erwähnt zu werden, wo man ihnen - ›unsre treffliche Arbeiterschaft!‹ - die Rolle zuwies, die Karre aus dem Dreck zu ziehn, wenns schief gegangen wäre. Gewiß gab es Republikaner. Wurde einer von ihnen ermordet, so entging der Mörder der Verfolgung, und wurde er gefaßt, so sprachen ihn die Richter frei. Der Reichswehrminister duldete nicht nur die monarchistischen Treibereien unter seinen Leuten, sondern er förderte sie, indem er unaufhaltsam mahnte, nur ja die ›Traditionen‹ des kaiserlichen Heeres nicht zu vergessen. Er hatte nie verstanden, was die neue Zeit eigentlich von ihm wollte. Einem Hochverräter und alten Soldatenschinder gab er das Kommando eines Kreuzers. ›Parteigezänk ausschalten‹ - das hieß für ihn: stramm militaristisch, monarchistisch und altpreußisch denken. Papa war Wachtmeister gewesen - es lag im Blut. So war er, so waren seine Offiziere. Und die Republik schlief. Im November 1918 hatte sie geschlafen, nach dem Kapp-Putsch hatte sie geschlafen - sie hatte immer geschlafen. Und immer den Apparat über die Sache gestellt. Und nichts dazu gelernt.

In der Polizei hatte es von staatsfeindlichen Offizieren nur so gewimmelt - aber das ging in keinen dieser Köpfe, daß ein Monarchist auch einmal die Rolle des Staatsfeindes spielen könnte. Angestammt und rechtmäßig war ihnen nur der Nationalist. Man hatte sogar zugegeben, daß ein großer Teil der Polizeioffiziere monarchistisch sei - man male sich das Umgekehrte für die Kaiserzeit aus! Es war so weit gekommen, daß der Regierung eingestandenermaßen keine zuverlässigen Polizeioffiziere für politische Aufgaben diffiziler Natur zur Verfügung standen - es wurde alles verraten, bevor es zur Ausführung gelangen konnte. Die Waffenträger hatten sich, wie so oft, selbständig gemacht. Und bis zu allerletzt hatte die Regierung beschwichtigt: »Auf keinen Fall aber könne man behaupten, daß die Dinge schon so weit gediehen seien.« Schon so weit... Und so hatten sie die Republik verwaltet.

Die Republikaner selbst waren untereinander uneinig. Bei der großen Demonstration ›Nie wieder Krieg!‹ hatten die Sozialdemokraten ihre Mitwirkung versagt, weil irgendwelche Parteibonzen Kompetenzschwierigkeiten entdeckt hatten. Und die waren schließlich wichtiger als die Sache. Die Sache der Republik.

Dahinter stand wie eine graue Mauer der farblose Teil des Bürgertums, Kaufleute, die keine andre Sorge kannten als eine Unterbrechung ihrer Geschäftstätigkeit. »Die 54 geht nicht? Unglaublich!« Das war ihre Anschauung der politischen Lage. Zu feige, etwas zu unternehmen, zu feige, sich jemals herauszustellen und immer nur in der Angst vor Pogromen oder Zwangsbeschlagnahmungen auf dem Kurfürstendamm, umgeben von frech scharwenzelnden Arbeitnehmern, die das Äußerste aus ihren Herren herausschlugen, ohne jemals etwas Prinzipielles zu verlangen - so lebten sie dahin und kümmerten sich den Teufel um Republik oder Monarchie. Ob ihre Kinder die Wehrpflicht wieder bekämen oder nicht (»Bei meinen Beziehungen!«); ob die Schulen den schlimmsten Preußen ausgeliefert wurden; ob auf den Polizeiwachen geprügelt wurde: sie lebten in einer andern, glatt geschmierten, schnellern Welt. Und stierten nach der Burgstraße.

So war es gekommen. Und so war es abgelaufen. Als sich die Blutwelle gelegt hatte, machte man Bilanz: Es fehlten so ziemlich alle, die etwas Radikales gewirkt hatten - im ganzen 2060. Ihre Gräber waren fast alle unbekannt. Man hatte sie irgendwo verscharrt. Das Reich atmete schwer. Und wartete auf sein Ur-teil von draußen. Auf das Urteil der Welt, das nicht zweifelhaft sein konnte. Vorläufig waren jene an der Gewalt, jene, die vier Jahre hindurch im geheimen gerüstet und die ein Mal zu früh losgeschlagen hatten. Das Unternehmertum nahm langsam Fühlung mit den neuen Herren, soweit es sie nicht schon vorher durch ihre Finanzierung genommen hatte. Die Besetzung des Ruhr-Reviers...? Sie war manchem nicht so unangenehm, wie es den Anschein haben mochte. Und die Kapitalisten schalteten schon bei der ersten Annäherung die Extremisten aus und die Wotan-Teutschen und arbeiteten in Gemeinschaft mit einem Nationalliberalismus, der deshalb so gefährlich war, weil er so biegsam sein konnte. Die neue Regierung mit dem Reichsverweser wartete. Ein Kaiser stand im Hintergrund. Im Zentrum grollte es: es war ein protestantischer. Die Bevölkerung lag, in schweren Ketten gefesselt, am Boden.

Und dankte einer Republik, die nichts für sie getan hatte.

Kurt Tucholsky
»Die Weltbühne«, 22.06.1922, Nr. 25, S. 615.

Rathenau (1922)

Du bist doch schon daran gewöhnt!
Du weißt doch, wie das ist, wenn deinen jungen
Deutschnationalen so ein Ding gelungen.
Sie schießen. Karlchen Helfferich, der höhnt.
Das ist seit Jahren deine Politik -
Du Republik!

Du hast doch darin Übung, junge Frau!
Glatt gehn dir von der Hand die Totenfeiern.
Proteste gellen. Nekrologe leiern.
Und hinterher bist du genau so schlau.

Wie lange siehst du Helfferich noch zu?
Derselbe, der aus Moskau, als man putschte,
mit vollen Hosen in die Heimat rutschte,
hat jetzt den zweiten Menschen ungerochen
ins Grab gehetzt, geflucht, gesprochen.
Und während eine alte Mutter bebt,
sitzt das im Parlament.
              Und lebt.

Das war doch nicht das erste Mal!
Du hörst die Bonzen der Partein
im Reichstag und im Landtag schrein:
              »So geht das nicht mehr weiter! Ein Skandal!«
War es das letzte Mal?

Steh einmal auf! Schlag mit der Faust darein!
Schlaf nicht nach vierzehn Tagen wieder ein!

Heraus mit deinem Monarchistenrichter,
mit Offizieren - und mit dem Gelichter,
das von dir lebt, und das dich sabotiert,
an deine Häuser Hakenkreuze schmiert.
Schlag du in Stücke die Geheimverbände!
Bind Ludendorff und Escherich die Hände!
Laß dich nicht von der Reichswehr höhnen!
Sie muß sich an die Republik gewöhnen.
Schlag zu! Schlag zu! Pack sie gehörig an!
Sie kneifen alle. Denn da ist kein Mann.
Da sind nur Heckenschützen. Pack sie fest -
dein Haus verbrennt, wenn dus jetzt glimmen läßt.
Zerreiß die Paragraphenschlingen.
Fall nicht darein. Es muß gelingen!
Vier Jahre Mord - das sind, weiß Gott, genug.
Du stehst vor deinem letzten Atemzug.
Zeig, was du bist. Halt mit dir selbst Gericht.
Stirb oder kämpfe!
                Drittes gibt es nicht.

Theobald Tiger
»Die Weltbühne«, 29.06.1922, Nr. 26, S. 653.

Nebenan (1922)

Im Schankzimmer einer berliner Kneipe. Nach der Polizeistunde. Der Wirt döst hinter der Theke. Aus den Zapfhähnen fallen monoton Tropfen auf das Blech. Im spärlichen Licht der zwei trüben Gasflammen kauert eine dunkle Gestalt an einem Tisch. Aus dem Extrazimmer tönen Stimmen.

Der Wirt (fährt auf): Na, Willem - nu jeh man nach Hause -! Feierahmt!
Die Gestalt: Laß mir noch 'n bisken, Paul! Bei mir zu Hause frier ick zu Puppenlappen. Wir ham keene Kohlen. Du sitzt ja hier doch noch... Wejen die da... Wie lange kann 'n diß noch dauern?
Der Wirt: Na, die machen noch lange! Wat 'n richtiger Kriegerverein is, der hört nich vor morjens sechsen uff. Uah...
Die Gestalt: Sei ma stille! Hör ma -!

(Im Extrazimmer klopft jemand an ein Glas. Es wird still.)

Eine Stimme: Karaden! Im Andenken an das zweite Garderement zu Fuß bitte ich Sie, mit mir unsres allerhöchsten Kriegsherrn und seiner Paladine zu gedenken. Wer wie wir vier Jahre lang Schulter an Schulter im Felde gestanden hat, wer wie wir die gleichen Gefahren, die gleichen Entbehrungen ausgehalten hat - der hat die Pflicht, die über das Reich hereingebrochene rote Gefahr...
Die Gestalt (ist aufgestanden. Alter Mantel mit weiten Ärmeln, abgeschabt und ärmlich): Watn? Wer issn det -?
Die Stimme: ... auch fürderhin die Säulen von deutscher Sitte und deutscher Art zu vertreten die Ehre haben. Von hinten erdolcht, hat unser tapferes Heer, die ungeheuren Opfer nicht scheuend, bis zum letzten Hauch von Mann und Roß...

Die Gestalt:	Nanu? Die Stimme kenn ick doch... Det is doch... Paule...!
Der Wirt:	Wat hastn?
Die Stimme:	Wir Offiziere voran, hat das zweite Garderement zu Fuß immer seinen Mann gestanden, wenn es galt, die Fahnen unsres allerhöchsten Kriegsherrn...
Die Gestalt:	Paul!
Der Wirt:	Schnauze! Wat machste hier sonnen Krach?
Die Gestalt (nähert	sich der Tür): Det is er! Det is er! Und wenn ick hunnert Jahr alt wer, die Stimme vajeß ick nich! Det is er!
Der Wirt:	Wißte leise sein! Wer is det -?
Die Gestalt:	Unsa olla Kompanieführer! Is det son kleena Dicka?
Der Wirt:	Ja doch - mit Jlupschoogen!
Die Gestalt:	Det is er! Natürlich is er det! Wat saacht er da?
Die Stimme:	Folgen Sie auch weiterhin meinem Vorbild, unserm Vorbild, und seien Sie eingedenk...
Die Gestalt:	Paul - er hat se alle in Kasten jesteckt! Wer eenen Fußlappen zu wenig hatte: rin in Kasten! Paul, er hat se anbinden lassen, vastehste... die Beljier immer munter drum rum... die ham jelacht, die Äster... er hat ooch jelacht. Wir hatten ihn in Jarneson..., ick ha damals Wache jeschohm. Jede Nacht kam er mit ne andre Sau ruff - ick hab imma missen präsentieren! Wat saacht er?
Die Stimme:	Solange Deutschland solche Männer hat wie Ludendorff und seine Offiziere, kann es nicht untergehn -!
Die Gestalt:	Ick hau...!
Der Wirt:	Willem! Jeh von de Dhiere wech! Mach dir nich unjlicklich!
Die Gestalt:	Ick habe zweendreißich Mark Rente - un der?
Der Wirt:	Wißte von de Dhiere wech!
Die Stimme:	Un so bitte ich Sie, mit mir anzustoßen, auf das Wohl...

Die Gestalt: Hab keene Angst, Paule. Ick kann ja die Dhiere janich uffkriejen. Ick... (er schwenkt seine weiten Ärmel. Sie sind leer.)
Das Nebenzimmer: Hurra! Ra! Rra -!

Kaspar Hauser
»Die Weltbühne«, 27.07.1922, Nr. 30, S. 94, wieder in: »Mona Lisa«.

Drei Minuten Gehör! (1922)

Drei Minuten Gehör will ich
von euch, die ihr arbeitet -!

Von euch, die ihr den Hammer schwingt,
von euch, die ihr auf Krücken hinkt,
von euch, die ihr die Feder führt,
von euch, die ihr die Kessel schürt,
von euch, die mit den treuen Händen
dem Manne ihre Liebe spenden -
von euch, den Jungen und den Alten -:
Ihr sollt drei Minuten inne halten.
Wir sind ja nicht unter Kriegsgewinnern.
Wir wollen uns einmal erinnern.

Die erste Minute gehöre dem Mann.
Wer trat vor Jahren in Feldgrau an?
Zu Hause die Kinder - zu Hause weint Mutter...
Ihr: feldgraues Kanonenfutter -!
Ihr zogt in den lehmigen Ackergraben.
Da saht ihr keinen Fürstenknaben:
der soff sich einen in der Etappe
und ging mit den Damen in die Klappe.
Ihr wurdet geschliffen. Ihr wurdet gedrillt.
Wart ihr noch Gottes Ebenbild?

In der Kaserne - im Schilderhaus
wart ihr niedriger als die schmutzigste Laus.
Der Offizier war eine Perle,
aber ihr wart nur ›Kerle‹!

Ein elender Schieß- und Grüßautomat.
»Sie Schwein! Hände an die Hosennaht -!«
Verwundete mochten sich krümmen und biegen:
kam ein Prinz, dann hattet ihr stramm zu liegen.
Und noch im Massengrab wart ihr die Schweine:
Die Offiziere lagen alleine!
Ihr wart des Todes billige Ware...
So ging das vier lange blutige Jahre.
Erinnert ihr euch -?

Die zweite Minute gehöre der Frau.
Wem wurden zu Haus die Haare grau?
Wer schreckte, wenn der Tag vorbei,
in den Nächten auf mit einem Schrei?
Wer ist es vier Jahre hindurch gewesen,
der anstand in langen Polonaisen,
indessen Prinzessinnen und ihre Gatten
alles, alles, alles hatten - -?
Wem schrieben sie einen kurzen Brief,
daß wieder einer in Flandern schlief?
Dazu ein Formular mit zwei Zetteln...
wer mußte hier um die Renten betteln?
Tränen und Krämpfe und wildes Schrein.

Er hatte Ruhe. Ihr wart allein.
Oder sie schickten ihn, hinkend am Knüppel,
euch in die Arme zurück als Krüppel.
So sah sie aus, die wunderbare
große Zeit - vier lange Jahre...
Erinnert ihr euch -?

Die dritte Minute gehört den Jungen!
Euch haben sie nicht in die Jacken gezwungen!
Ihr wart noch frei! Ihr seid heute frei!
Sorgt dafür, daß es immer so sei!
An euch hängt die Hoffnung. An euch das Vertraun
von Millionen deutschen Männern und Fraun.
Ihr sollt nicht strammstehn. *Ihr* sollt nicht dienen!
Ihr sollt frei sein! Zeigt es ihnen!
Und wenn sie euch kommen und drohn mit Pistolen -:
Geht nicht! Sie sollen euch erst mal holen!
Keine Wehrpflicht! *Keine* Soldaten!
Keine Monokel-Potentaten!
Keine Orden! *Keine* Spaliere!
Keine Reserveoffiziere!
Ihr seid die Zukunft!
              Euer das Land!
Schüttelt es ab, das Knechtschaftsband!
Wenn ihr nur wollt, seid ihr alle frei!
Euer Wille geschehe! Seid nicht mehr dabei!
Wenn ihr nur wollt: bei euch steht der Sieg!
- *Nie wieder Krieg -!*

                                          Theobald Tiger
»Republikanische Presse«, 29.07.1922, Nr. 6, wieder in:
                                                       »Mit 5 PS«.

Rote Melodie (1922)

Für Erich Ludendorff
Gesungen von Rosa Valetti

Die Frau singt:
Ich bin allein.
Es sollt nicht sein.
Mein Sohn stand bei den Russen.
Da fuhr man sie,
wies liebe Vieh,
zur Front - in Omnibussen.
Und da - da blieb die Feldpost weg -
Haho! Er lag im Dreck.
Die Jahre, die Jahre,
sie gingen träg und stumm.
Die Haare, die Haare
sind grau vom Baltikum...
    General! General!
    Wag es nur nicht noch einmal!
    Es schrein die Toten!
    Denk an die Roten!
    Sieh dich vor! Sieh dich vor!
    Hör den brausend dumpfen Chor!
    Wir rücken näher ran - Kanonenmann!
    Vom Grab - Schieb ab -!

Ich sah durchs Land
im Weltenbrand -
da weinten tausend Frauen.
Der Mäher schnitt.

Sie litten mit
mit hunderttausend Grauen.
Und wozu Todesangst und Schreck?
Haho! Für einen Dreck!
Die Leiber - die Leiber -
sie liegen in der Erd.
Wir Weiber - wir Weiber -
wir sind nun nichts mehr wert...
    General! General.
    Wag es nur nicht noch einmal!
    Es schrein die Toten!
    Denk an die Roten!
    Sieh dich vor! Sieh dich vor!
    Hör den brausend dumpfen Chor!
    Wir rücken näher ran, Kanonenmann,
    zum Grab! - Schieb ab -!

In dunkler Nacht,
wenn keiner wacht -:
dann steigen aus dem Graben
der Füselier,
der Musketier,
die keine Ruhe haben.
Das Totenbataillon entschwebt -
Haho! zu dem, der lebt.
Verschwommen, verschwommen
hörst dus im Windgebraus.
Sie kommen! Sie kommen!
und wehen um sein Haus...
    General! General!
    Wag es nur nicht noch einmal!

Es schrein die Toten!
Denk an die Roten!
Sieh dich vor! Sieh dich vor!
Hör den unterirdischen Chor!
Wir rücken näher ran - du Knochenmann! -
im Schritt!
        Komm mit -!

Theobald Tiger
»Die Weltbühne«, 03.08.1922, Nr. 31, S. 122, wieder in:
»Mit 5 PS«.

An einen Bonzen (1923)

Einmal waren wir beide gleich.
Beide: Proleten im deutschen Kaiserreich.
Beide in derselben Luft,
beide in gleicher verschwitzter Kluft;
dieselbe Werkstatt - derselbe Lohn -
derselbe Meister - dieselbe Fron -
beide dasselbe elende Küchenloch...
    Genosse, erinnerst du dich noch?

Aber du, Genosse, warst flinker als ich.
Dich drehen - das konntest du meisterlich.
Wir mußten leiden, ohne zu klagen,
aber du - du konntest es sagen.
Kanntest die Bücher und die Broschüren,
wußtest besser die Feder zu führen.
Treue um Treue - wir glaubten dir doch!
    Genosse, erinnerst du dich noch?

Heute ist das alles vergangen.
Man kann nur durchs Vorzimmer zu dir gelangen.
Du rauchst nach Tisch die dicken Zigarren,
du lachst über Straßenhetzer und Narren.
Weißt nichts mehr von alten Kameraden,
wirst aber überall eingeladen.
Du zuckst die Achseln beim Hennessy
und vertrittst die deutsche Sozialdemokratie.
Du hast mit der Welt deinen frieden gemacht.

Hörst du nicht manchmal in dunkler Nacht
eine leise Stimme, die mahnend spricht:
»Genosse, schämst du dich nicht -?«

Theobald Tiger
»Die Weltbühne«, 06.09.1923, Nr. 36, S. 248, wieder in:
»Mit 5 PS«, auch unter dem Titel »An die Bonzen«.

Park Monceau (1924)

Hier ist es hübsch. Hier kann ich ruhig träumen.
Hier bin ich Mensch - und nicht nur Zivilist.
Hier darf ich links gehn. Unter grünen Bäumen
sagt keine Tafel, was verboten ist.

Ein dicker Kullerball liegt auf dem Rasen.
Ein Vogel zupft an einem hellen Blatt.
Ein kleiner Junge gräbt sich in der Nasen
und freut sich, wenn er was gefunden hat.

Es prüfen vier Amerikanerinnen,
ob Cook auch recht hat und hier Bäume stehn.
Paris von außen und Paris von innen:
sie sehen nichts und müssen alles sehn.

Die Kinder lärmen auf den bunten Steinen.
Die Sonne scheint und glitzert auf ein Haus.
Ich sitze still und lasse mich bescheinen
und ruh von meinem Vaterlande aus.

Theobald Tiger
»Die Weltbühne«, 15.05.1924, Nr. 20, S. 664, wieder in:
»Mit 5 PS«.

Der Graben (1924)

Mutter, wozu hast du deinen aufgezogen?
Hast dich zwanzig Jahr mit ihm gequält?
Wozu ist er dir in deinen Arm geflogen,
und du hast ihm leise was erzählt?
    Bis sie ihn dir weggenommen haben.
    Für den Graben, Mutter, für den Graben.

Junge, kannst du noch an Vater denken?
Vater nahm dich oft auf seinen Arm.
Und er wollt dir einen Groschen schenken,
und er spielte mit dir Räuber und Gendarm.
    Bis sie ihn dir weggenommen haben.
    Für den Graben, Junge, für den Graben.

Drüben die französischen Genossen
lagen dicht bei Englands Arbeitsmann.
Alle haben sie ihr Blut vergossen,
und zerschossen ruht heut Mann bei Mann.
    Alte Leute, Männer, mancher Knabe
    in dem einen großen Massengrabe.

Seid nicht stolz auf Orden und Geklunker!
Seid nicht stolz auf Narben und die Zeit!
In die Gräben schickten euch die Junker,
Staatswahn und der Fabrikantenneid.
    Ihr wart gut genug zum Fraß für Raben,
    für das Grab, Kamraden, für den Graben!

Werft die Fahnen fort!
Die Militärkapellen spielen auf zu euerm Todestanz.
Seid ihr hin: ein Kranz von Immortellen -
das ist dann der Dank des Vaterlands.

Denkt an Todesröcheln und Gestöhne.
Drüben stehen Väter, Mütter, Söhne,
schuften schwer, wie ihr, ums bißchen Leben.
Wollt ihr denen nicht die Hände geben?
Reicht die Bruderhand als schönste aller Gaben
übern Graben, Leute, übern Graben -!

Theobald Tiger
»Neue Berliner Zeitung«, 1.8.1924.

Vor Verdun (1924)

Längs der Bahn tauchen die ersten Haustrümmer auf - ungefähr bei Vitry fängt das an. Ruinen, dachlose Gebäude, herunterhängender Mörtel, Balken, die in die Luft ragen. Nur eine kleine Partie - dann präsentiert sich die Gegend wieder ordentlich und honett, sauber und schön aufgebaut. Viele Häuser scheinen neu. Der Zug hält. Auf dem Nebengleis steht ein Waggon, ›FUMEURS‹ steht an einer Tür. Ein Pfosten verdeckt die ersten beiden Buchstaben, man kann nur den Rest des Wortes lesen.

Verdun, eine kleine Stadt der Provinz. Hat in der neuen Zeit schon einmal daran glauben müssen: im Jahre 1870. Die Besatzung, die damals mit allen militärischen Ehren kapitulierte, zog ab, und die Stadt kam unter deutsche Verwaltung. Der deutsche Beamte, der ihr und dem Departement der Meuse vorgesetzt war, trug den Namen: von Bethmann Hollweg.

Man kann ein kleines Heft kaufen: ›*Verdun vorher und nachher*‹. Es muß eine hübsche, nette und freundliche Stadt gewesen sein, mit kleinen Häuserchen am Fluß, einer Kathedrale, dem Auf und Ab der Wege auf dem welligen Terrain. Und nach jedem Bild von damals ist ein andres eingefügt. So schlimm sieht es jetzt nicht mehr aus: vieles ist aufgebaut, manche Teile haben gar nicht gelitten, das Rathaus ist fast unversehrt geblieben. Aber es handelt sich ja nicht um Verdun, nicht um die kleine Stadt. Um Verdun herum lagen vierunddreißig Forts.

Gleich am Ausgang der Stadt die Zitadelle. Sie ist in den Fels gehauen, eine riesige Anlage mit Gängen, die in ihrer Gesamtlänge sechzehn Kilometer ausmachen. Dies und jenes darf man sich ansehen. Schlafräume der Soldaten und Offiziere, heizbar und mit elektrischem Licht. Hier, in diesem Verschlag, hat der General Pétain geschlafen. Ein kleiner Raum, mit Holzwänden, oben offen - Waschgeschirr, Eimer und das Bett stehen noch da. Daneben lagen in kleinen Kabinen zu vieren die Offiziere. In einem Saal steht ein langer Tisch. Auf dem standen in Särgen die Überreste von acht unbekannten Kadavern, und ein Militär legte einen Blumenstrauß auf den einen: das wurde der soldat inconnu, der heute unter dem Arc de Triomphe zu Paris begraben liegt. Die sieben andern ruhen in einem gemeinschaftlichen Grab auf dem Kirchhof Faubourg Pavé bei Verdun. Das Bombardement hat der Felszitadelle nichts anhaben können - außen haben sich wohl Mauersteine gelockert, innen ist alles intakt geblieben. Und dann fahren wir hinaus, ins Freie.

Es ist eine weite, hügelige Gegend, mit viel Buschwerk und gar keinem Wald. Immer, wenn man auf eine Anhöhe kommt, kann man weit ins Land hineinsehen. Hier ist eine Million Menschen gestorben.

Hier haben sie sich bewiesen, wer recht hat in einem Streit, dessen Ziel und Zweck schon nach Monaten keiner mehr erkannte. Hier haben die Konsumenten von Krupp und Schneider-Creusot die heimischen Industrien gehoben. (Und wer wen dabei beliefert hatte, ist noch gar nicht einmal sicher.)

Auf französischer Seite sind vierhunderttausend Menschen gefallen; davon sind annähernd dreihunderttausend nicht mehr auffindbar, vermißt, verschüttet, verschwunden... Die Gegend sieht aus wie eine mit Gras bewachsene Mondlandschaft, die Felder sind fast gar nicht bebaut, überall liegen Gruben und Vertiefungen, das sind die Einschläge. An den Wegen verbogene Eisenteile, zertrümmerte Unterstände, Löcher, in denen einst Menschen gehaust haben. Menschen? Es waren kaum noch welche.

Da drüben, bei Fleury, ist ein Friedhof, in Wahrheit ein Massengrab. Zehntausend sind dort untergebracht worden - zehntausendmal ein Lebensglück zerstört, eine Hoffnung vernichtet, eine kleine Gruppe Menschen unglücklich gemacht. Hier war das Niemandsland: drüben auf der Höhe lagen die Deutschen, hüben die Franzosen - dies war unbesetzt. Lerchen haben sich in die Luft hinaufgeschraubt und singen einen unendlichen Tonwirbel. Ein dünner Fadenregen fällt.

Der Wagen hält. Diese kleine Hügelgruppe: das ist das Fort Vaux. Ein französischer Soldat führt, er hat eine Karbidlampe in der Hand. Einer raucht einen beißenden Tabak, und man wittert die Soldatenatmosphäre, die überall gleich ist auf der ganzen Welt: den Brodem von Leder, Schweiß und Heu, Essensgeruch, Tabak und Menschenausdünstung. Es geht ein paar Stufen hinunter.

Hier. Um diesen Kohlenkeller haben sich zwei Nationen vier Jahre lang geschlagen. Da war der tote Punkt, wo es nicht weiter ging, auf der einen Seite nicht und auf der andern auch nicht. Hier hat es haltgemacht. Ausgemauerte Galerien, mit Beton ausgelegt, die Wände sind feucht und nässen. In diesem Holzgang lagen einst die Deutschen; gegenüber, einen

Meter von ihnen, die Franzosen. Hier morderten sie, Mann gegen Mann, Handgranate gegen Handgranate. Im Dunkeln, bei Tag und bei Nacht. Da ist die Telefonkabine. Da ist ein kleiner Raum, in dem wurde wegen der Übergabe parlamentiert. Am 8. Juni 1916 fiel das Fort. Fiel? Die Leute mußten truppweise herausgehackt werden, mit den Bajonetten, mit Flammenwerfern, mit Handgranaten und mit Gas. Sie waren die letzten zwei Tage ohne Wasser. An einer Mauer ist noch eine deutsche Inschrift, mit schwarzer Farbe aufgemalt, schwach zu entziffern. Und dann gehen wir ins Verbandszimmer.

Es ist ein enges Loch, drei Tische mögen darin Platz gehabt haben. Einer steht noch. An den Wänden hängen kleine Schränke. Oben ist, durch eine Treppe erreichbar, der Alkoven des Arztes. Ich habe einmal die alte Synagoge in Prag besucht, halb unter der Erde, wohin sich die Juden verkrochen, wenn draußen die Steine hagelten. Die Wände haben die Gebete eingesogen, der Raum ist voll Herzensnot. Dieses hier ist viel furchtbarer. An den Wänden kleben die Schreie - hier wurde zusammengeflickt und umwickelt, hier verröchelte, erstickte, verbrüllte und krepierte, was oben zugrunde gerichtet war. Und die Helfer? Welcher doppelte Todesmut, in dieser Hölle zu arbeiten! Was konnten sie tun? Aus blutdurchnäßten Lumpen auswickeln, was noch an Leben in ihnen stak, das verbrannte und zerstampfte Fleisch der Kameraden mit irgendwelchen Salben und Tinkturen bepinseln und schneiden und trennen, losmeißeln und amputieren...

Linderung? Sie wußten ja nicht einmal, ob sie diese Stümpfe noch lebendig herausbekämen! Manchmal war alles abgeschnitten. Die Wasserholer, die Meldegänger - wohl eine der entsetzlichsten Aufgaben des Krieges, hier waren die wahren Helden, nicht im Stabsquartier! -, die Wasserholer, die sich, mit einem Blechnapf in der Hand, aufopferten, kamen in den seltensten Fällen zurück. Und der nächste trat an... Wir sehen uns in dem leeren, blankgescheuerten Raum um. Niemand spricht ein Wort. Oben an dem Blechschirm der elektrischen Lampe sind ein paar braunrote Flecke. Wahrscheinlich Rost...

Vor dem Tor hat man für einige der Gefallenen Gräber errichtet, das sind seltene Ausnahmen, sie liegen allein, und man weiß, wer sie sind. An einem hängt ein kleiner Blechkranz mit silbernen Buchstaben: Mon mari.

Und an einem Abhang stehen alte Knarren, die flachen, schiefgeschnittenen Feldflaschen der Franzosen, verrostet, zerbeult, löcherig. Das wurde einmal an die durstigen Lippen gehalten. Wasser floß in einen Organismus, damit er weitermorden konnte. Weiter, weiter -!

Drüben liegt das Fort Douaumont, das überraschend fiel; da die Höhe 304; da das Fort de Tavannes. Teure Namen, wie? Einem alten Soldaten, der hier gestanden hat und lebendig herausgekommen ist, muß merkwürdig zumute sein, wenn er jetzt diese Gegend wiedersieht, still, stumpf, kein Schuß. Weit da hinten am Horizont raucht das, was dem deutschen Idealismus 1914 so sehr gefehlt hat: das Erzlager von Briey. Und wir fahren weiter.

Die Sturmreihen sind in die Erde versunken, die armen Jungen, die man hier vorgetrieben hat, wenn sie hinten als Munitionsdreher ausgedient hatten. Hier vorn arbeiteten sie für die Fabrikherren viel besser und wirkungsvoller. Die Rüstungsindustrie war ihnen Vater und Mutter gewesen; Schule, Bücher, die Zeitung, die dreimal verfluchte Zeitung, die Kirche mit dem in den Landesfarben angestrichenen Herrgott - alles das war im Besitz der Industriekapitäne, verteilt und kontrolliert wie die Aktienpakete. Der Staat, das arme Luder, durfte die Nationalhymne singen und Krieg erklären. Gemacht, vorbereitet, geführt und beendet wurde er anderswo.

Und die Eltern? Dafür Söhne aufgezogen, Bettchen gedeckt, den Zeigefinger zum Lesen geführt, Erben eingesetzt? Man müßte glauben, sie sprächen: Weil ihr uns das einzige genommen habt, was wir hatten, den Sohn - dafür Vergeltung! Den Sohn, die Söhne haben sie ziemlich leicht hergegeben. Steuern zahlen sie weniger gern. Denn das Entartetste auf der Welt ist eine Mutter, die darauf noch stolz ist, das, was ihr Schoß einmal geboren, im Schlamm und Kot umsinken zu sehen. Bild und Orden unter Glas und Rahmen - »mein Arthur!« Und wenns morgen wieder angeht -?

Der Führer nennt Namen und Zahlen. Er zeigt weit über das Land: da hinten, da ganz hinten lag das Quartier des Kronprinzen. Ein bißchen fern vom Schuß - aber ich weiß: das bringt das Geschäft so mitsich. Und das war früher auch so: die Söhne hatten schon damals die Zentrale für Heimatdienst. Bäume stecken ihre hölzernen Stümpfe in die Luft, die Verse von Karl Kraus klingen auf: »Ich war ein Wald. Ich war ein Wald.«

Das Buschwerk sprießt, überall zieht sich Stacheldraht zwischendurch. An einer Stelle steht ein Denkmal, ein verendeter Löwe. Das war der Punkt, bis zu dem die Deutschen vorgedrungen sind. (Übrigens findet sich nirgends auch nur die leiseste Beschimpfung des Gegners - immer und überall, in den Schilderungen, den Beschreibungen, den Aufschriften wird der Feind als ein kämpfender Soldat geachtet und niemals anders bezeichnet.) Bis hierher ging es also. Das Reich erstreckte sich damals von Berlin bis zu dieser Stelle. Abschiedsküsse auf dem Bahnhof, die Fahrt - 8 Pferde oder 40 Mann - und dann der Tod in diesen Feldern. Dies war der letzte Zipfel.

Und dahinter das Land. Da lag dieses ungeheure Heerlager, dieser Jahrmarkt der Eitelkeiten, diese Konzentration von Roheit, Stumpfsinn, Amtsverbrechen, falsch verstandener Heldenhaftigkeit; da fuhren, marschierten, rollten, telefonierten, schufteten und schossen die als Soldaten verkleideten Uhrmacher, Telegrafensekretäre, Gewerkschaftler, Oberlehrer, Bankbeamten, geführt und führend, betrügend und betrogen, mordend, ohne den Feind zu sehen, in der Kollektivität tötend, die Verantwortung immer auf den nächsten abschiebend. Es war eine Fabrik der Schlacht, eine Mechanisierung der Schlacht, überpersönlich, unpersönlich. ›Die Division‹ wurde eingesetzt, hineingeworfen - die Werfer blieben draußen -, sie wurde wieder herausgezogen. Achilles und Hektor kämpften noch miteinander; dieser Krieg wurde von der Stange gekauft. Und archaistisch war nur noch die Terminologie, mit der man ihn umlog: das blitzende Schwert, die flatternden Fahnen, die gekreuzten Klingen. Landsknechte? Fabrikarbeiter des Todes.

Der Horizont ist grau, es ist, als sei kein Leben mehr in diesem Landstrich.

Da kämpften sie, Brust an Brust: Proletarier gegen Proletarier, Klassengenossen gegen Klassengenossen, Handwerker gegen Handwerker. Da zerfleischten sich einheitlich aufgebaute ökonomische Schichten, da wütete das Volk gegen sich selbst, ein Volk, ein einziges: das der Arbeit. Hinten rieben sich welche voller Angst die Hände.

Ein Mauerwerk taucht auf, das ist das Denkmal über der Tranchée des Baïonettes. Am 11. Juni 1916 wurde hier die Besatzung dieses Grabens - es war die zweite Linie - verschüttet. Keiner entrann. Man fand sie so, unter der Erde, nur die Bajonette ragten aus der Erde. Der Graben ist seit diesem Tag so erhalten; ein Amerikaner, Herr Georges F. Rand, hat einen großen grauen Steinbau darüber errichten lassen. Unten, auf dem zugeschütteten Graben, stehen ein paar Kreuze, liegen Kränze und ragen die Bajonette. Drei Mann müssen außerhalb des Grabens postiert gewesen sein; die Läufe ihrer Gewehre ragen ein paar Zentimeter hoch aus dem Boden, man stolpert über sie. Eine Mutter kann ihr Kind hierherführen und sagen: »Siehst du? Da unten steht Papa.«

In der Nähe ist ein ossuaire, eine kleine Holzhalle, wo man die Gebeine der Soldaten, die nicht mehr zu identifizieren waren, gesammelt hat. Sie ruhen da, bis eine große Grabkapelle für sie fertiggestellt ist. Die Überbleibsel sind nach Sektoren geordnet. (Was die Offiziere aller Länder anbetrifft, so scheinen sie sämtlich an ansteckenden Krankheiten zugrunde gegangen zu sein - denn warum hat man sie so oft von den Mannschaften abgesondert?) Stereoskope sind aufgestellt mit Bildern aus den Mordtagen. Auf einem ist unter Steintrümmern ein Bein zu sehen. Ein abgerissenes Bein, der Benagelung nach ein deutsches.

Auf einem andern Bild sieht man einen deutschen Gefangenen, einen bärtigen, schlecht genährt aussehenden Mann. Er steht bis zu den Hüften im Graben, er hat kein Koppel mehr, er wartet, was nun noch mit ihm geschehen kann. Im Vordergrund ragen ein Paar Stiefel aus dem Schlamm und ein halber Körper. Den kann man nicht mehr gefangen nehmen. Die Franzosen und der Deutsche stehen da zusammen, der Betrachter muß glauben, einen Haufen Wahnsinniger vor sich zu haben. Und das waren sie ja wohl auch.

Jetzt regnet es in dichten Strömen. Der Wagen rollt. Der Schlamm spritzt. Und immer wieder Stacheldraht, Steinbrocken, verrostetes Eisen, Wellblech.

Ist es vorbei -?

Sühne, Buße, Absolution? Gibt es eine Zeitung, die heute noch, immer wieder, ausruft: »Wir haben geirrt! Wir haben uns belügen lassen!«? Das wäre noch der mildeste Fall. Gibt es auch nur eine, die nun den Lesern jahrelang das wahre Gesicht des Krieges eingetrommelt hätte, so, wie sie ihnen jahrelang diese widerwärtige Mordbegeisterung eingebleut hat? »Wir konnten uns doch nicht beschlagnahmen lassen!« Undnachher? Als es keinen Zensor mehr gab? Was konntet ihr da nicht? Habt ihr einmal, ein einziges Mal nur, wenigstens nachher die volle, nackte, verlaustblutige Wahrheit gezeigt? Nachrichten wollen die Zeitungen, Nachrichten wollen sie alle. Die Wahrheit will keine.

Und aus dem Grau des Himmels taucht mir eine riesige Gestalt auf, ein schlanker und ranker Offizier, mit ungeheuer langen Beinen, Wickelgamaschen, einer schnittigen Figur, den Scherben im Auge. Er feixt. Und kräht mit einer Stimme, die leicht überschnappt, mit einer Stimme, die auf den Kasernenhöfen halb Deutschland angepfiffen hat, und vor der sich eine Welt schüttelt in Entsetzen:

»Nochmal! Nochmal! Nochmal -!«

Ignaz Wrobel
»Die Weltbühne«, 07.08.1924, Nr. 32, S. 218, wieder in:
»Mit 5 PS.«

Der General im Salon (1924)

Der alte Herr da im Bratenrock, das ist der berühmte General Soundso. Er steht am Kamin, direkt vor dem Spiegel, nein, der nicht, der neben ihm - ja. Er rührt jetzt grade mit einem kleinen Löffelchen in der Mokkatasse und unterhält sich angeregt mit den Gästen des Hauses. Es ist ein sehr feines Haus, man hat lauter gute Namen eingeladen. Die Menschen sind in der Garderobe abzugeben. Die Namen haben diniert, jetzt nehmen sie den Kaffee, auch der General.

Es ist derselbe, der damals die große Offensive bei V. eingeleitet hat. »Die Truppen des Generals«, stand damals im Heeresbericht, »wurden in der Nacht von gestern auf heute zum Sturm auf die Höhen des Dorfes angesetzt.« Er ist es, der sie angesetzt hat. Seine hellblauen, etwas wässerigen Augen, die ich da sehe, lassen nichts mehr davon ahnen, daß dieser Mann einmal am Telefon gestanden, vor ihm die Karten, die Krokis, die Bleistifte, die Adjutanten, und mit erregter Stimme einen Befehl in die Muschel gebrüllt hat. »Wollen Sie dafür sorgen...!« sagte die Stimme. Dann hängte er den Hörer ab. Am darauffolgenden Morgen fielen auf unserer Seite 8472 Mann. Sie bekamen ihr Massengrab. Der General einen Orden.

Einmal stand ich auf dem berliner Börsenstand neben einem großen Bankier, der leitete die Operationen seiner Angestellten, die hilfeflehend zu ihm kamen, wenn sie nicht weiter wußten. Er sagte ihnen rasch etwas, fast ohne nachzudenken; eilfertig liefen sie mit ihrem kleinen Zettelchen wieder davon. Siegreich stand er da, ganz ruhig, durch seinen Kopf rannen die Zahlen. Einen Fuß auf die kleine Empore gestützt, wartete er wachsam ab, was die nächste Minute bringen würde. »Huuuuu!« brüllte eine Gruppe. Der Saal begann zu brodeln, ein unermeßlicher Schrei stieg zu den ewigen Sternen. Der Bankier lächelte unmerklich. Er war es, der dieses »Hu!« entfesselt hatte.

So ungefähr denke ich mir im Kriege die Tätigkeit eines Generals, dieses Kommerzienrats der Schlachten. Gespannt am Telefon lauschend, über die Karten gebeugt, zur Seite den geschäftigen Adjutanten, so wartet er, was sich da vorn begeben wird. Nur die Heeresberichte sind falsch formuliert. Sie tragen der seit Ajaxens Zeiten etwas veränderten Situation keine Rechnung. Sie müßten anders lauten. Etwa so:

»An der Spitze seines Generals stürzte sich das heldenmütige Korps in die brausende Schlacht. Mit geschwungenem Telefonhörer setzte der unerschrockene Führer seinen Truppen nach, die er zu Paaren vor sich hertrieb. Als im Stabsgebäude das Essen serviert wurde, rief er: ›Mir nach!‹, und alles folgte seinem heldenmütigen Beispiel. Während der Kampf tobte, wankte und wich er nicht aus seinem Telefonunterstand, und erst, als der Rückzug einsetzte, war er in seinem Automobil wieder auf dem laufenden. Er war sehr beliebt - jeder Mann der Truppe kannte ihn flüchtig. Immer neue und neue Bataillone warf der Tapfere in die Einbruchsstelle, sich selber vergaß er leider mit hineinzuwerfen. Und wenn er sich nicht den Magen an heißem Kaffee verbrüht hat, dann lebt er heute noch.«

Que voulez-vous? Ce sont les risques du métier.

Ignaz Wrobel
»Die Weltbühne«, 11.09.1924, Nr. 37, S. 401, wieder in:
»Mit 5 PS«.

Abends nach sechs (1924)

Selig, wer sich vor der Welt
Ohne Haß verschließt;
Einen Freund am Busen hält
Und mit dem genießt.

Was von Menschen nicht gewußt
Oder nicht bedacht,
Durch das Labyrinth der Brust
Wandelt in der Nacht.

Unbekannter Dichter

Abends nach sechs Uhr gehen im Berliner Tiergarten lauter Leute spazieren, untergefaßt und mit den Händen nochmals vorn eingeklammert - die haben alle recht. Das ist so:

Er holt sie vom Geschäft ab oder sie ihn. Das Paar vertritt sich noch ein bißchen die Beine, nach dem langen Sitzen im Büro tut die Abendluft gut. Die grauen Straßen entlang, durch das Brandenburger Tor zum Beispiel - und dann durch den Tiergarten. Was tut man unterwegs? Man erzählt sich, was es tagsüber gegeben hat. Und was hat es gegeben? Ärger.

Nun behauptet zwar die Sprache, man ›schlucke den Ärger herunter‹ - aber das ist nicht wahr. Man schluckt nichts herunter. Im Augenblick darf man ja nicht antworten - dem Chef nicht, der Kollegin nicht, dem Portier nicht; es ist nicht ratsam, der andere bekommt mehr Gehalt, hat also recht. Aber alles kommt wieder - und zwar abends nach sechs.

Das Liebespaar durchwandelt die grünen Laubgänge des Tiergartens, und er erzählt ihr, wie es im Geschäft zugegangen ist. Zunächst der Bericht. Man hat vielleicht schon bemerkt, wie Schlachtberichte solcher Zusammenstöße erstattet werden: der Berichtende ist ein Muster an Ruhe und Güte, und nur der böse Feind ist ein tobsüchtig gewordener Indianer. Das klingt ungefähr folgendermaßen: »Ich sage, Herr Winkler, sage ich - das wird mit dem Ablegen so nicht gehn!« (Dies in ruhigstem Ton von der Welt, mild, abgeklärt und weise.) »Er sagt, erlauben Sie mal! sagt er - ich lege ab, wies mir paßt!« (Dies schnell, abgerissen und wild cholerisch.) Nun wieder die Oberste Heeresleitung: »Ich sage ganz ruhig, ich sage, Herr Winkler, sage ich - wir können aber nicht so ablegen, weil uns sonst die C-Post mit der D-Post durcheinanderkommt! Fängt er doch an zu brüllen! Ich hätte ihm gar nichts zu befehlen, und er täte überhaupt nicht, was ihm andere Leute sagten - finnste das -?« Dabei haben natürlich beide spektakelt wie die Marktschreier. Aber manchmal wars der Chef, und dem konnte man doch nicht antworten. Man hat also ›heruntergeschluckt‹ - und jetzt entlädt es sich. »Finnste das?«

Lottchen findet es skandalös. »Hach! Na, weißt du!« Das tut wohl, es ist Balsam fürs leidende Herz - endlich darf man es alles heraussagen! - »Am liebsten hätte ich ihm gesagt: Machen Sie sich Ihren Kram allein, wenns Ihnen nicht paßt! Aber ich werde mich doch mit so einem ungebildeten Menschen nicht hinstellen! Der Kerl versteht überhaupt nichts, sage ich dir! Hat keine Ahnung! So, wie ers jetzt macht, kommt ihm natürlich die C-Post in die D-Post - das ist mal bombensicher! Na, mir kanns ja egal sein. Ich weiß jedenfalls, was ich zu tun habe: ich laß ihn ruhig machen - er wird ja sehen, wie weit er damit kommt...!« - Ein scheu bewundernder Blick streift den reisigen Helden. Er hat recht.

Aber auch sie hat zu berichten. »Was die Elli intrigiert, das kannst du dir überhaupt nicht vorstellen, Fräulein Friedland hat vorgestern eine neue Bluse angehabt, da hat sie am Telefon gesagt, wir habens abgehört -: Man weiß ja, wo manche Kolleginnen das Geld für neue Blusen herhaben! Wie findest du das? Dabei hat die Elli gar keinen Bräutigam mehr! Ihrer ist doch längst weg - nach Bromberg!« Krach, Kampf mit dem zweiten Stock auf der ganzen Linie - Schlachtgetümmel. »Ich hab ja nichts gesagt... aber ich dachte so bei mir: Na - dacht ich, wo du deine seidenen Strümpfe her hast, das wissen wir ja auch! Weißt du, sie wird nämlich jeden zweiten Abend abgeholt, sie läßt immer das Auto eine Ecke weiter warten... aber wir haben das gleich rausgekriegt! Eine ganz unverschämte Person ist das!« Da drückt er ihren Arm und sagt: »Na sowas!« Und nun hat sie recht.

So wandeln sie. So gehen sie dahin, die vielen, vielen Liebespaare im Tiergarten, erzählen sich gegenseitig, klagen sich ihr kleines Leid, und haben alle recht. Sie stellen das Gleichgewicht des Lebens wieder her. Es wäre einfach unhygienisch, so nach Hause zu gehen: mit dem gesamten aufgespeicherten Oppositionsärger der letzten neun Stunden. Es muß heraus. Falsche Abrechnungen, dumme Telefongespräche, verpaßte Antworten, verkniffene Grobheiten - es findet alles seinen Weg ins Freie. Es ist der Treppenwitz der Geschäftsgeschichte, der da seine Orgien feiert. Die blauen Schleier der Dämmerung senken sich auf Bäume und Sträucher, und auf den Wegen gehen die eingeklammerten Liebespaare und töten die Chefs, vernichten den Konkurrenten, treffen die Feindin mitten ins falsche Herz. Das Auditorium ist dankbar, aufmerksam und grenzenlos gutgläubig. Es applaudiert unaufhörlich. Es ruft: »Noch mal!« an den schönen Stellen. Es tötet, vernichtet und trifft mit. Es ist Bundesgenosse, Freund, Bruder und Publikum zu gleicher Zeit. Es ist schön, vor ihm aufzutreten.

Abends nach sechs werden Geschäfte umorganisiert, Angestellte befördert, Chefs abgesetzt und, vor allem, die Gehälter fixiert. Wer würde die Tarife anders regeln? Wer die Gehaltszulagen gerecht bemessen? Wer Urlaub mit Gratifikation erteilen? Die Liebespaare, abends nach sechs.

Am nächsten Morgen geht alles von frischem an. Schön ausgeglichen geht man an die Arbeit, die Erregung von gestern ist verzittert und dahin, Hut und Mantel hängen im Schrank, die Bücher werden zurechtgerückt - wohlan! der Krach kann beginnen. Pünktlich um drei Uhr ist er da - dieselbe Geschichte wie gestern: Herr Winkler will die Post nicht ablegen, Fräulein Friedland zieht eine krause Nase, die Urlaubsliste hat ein Loch, und die Gehaltszulage will nicht kommen. Ärger, dicker Kopf, spitze Unterhaltung am Telefon, dumpfes Schweigen im Büro. Es wetterleuchtet gelb. Der Donner grollt. Der erfrischende Regen aber setzt erst abends ein - mit ihr, mit ihm, untergefaßt im Tiergarten.

Da ist Friede auf Erden und den Paaren ein Wohlgefallen, der Angeklagte hat das letzte Wort - und da haben sie alle, alle recht.

Peter Panter
»Vossische Zeitung«, 27.09.1924, wieder in:
»Mona Lisa.«

Jemand besucht etwas mit seinem Kind (1925)

»Der Bauer hat gesagt: Erst rechts und dann links bis zu dem halbhohen Haus und dann immer gradeaus... Warte mal... Hier ist die Bürgermeisterei... da ist... das war früher nicht... das hat hier nie gestanden... Ah, hier ist die Chaussee. Jetzt weiß ich weiter.

Also, paß auf, mein Junge, da drüben lagen wir: von dem kleinen Berg an bis ungefähr hierher. Nein, es hat sich mächtig verändert - das war hier alles nicht. Na, gar nichts war - gar nichts. Hier lagen wir, dann kam eine ganze Weile nichts, das war das Niemandsland - das gehörte keinem... und dann kamen die Deutschen. Da drüben lagen sie - der Horchposten lag hier, nein, warte mal, da - ja, grade da, wo jetzt der Teich ist. Ihr Graben fing da an. Jetzt erkenne ich alles wieder. Immer vier Tage hier vorn, dann drei Tage Ruhe hinten. Na, Ruhe... Und dann der Urlaub, da wurdest du geboren - und dann wieder her. Nein, die Bauern waren alle fort - es waren nur die Soldaten hier. Wir hatten aneinander vollkommen genug. Komm mal ein Stück weiter nach vorn, vielleicht kann ich dir da etwas zeigen. Bist du müde? Wir waren auch müde, manchmal. Ja, nachts auch, du Dummerchen. Grade nachts. Meinst du, da hats aufgehört? Na - man konnte schon sehen: sie haben Raketen angezündet. Ja - viele. Viele sind totgeschossen. Siehst du, da oben, die schwarzen Kreuze? Das ist der Soldatenfriedhof, da liegen sie, da liegen sie alle... Siehst du, über dieses Feld hier muß der Graben gelaufen sein, grade hier. Und da! da, wo der Baum steht, da lagen die andern. Dazwischen? Dazwischen war das leere Feld. Fünfmal sind wir da gelaufen, fünf Angriffe haben wir gemacht... und sie sind auch darüber hingelaufen, die Deutschen... immer ist alles so geblieben, wie es war. Da drüben, aber natürlich - genau an der Stelle - da war der Offiziersunterstand, von da kamen immer nachts die Krankenträger, und hier waren die größten Einschläge. Und da, gerade da, wo ich jetzt den kleinen Stein hinwerfe, da war die Sache mit Blanchard.

Besinnst du dich auf sein Bild? Es steht bei Vater auf dem Schreibtisch. Ja, der Mann mit dem großen Bart und dem ulkigen Stock. Das war Blanchard. Junge, wenn du den gekannt hättest - so einen gab es nicht mehr. Klug und anständig und so ein Freund! So ein guter Freund wie dein Freund René. Der Blanchard - guten Tag, Madamchen, na, immer noch so rüstig auf den Beinen? Ja, sehr heiß! - der Blanchard, er lag da auf Horchposten. Das ist ein Posten, der muß horchen, wann die Feinde kommen. Und da kam ein Schrapnell geflogen, und ein Eisenstück muß ihn grade in den Bauch getroffen haben. Das war nachts um zwölf. Junge, halt doch meinen Finger nicht so fest, es tut dir ja hier keiner was! Und da hat er geschrien, drei Nächte und zwei Tage hat er noch gelebt. Nach mir hat er immer gerufen, nach mir und nach seiner Mutter. Die Stimme wurde immer leiser. Zuletzt hat er nur noch ganz leise mit seinem Verbandsfetzen gewinkt - ganz wenig. Wir konnten ihn nicht holen. Niemand durfte heraus - es wäre der sichere Tod gewesen. Damals waren die Deutschen grade furchtbar erbittert, ich glaube, sie hatten eine Schlacht verloren. Und da mußten wir ihn liegen lassen, den Blanchard, die ganze Zeit über. Ich wollte auf ihn schießen - damit er nicht so zu leiden brauchte. Aber es ging nicht, er lag in einer Mulde, und ich konnte auch nicht. Er hat so geschrien, daß sie aus dem Nebengraben zu uns gekommen sind, weil sie wissen wollten, was es da gäbe. Hier war das. Da hinten ist unser Feldwebel gefallen, da war der große Einschlag, bei dem zwei Korporalschaften draufgegangen sind... da ungefähr muß ich gestanden haben. Nein, nein! Das ist nur in deinen Lesebüchern so. Du mußt nicht glauben, was in deinen Geschichtsbüchern steht - es ist alles nicht wahr. Dies hier - das ist wahr, Junge...«

»Was hast du, Papa? Warum sagst du nichts mehr? Nimm doch die Hand von den Augen -! Papa -!«

Kaspar Hauser
»Die Weltbühne«, 10.03.1925, Nr. 10, S. 350, wieder in:
»Mit 5 PS«.

Brief an einen bessern Herrn (1925)

Alle Dienstbriefe beginnen ohne Anreden, Höflichkeitsausdrücke oder Redensarten sofort mit der Sache.

Vorschrift für den Schriftverkehr

Paris, 19. März 1925

Nach fünfjähriger Tätigkeit verdienen Sie eine Art von Bewunderung. Das Quantum Schlauheit, Energie, Skrupellosigkeit, die Fähigkeit, Jahre hindurch den Mund zu halten, beweisen, daß Ihre Klasse im Lande die erste geblieben ist. Ebenbürtige Gegenspieler haben Sie allerdings nicht.

Von einem Sozialdemokraten gerufen und eingesetzt, auf das geschickteste das Bedürfnis nach ›Ordnung‹ (der alten sozialen Unordnung) mit der Versorgung ehemaliger Soldaten verknüpfend, haben Sie still und langsam Mann für Mann, Sattel für Sattel, Korporalschaft für Korporalschaft das wieder aufgebaut, was die tiefste Sehnsucht des Kommis- und Kommiß-Deutschen von jeher gewesen ist, Garantie für den Zehnstundentag, für Bodenhandel, Befriedigung aller kleinromantischen Wünsche der Maschinenmenschen: das Heer.

Alle unterstützten Sie, keiner hinderte Sie. Ihre nominellen Vorgesetzten, die geschmeichelt waren, daß Sie so human und loyal mit ihnen sprachen, während sie stets das leise Gefühl kitzelte, daß sie von rechts wegen in den Arrest gesteckt werden müßten, machten die widernatürliche Lage, daß Sie noch der Untergebene waren, durch Höflichkeit, Nachgiebigkeit, Gehorsam wieder gut. Sie konnten zufrieden sein.

Es hinderte Sie auch von draußen her keiner.

Die völlig unverständliche Haltung der fremden Mächte, die über das, was bei Ihnen vorgeht, besser unterrichtet sind, als Sie vielleicht wissen, hielt an: sie schrieben Berichte, zögerten, griffen nicht ein und zeichneten über Akten gebeugt auf, was alle kleinen Landstädte Deutschlands lachend zugaben. Von Monat zu Monat wurde offener gearbeitet. Ihre jungen Herren lächelten nur noch, wenn auf die ausländischen Kommissionen die Rede kam. Sie schwiegen, bauten auf, Sie sind noch nicht fertig - aber etwas haben Sie in Gemeinschaft mit den

Kaufleuten schon erreicht: das imperialistische Deutschland ist wieder eine europäische Macht geworden.

Nun, da es so weit ist, hat sich der neue Aufschwung zu einem Vorschlagen das Ausland verdichtet: Anerkennung des halben Versailler Vertrages. Der Westen soll in Ruhe gelassen werden, Deutschland wird die Rheingesänge abbauen, Deutschland will keineswegs etwas gegen Frankreich unternehmen. Gegen wen denn -?

Gegen Polen.

Man kann auch auf einem andern Wege als über Belfort der Stadt Paris beikommen - nämlich über Warschau.

Während die deutsche Politik der letzten vierzig Jahre nur auf einer vorhandenen oder herbeigesehnten Uneinigkeit zwischen England und Frankreich aufgebaut war, drehen sich nun die deutschen Außenpolitiker nach der andern Seite und unternehmen das Gefährlichste, weil zunächst Erfolgreiche und dann erst zu einer Katastrophe führende, das es für uns gibt: eine aggressive Ost-Politik.

Die Rektifikation der Ostgrenzen Deutschlands liegt hart an der Notwendigkeit. Der Polnische Korridor ist zwar bis auf den heutigen Tag niemals eine Prestigefrage der deutschen Nation gewesen - Sie werden ihn in kürzester Zeit dazu gemacht haben. Er ist unpraktisch, er ist mittelalterlich, die Enklave Ostpreußen ist ein Widersinn, er hindert viele kommerzielle Beziehungen. Die Abneigung der Polen gegen Deutschland datiert aus der Zeit des Hohen Kaiserlichen Trampels (H.K.T.) - und niemals hat die Republik den Polen auch nur angedeutet, daß sie jetzt anders mit ihnen umzugehen gedächte. Das ist schwer, die Polen sind, wie alle kleinem Völker, die einmal inder Unterdrückung gelebt haben, von einem wilden provinziellen Nationalismus besessen - um mit ihnen erfolgreich arbeiten zu können, muß man wohl schon ein Staatsmann sein.

Die Ostgrenze Frankreichs steht in des Wortes wahrster Bedeutung bombenfest. Hier in Polen sehen Sie ein Loch. Das ist schlau, aber nicht klug.

Sie können fast alles, was nun folgen wird, ohne Mühe erreichen. Ihr Plan gleicht gewissen deutschen Komödien: die ersten beiden Akte sind ausgezeichnet, aber nach der großen Pause wird es nicht weitergehen.

Also zunächst wird alles klappen. Sie können den Anschluß Österreichs erreichen, der für Sie unerläßlich ist, Durchdringung Österreichs mit dem preußischen Schwung. Vorbei ist es dann in Wien mit der republikanischen Reichswehr; vorbei mit gewissen demokratischen Tendenzen, die in diesem Stumpf vorhanden sind; vorbei auch mit der leisen Anmeierei an die Entente, der man immer mit einem Blinzler sagen konnte: Wir sind nicht so schlimm wie unsre reichsdeutschen Brüder! - der Herr von Hofmannsthal, der den Marschall Lyautey in Marokko besuchen wird, läßt wahrscheinlich seine Kriegsaufsätze hübsch zu Hause und hat überhaupt angenehmere Manieren als der reichsdeutsche Kollege. Anschluß -? Der Hofrat Zifferer in Paris wirds schwer haben, schwerer als bisher.

Die Tschechoslowakei wird nicht so leicht zu fangen sein. Aber das ist auch gar nicht nötig. Dieser Staat, durchsetzt von Leuten, die keine Tschechen sind, oft noch geschüttelt von Nationalitätskämpfen, wenn auch bemerkenswert gut geführt, stellt für Sie, der Sie nicht anders als militärisch denken können, keine erhebliche Gefahr dar. »Mit den Tschechen werden wir schon fertig werden.« Fertig ja - es fragt sich nur, wer am Schluß fertig ist.

Bleibt Polen. Sie kalkulieren so:

Die Polen sind für den Anfang zu überrennen. Dazu ist nötig, daß Sie sich vorher mit Rußland verständigen. Nun ist ja den Russen allerlei zuzutrauen - nur nicht, daß sie mit Ihnen gegen Polen und Rumänien dieses große Geschäft machen, bei dem jeder glaubt, den andern hinterher schon betrügen zu können. Das ist die alte deutsche Politik: fremde Völker wie stabile Posten in die Rechnung einzustellen. Manchmal bleibt ein Rest.

Das alte Preußentum hat sich gewandelt, und die neue Republik ist nach rechts gerutscht. Sie haben gewiß schon einmal im haltenden Zug gesessen, während auf dem Nebengleis die Wagen langsam anruckten, Sie kennen diese kleine Augentäuschung, die Ihnen dann imputiert: zu fahren. In der umgekehrten Lage befinden sich Ihre truesten Helfer, die Republikaner: sie rücken immer näher an den alten Imperialismus heran und frohlocken jeden Tag, daß der Abstand immer geringer wird. Das wird er wirklich. Und die Republik, die wir einmal erträumt hatten, auch.

Und nun sind Sie also im besten Zug, sich den Rücken zu decken, den sie dem Westen zugewendet haben. England scheint Ihnen schon gewonnen, denn darin sind Sie so optimistisch wie Herr Stahmer in London, der aus einem Händedruck des Herrn Chamberlain fröhliche politische Folgerungen zieht. Von Frankreich fürchten Sie im Augenblick nichts. Es scheint Ihnen alles in schönster Ordnung.

Frankreich hat mit sich selbst schwer zu tun. Während jeder siegreiche Krieg eine Stärkung des Staatsgedankens bedeutet, also eine Stärkung des Imperialismus, schwenkt hier ein ganzes Land im tiefsten Friedenswillen nach links - ein Zeichen, daß mit dem Sieg irgend etwas nicht in Ordnung ist. Die Währungsschwierigkeiten, die verärgerte Kirche, die sehr geschickte Führung der Opposition durch ihre Finanziers, die Währungsschwierigkeiten, die auf Herrn Caillaux zurückgreifen lassen (zurück - nicht vor), die Versuche, die nun folgen werden, ›das Vermögen da zu besteuern, wo es ist‹, werden dazu führen, daß es da bald nicht mehr sein wird. Frankreich ist zwar ein gesundes Land, das keine Milliardenzahlen in seiner Franc-Rechnung haben wird - aber es hat Schwierigkeiten. Deutschland hat nicht gezahlt und wird nicht zahlen. Und selbst die neuen Versuche, England und Amerika zu einem Arrangement der Schuldenlast zu bewegen, sehen nicht grade glücklich aus.

Eine neue Ost-Politik hebt an. Während vor dem Kriege jemand feststellen durfte, daß Rußland am Schlesischen Bahnhof anfange, fängt es heute bei Saarbrücken an. Sie haben heimgefunden. Es sieht also günstig für Sie aus -? Sie werden also Erfolg haben -? Sie werden also Deutschland zu einem mächtigen Staat machen -? Zu dem mächtigsten Ost-Europas, Vor-Asiens -?

Sie werden, glücklicherweise, keinen Erfolg haben.

Der Gedanke, die Deutschen, die im Westen nicht einmal die fünfte Stelle hinnehmen können, zu den Engländern des Ostens zu machen, ist nicht so schlecht. Da gibt es viele Klingelleitungen zu legen, viele Fabriken zu errichten, viel zu organisieren. Da kann man noch eine Rolle spielen, Predigten aufsagen, die im Westen keiner mehr wissen will, imponieren, womit man sonst nur Gelächter geerntet hat. Da ist ein weites Feld.

Aber Sie kennen die Welt nicht. Sie vergessen, daß die Welt heute noch und in den nächsten zehn Jahren einem großen Saal gleicht, in dem eine mächtige Schlägerei aufgeflammt ist, mit großem Krach, Hinauswurf von hundert Leuten, mit einer Galerie, die eingestürzt ist, und einem Polizeiaufgebot, das Verhaftungen vorgenommen hat. Und weil Sie immer nur in einer (heute erweiterten) Kaste gelebt haben, weil Sie schlau, aber nicht klug sind, gewitzt, aber nicht weise, gerissen, aber nicht vernünftig - deshalb machen Sie sich einen falschen Begriff von den Dingen, die Deutschland schon einmal an den Rand des Untergangs gebracht haben: von den Imponderabilien. Gibt es in diesem Saal jetzt wieder einen Ruhestörer - und sei es selbst einer, der Skandal macht, weil man ihm seine Brieftasche gestohlen hat, also einer, der im Recht ist -: seien Sie überzeugt, daß eine Welt aufsteht und ruft: »Ruhe!«

Halten Sie es für einen Zufall, daß damals aus Kaledonien und Kalifornien die Leute nach Europa gefahren sind, um Sie und Ihresgleichen zur Räson zu bringen? »Propaganda« sagen Sie. Ach, man kann nichts durch Propaganda aus den Menschen herausholen, was nicht in ihnen ist - und davon verstehen Sie nichts. Sie glauben nicht, wie Abneigung eint. Sie glauben nicht, wie heute, heute noch, die absolute, über alle wirtschaftlichen Erwägungen hinauslangende Einheit der ganzen Welt vorhanden ist für den Fall, ›daß Deutschland wieder anfängt‹. Schon ist der polnische Außenminister Skrzynski nach Paris gefahren, weil er weiß, was ihm da blüht - Frankreich hat sicherlich zur Zeit andre Sorgen, als sich um die Weichsel zu kümmern, und man kann nicht einmal sagen, daß etwa das Land dem Fremden, der da um Hilfe bittet, zujubelt.

Triumphieren Sie nicht zu früh. Sie haben ja viel für sich, das ist wahr. Sie haben einen Völkerbund, der den Territorialbestand seiner Mitglieder nicht gut ausbalanciert hat, der noch nicht sieht, daß man große Teile der Souveränität an das über den Völkern stehende Gebilde abgeben muß, daß unbehauene Steine nicht regelmäßig in einen Kasten aufgeschichtet werden können - Sie haben vorläufig noch einen Völkerbund ohne die Realisierung seiner Idee. Daß den Polen der versprochene Zugang zum Meer nur gewährt werden konnte, indem man einen andern Staat schädigte, und indem man einen Fall konstruierte, wo beide Recht und beide Unrecht haben - das beweist, daß sich Europa noch nicht gefunden hat. Es ist weniger vorhanden als jemals.

Aber triumphieren Sie nicht zu früh. Versuchen Sie den künstlich verstopften Abzug jener entsetzlichen deutschen Expansionstüchtigkeit mit Waffengewalt zu öffnen, so werden Sie späterhin das gleiche Weltwunder erleben wie anno 1914. Sie und Ihre Freunde werden sich andre Wege suchen müssen.

Das tiefe Unverständnis, daß Sie heute noch in England den Freund erblicken, in England, wo der Deutsche viel weniger gern gesehen ist, viel niedriger notiert als in Frankreich, das, wenn man es nur in Ruhe ließe, durchaus zu einer Zusammenarbeit bereit wäre; die vollkommene Instinktlosigkeit, daß Sie immer noch nicht ahnen, wie sehr Sie als Beauftragter andrer Leute handeln - Ressort: Krieg -; die übermächtige Neigung, jetzt Deutschland - Ihr Deutschland, nicht das unsre - in den Balkan zu verwickeln, es in die Gemeindeschule statt auf die Universität des Westens zu schicken: das alles zeigt, welche Führer das deutsche Volk gebiert. Vergeblich sagt grade jetzt Thomas Mann den Franzosen, wie nötig der Anschluß Deutschlands an den Westen wäre - er hat in Deutschland den Beifall gebildeter Händler nur, solange er ihre Geschäfte nicht stört. Deutschland könnte sich heute dem Westen angliedern - es mag ihn nicht, es hat ihn nie gemocht, und es wird zurückgehen in den Osten.

Sie setzen auf die richtige Seite - für die erste halbe Stunde. Sie tippen falsch - für den Endspurt. Und Sie tippen richtig, wenn Sie auf nahe und ferne Sicht mit Ihrem Treiben immer nur Innenpolitik machen wollen, bei allen außenpolitischen Fragen - in Polen, Rußland, Tschechoslowakei und Österreich - immer nur Innenpolitik. Da werden Sie Meister sein. Da werden Sie (gegen niemand) siegen.

Mögen Sie den Konsum der andern erzwingen und die eigne Produktion noch erhöhen; mögen Sie Territorien, auf denen man Deutsch spricht, für sich als Absatzgebiete in Anspruch nehmen; mögen Sie aus dem nahen Osten ein einziges Rittergut für demokratische Industrieherren machen - es gibt eine Klasse, die dabei auf alle Fälle, noch im Produktionssegen, schwer verlieren wird; die mit Steuern, Löhnen, Blut und Müttern bezahlen wird, was Sie einstecken wollen; die verlieren wird, während Sie Schlachten gewinnen und Verhandlungen: das ist die deutsche Arbeiterschaft. Aber deren Führer sind blind, taub und stumm.

Ignaz Wrobel
»Die Weltbühne«, 24.03.1925, Nr. 12, S. 426.

Deutsche Kinder in Paris (1925)

Im pariser Gewerkschaftshaus, in der rue Grange-aux-Belles, lärmt der große, braungraue Versammlungssaal. Kinder, überall Kinder. In einer Ecke stehen Pakete, Kisten, Rucksäcke: Nahrungsmittel, Stoffe, kleine Käfige mit Meerschweinchen und Kaninchen – das wird jetzt auf die Bahn geschafft. Frauen sitzen auf den Bänken, Arbeiterfrauen. Man sieht viele verheulte Gesichter. Hier wird Abschied genommen: ein Transport deutscher Kinder, die sechs Monate zu Besuch bei den französischen Genossen waren, nimmt Abschied.

Die internationale Arbeiterhilfe, die dieses wundervolle Werk organisiert und ermöglicht hat, hat damit den deutschen Proletarierkindern sechs materiell sorglose Monate bereitet. Selbstverständlich machte die deutsche Regierung ihre traditionellen Kindereien: sie setzte dem Werk der Völkerversöhnung zunächst die Schwierigkeiten entgegen, die sie in ihrer Jämmerlichkeit immer macht, wenn etwas gegen die Diktatur der Industrie- und Militärkaste in Deutschland geschieht.

In aufopfernder Arbeit verteilten die französischen Genossen - insbesondere der Genosse Detilleul - die Kinder auf viele französische Städte.

Sie sprechen alle französisch, manche noch stockend, nicht ganz richtig; alle verstehen es. Es ist drollig, zu hören, wie eine lebend erlernte Sprache so ganz anders in die Gehirne eindringt – man fühlt ordentlich, wie die Worte »petite fille« ein einziger Begriff sind, wie keine Grammatik die Formung geprägt hat. Die Kinder sehen ausgezeichnet aus: blühend, gesund, gepflegt, aufgepäppelt. Ein kleines Mädchen, das artig neben ihrer französischen Pflegemutter sitzt, hat sechzehn Pfund zugenommen: sie ist jetzt nur normal – wie traurig muß sie früher ausgesehen haben! Sie stammt, wie das Pappschildchen auf ihrem kleinen Bauch sagt, aus Berlin. »Freust du dich, wieder zurück nach Hause zu kommen?« Ich hätte das nicht fragen dürfen. Nein, sie freut sich gar nicht. Die Frau sagt: »Sie hat keine Mutter mehr.« Aber einen Vater? Ja, einen Vater... »Mais il n'est pas très doux!« Und sie will wiederkommen, wissen Sie, sie wird wiederkommen... Die Kleine sieht die Frau an.

Ich spreche mit den Jungen. Ja, sie haben es hier besser gehabt als zu Hause, sie waren so zufrieden, sie erzählen, was sie alles geschenkt bekommen haben, was sie mitnehmen dürfen. Ein kleiner Dicker ist da, der hat als Delegierter der Kinder bei den Franzosen eine Rede gehalten - er ist sehr stolz darauf. Ein kleines Mädchen: »Und ich habe ein Armband bekommen, aus richtigem Silber - und ich habe meine schlechtesten Kleider angezogen, die guten habe ich alle eingepackt!« Und hamburger Jungens sind da, und einige fangen, wenn das Französische nicht so recht will, behaglich an zu sächseln.

Die Pflegemütter sitzen auf den langen Bänken, sie sprechen wenig. Viele weinen. Immer wieder umarmen sie die Mädchen, die Jungens - sie dürfen sie nur noch zum Bahnhof begleiten, aber man läßt sie nicht mehr auf den Perron, weil sie das vorige Mal nicht von den Kindern zu trennen gewesen sind. Es hat herzzerreißende Szenen gegeben. Es sind ihre Kinder geworden in den sechs Monaten. Noch einmal gibt es Abendbrot, dann ordnet sich der Haufe zur Abfahrt (den die Deutsche Botschaft in Paris liebevoll und mit großer Tatkraft unterstützt hat).

Noch einmal sitzen alle Pfleglinge auf der linken Seite des Saals, die Mütter auf der rechten, gleich sollen die Namen noch einmal aufgerufen werden. Immer wieder fliegen Kußhändchen herüber und hinüber, Koseworte, Rufe... Da tritt ein Redner auf die kleine Tribüne und spricht: zu den Kindern deutsch, zu den Eltern französisch.

»Habt ihr euch wohl gefühlt?« Und alle Kinder im Chor: »Oui!« - »Dann vergeßt das nicht«, sagt der Redner, »und seid dankbar für die Gastfreundschaft und bewahrt an diese Monate ein gutes Andenken. Und wenn euch später einmal eure Offiziere aufrufen und euch befehlen wollen, auf die französischen Freunde zu schießen, dann tut das nicht und antwortet ihnen: ›Macht euch eueren Krieg alleine -!‹« Und dasselbe zu den Eltern in ihrer Sprache. Und Detilleuil spricht zu ihnen im gleichen Sinn. Und dann fahren sie fort, nach Deutschland, und es ist ein schwerer Abschied.

Proletarier pflegen ja auch sonst manchmal durch Europa zu reisen - aber nur in größern Horden und mit einem Schießeisen auf dem Buckel. Hier ist der Beginn eines wahren Friedenswerkes. Hier ist internationale Solidarität der arbeitenden Klassen zur Wirklichkeit geworden, nicht zum erstenmal, aber in stärkstem Ausmaß. Wenn nicht alles täuscht, so werden diese Kinder schlechte Soldaten werden. Denn was ihnen Bücher und Vorträge nur anzudeuten vermögen, das haben sie nun mit eigenen Augen gesehen:

Daß drüben hinter den Schützengräben keine ›Feinde‹ wohnen, sondern Eltern, sondern Väter, Mütter, Kameraden. Daß man diese Eltern auf beiden Seiten betrogen und belogen hat, wenn man ihnen sagte, auf der andern Seite stehe der Gegner. Er steht ganz, ganz woanders. Die Kinder werden nach Hause kommen, und man wird auf dem deutschen Bahnhof wiederum nicht erlauben, daß sie fotografiert werden, damit keiner in Deutschland zu sehen bekommt, wie die Franzosen, die Menschenfresser, Kinder pflegen - diese Kinderstube braucht ihren schwarzen Mann mit den roten Hosen. Soldaten rüsten, Industrien stellen sich um, Richter versuchen, mit ihren kläglichen Formeln die Wahrheit zu drosseln - es nützt nichts, wenn das Proletariat stark bleibt.

Es nützt nichts - wenn die Arbeiter einsehn, daß ein Parteivorstand keine Partei ist; daß es keine Disziplin, sondern Schlafmützigkeit ist, den abgerutschten Göttern von 1914 immer noch zu glauben. Wenn sie einsehen, daß die wichtigtuerischen Reisen offiziös beauftragter Sozialdemokraten eitel Zeit- und Geldverschwendung und zu nichts gut sind; daß der Pazifismus nicht mit taktischen Bedenken und mit greisenhaften Resolutionen erstritten werden kann, sondern nur mit der schärfsten aktiven Resistenz: mit der absoluten Verweigerung des Dienstzwanges und mit dem Generalstreik in den Waffenfabriken; daß die proletarische Energie nicht in den dummschlauen Kommissionen mit den strategischen Winkelzügen aufgefangen und verpulvert werden darf - daß man die volle Wahrheit sagen muß.

Die herrschende Klasse in Deutschland will den Krieg. Sie bereitet ihn vor - alle ihre Anhänger dulden ihn schweigend, wenn er da ist; nehmen die östlichen Absatzgebiete aufs Korn, bewilligen den ungeheuerlichen Reichswehretat; lassen die Künder der Wahrheit verhaften. Das muß man erkannt haben, es in der vollen Schwärze sehen, es aussprechen.

Und dann muß man nicht gutgläubig in den pazifistischen Friedensgesellschaften sanft schlummern und ehrgeizig primadonnenhaft den Vorsitz führen; dann muß man nicht böswillig in dem kleinbürgerlichen Haufen der Sozialdemokratie die Wahrheit auf morgen verschieben, die andern für dümmer halten als man selbst ist, sie zu betrügen versuchen, ihnen die Wahrheit verheimlichen, sich eine Rolle anschwindeln, zu Hause mit den ›Auslandsbeziehungen‹ protzen und, alle Mann hoch, im gegebenen Augenblick das Maul halten - dann muß man zuschlagen.

Im pariser Gewerkschaftssaal saß ein Teil von Deutschlands Jugend. Sie sollen noch oft nach Frankreich kommen. Aber nicht als Stiefelputzer ihrer Etappenkommandanten; um Frauen zwangsweise ärztlich auf Geschlechtskrankheiten zu untersuchen, um Möbel zu stehlen, um Zivilbevölkerung zur Arbeit zu treiben, um Menschen erschießen zu lassen - sie sollen wiederkommen, um ein einziges Wort zu ihren französischen Arbeiterkameraden zu sagen: Brüder.

Ignaz Wrobel
»Die Weltbühne«, 07.04.1925, Nr. 14, S. 496, wieder in:
»Mit 5 PS«.

Der kaiserliche Statthalter (1925)

> Die Figur des hölzernen Hindenburg
> wird abgebrochen und als Altmaterial
> verkauft.
>
> *Zeitungsnachricht 1919*

Dem in allen Intrigen wohl erfahrenen Herrn von Tirpitz ist es gelungen, Herrn von Hindenburg zur Annahme des Kandidatenpostens zu bewegen. Die Komik, die darin liegt, daß der alte Offizier sich erst die Zustimmung seines obersten Kriegsherrn zu diesem politischen Schritt einholt, tötet nur in Deutschland nicht - die Kandidatur wird durchaus ernst genommen. Und sie wird mit falschen Mitteln bekämpft.

Es mag ja bei der Sentimentalität der Deutschen vielleicht angebracht sein, nicht unnötigerweise Gefühle zu reizen, womit man erfahrungsgemäß nur dem Angegriffenen nützt - aber was da von dem Marx-Block gegen Hindenburg ausgesagt wird, das gibt doch zu schweren Bedenken Anlaß. Man geht scheu wie die Katze um den heißen Brei herum - und sagt nicht das Wahre.

Da wird nämlich so getan, als ziehe diese Kandidatur eine hehre Menschengestalt in den Alltag herunter, es wird geradezu bedauert, daß dieses unverrückbar feststehende Idol der Politik so nahe gebracht wird - es fehlt nur noch das Wort Entweihung. So stehts denn aber doch nicht.

Es scheint mir Pflicht des anderen Deutschland, darauf hinzuweisen:

Die Eigenschaften des Herrn von Hindenburg, die als »preußische Tugenden« ausgegeben werden, sind Fehler schlimmsten Grades. Seine Sturheit, seine Unbildung, sein völliger Mangel an Welterfahrung machen ihn vielleicht zu einem Ideal einer Kadettenanstalt - mit dem besseren Teil Deutschlands hat diese Gestalt überhaupt nichts zu schaffen. Und es ist recht bedauerlich, daß auch auf Seiten der Linken der Kampf so geführt wird, daß man da hört: »So national wie der Herr von Hindenburg, sind wir schon lange - auch wir schwärmen für das größere Deutschland (auf Kosten der ›Feinde‹) - auch wir wollen unsern Platz an der Sonne erkämpfen. Aber: wir stören Ihnen nicht das Geschäft! Wir sind moderner, ruhiger, diskreter, gerissener. Wir wollen die internationale Anleihe - daher muß unser Nationalismus nicht so säbelklirrend auftreten, wir können warten.«

Das ist Opportunismus - und nicht einmal ein kluger. Es ist traurig, daß die Oberregierungsräte, die die deutsche Propaganda leiten und für das Geld, das zum Beispiel für die Beteiligung an der Kunstgewerbeausstellung in Paris nicht da war, lächerliche Heftchen in die Welt senden, daß diese Beamten immer nur mit Menschen zusammenkommen, die vor ihnen katzbuckeln, oder vor denen sie katzbuckeln, aber niemals mit freien, natürlichen Männern. Hätten sie diesen Verkehr, so würden sie nicht den schlimmsten deutschen Fehler begehen, der einem Ausländer gegenüber möglich ist, und den der so übel nimmt: ihn für dumm zu halten. Das verzeiht man keinem. Und mit diesem Opportunismus, der gar keiner ist, wird nichts geschafft werden.

Aber es ist doch traurig zu sehen, wie wenig diese sogenannte Revolution eigentlich bewirkt hat. Da ist kaum einer bei den Demokraten, da sind wenige in der Zentrumspartei (im Gegensatz zur katholischen Jugend) - wenige bei den Sozialdemokraten, die grade den geistigen Typus Hindenburg ablehnen, soweit da überhaupt noch von Geistigkeit gesprochen werden kann. Die bewußt und mutig das ablehnen, was man für ihn plakatiert: seinen absoluten Gehorsam, seine Überdisziplin, seine Liebe zum Staat, die die Heimat nicht ehrt, seine Befangenheit in der Auffassung vom Kriege, seinen Stand, dem er angehört. Hieran wagt sich kaum einer. Man muß die Verehrung in den Stimmen zittern hören, wenn von ihm gesprochen wird...! Wie leise ist dieser Kampf, wie vorsichtig, auf Zehenspitzen gehen die Kämpfer... Das ist nichts.

Tatsache ist:

Es gibt heute in Deutschland unter den jungen Leuten eine Schicht, die sich ehrlich müht, aus den Wirrnissen dieser Zeit nach Klarheit zu suchen und zur Wahrheit zu kommen. Auch dies sind Deutsche - Menschen, die den Boden lieben, auf dem sie aufgewachsen sind, die ihre Sprache lieben, ihre deutschen Freunde. Herr von Hindenburg hat das Deutschtum nicht gepachtet - und es ist völlig gleichgültig, wen er und seine Offiziere für einen ›guten Deutschen‹ erklären und wen nicht. Daß die Universitätsprofessoren, um die sich das geistige Leben Deutschlands längst nicht mehr gruppiert, daß die Landwirte des Ostens und viele Baumeister, Zahnärzte, Oberlehrer, Bankbeamte, die das Kostüm des Reserveoffiziers nicht vergessen können, dem Mann und seinem System anhangen, ist gewiß. Daß die vorsichtig abwägende Industrie, soweit sie an Auslandsgeschäften interessiert ist, abbremst, ebenso. Daß aber der menschliche Typus Hindenburg – und gerade der menschliche – unter dem Mittelmaß liegt, daß dieser Typus, ein schlechtes Derivat der großen deutschen Seele, dazu beigetragen hat, den Wert des Landes in allen Beziehungen herabzumindern, daß dieser Typus ein kümmerliches und dünnes Konglomerat einiger selbstverständlicher und banaler Eigenschaften ist, unter gleichzeitiger Verkümmerung aller wertvollen Qualitäten des deutschen Volkes – das sollte der Marx-Block seinen Wählern und Hindenburgs Wählern offen sagen.

»Man soll die Gegner nicht unnötig aufbringen.« Und was habt ihr mit dieser Taktik erreicht? Die völlige Niederlage eurer Ideen, die Vertrocknung aller revolutionären Gedanken, dieses Parlament und diese Regierung.

Gegenüber der selbstverständlichen Zurückhaltung, die man einem alten Mann schuldig ist – eine Zurückhaltung, die niemals von der andern Seite ausgeübt worden ist – ist schärfste sachliche Klarheit am Platz. Was an Hindenburg nichts taugt, ist grade das, was ihm die andern noch nachmachen.

Hindenburg ist: Preußen. Hindenburg ist: Zurück in den Gutshof, fort aus der Welt, zurück in die Kaserne. Hindenburg bedeutet: Krach mit aller Welt, unaufhörliche internationale Schwierigkeiten, durchaus begründetes Mißtrauen des Auslandes, insbesondere Frankreichs gegenüber Deutschland. Hindenburg ist: Die Republik auf Abruf. Hindenburg bedeutet: Krieg.

Man soll nicht nur gegen ihn stimmen. Man soll auch aussprechen was ist, und eine Gesinnung verwerfen, die schon einmal den geistigen Niederbruch des Landes herbeigeführt hat.

Ignaz Wrobel
»Die Menschheit«, 17.04.1925, Nr. 16, S. 101.

Monolog mit Chören (1925)

Ich bin so menschenmüde und wie ohne Haut.
Die andern mag ich nicht - sie tun mir wehe.
Wenn ich nur fremde Menschen sehe,
lauf ich davon - wie sind sie derb und laut!
Ich bin so müde und wie ohne Haut!
(Chor der Arbeitslosen):
Das ist ja hervorragend interessant, Herr Tiger!

Ich spinn mich selig in die Schönheit ein.
Schönheit ist Einsamkeit. Ein stiller Morgen
im feuchten Park, allein und ohne Sorgen,
durchs Blattgrün schimmert eine Mauer, grau im Stein.
Ich spinn mich selig in die Schönheit ein...
(Chor der Proletariermütter):
Wir wüßten nicht, was uns mehr zu Herzen ginge, Herr Tiger!

Ich dichte leis und sachte vor mich hin.
Wie fein analysier ich Seelenfäden,
zart psychologisch schildere ich jeden
und leg in die Nuance letzten Sinn...
(Chor der Tuberkulösen):
Sie glauben nicht, wie wohl Sie uns damit tun, Herr Tiger!

Ich dichte leis und sachte vor mich hin...

(Alle Chöre):
Wir haben keine Zeit, Nuancen zu betrachten!
Wir müssen in muffigen Löchern und Gasröhren übernachten!
Wir haben keine Lust, zu warten und immer zu warten!

Unsre Not schafft erst deine Einsamkeit, deine Stille und deinen
Garten!
Wir: Arbeitslose, welke Mütter, Tuberkelkranke wollen heraus
aus euerm Dreck in unser neues Haus!
Wir singen auch ein Lied. Das ist nicht fein.
Darauf kommts auch gar nicht an. Und wir stampfen es euch in
die Ohren hinein:

Völker, hört die Signale!
Auf zum letzten Gefecht!
Die Internationale
Erkämpft das Menschenrecht -!

Theobald Tiger
»Die Weltbühne«, 25.08.1925, Nr. 34, S. 299, wieder in:
»Mit 5 PS«.

Herr Wendriner erzieht seine Kinder (1925)

»... Nehm Sie auch noch'n Pilsner? Ja? Ober! Ober, Himmelherrgottdonnerwetter, ich rufe hier nu schon ne halbe Stunde - nu kommen Se doch ma endlich her! Also zwei Pilsner! Was willst du? Kuchen? Du hast genug Kuchen. Also zwei Pilsner. Oder lieber vielleicht - na, is schon gut. Junge, sei doch mal endlich still, man versteht ja sein eignes Wort nicht. Du hast doch schon Kuchen gegessen! Nein! Nein. Also, Ober: noch'n Apfelkuchen mit Sahne. Wissen Se, was einem der Junge zusetzt! Na, Max, nu geh spielen! Hör nicht immer zu, wenn Erwachsene reden. Zehn wird er jetzt. Ja, also ich komme nach Hause, da zeigt mir meine Frau den Brief. Wissen Sie, ich war ganz konsterniert. Ich habe meiner Frau erklärt: So geht das auf keinen Fall weitere Raus aus der Schule - rein ins Geschäft! Max, laß das sein! Du machst dich schmutzig! Der Junge soll den Ernst des Lebens kennenlernen! Wenn sein Vater so viel arbeitet, dann kann er auch arbeiten. Wissen Se, es is mitunter nicht leicht. Dabei sieht der Junge nichts andres um sich herum als Arbeit: morgens um neun gehe ich weg, um halb neun, um acht - manchmal noch früher - abends komme ich todmüde nach Hause... Max, nimm die Finger da raus, du hast den neuen Anzug an! Sie wissen ja, die große Konjunktur in der Zeit, das war im Januar, dann die Liquidation - übrigens: glauben Sie, Fehrwaldt hat bezahlt? 'n Deubel hat er! Ich habe die Sache meinem Rechtsanwalt übergeben. Der Mann ist nicht gut, glauben Sie mir! Ja, also mein Ältester ist jetzt nicht mehr da. Max, laß das! Angefangen hat er bei... Also hören Sie zu: ich hab ihn nach Frankfurt gegeben, zu S.& S.- kennen Sie die Leute auch? - und da hat er als Volongtär angefangen. Ich hab mir gedacht: So, mein Junge, nu stell dich mal auf eigne Füße und laß dir mal den Wind ein bißchen um die Nase wehn - Max, tu das nicht! - jetzt werden wir mal sehn. Meine Frau wollte erst nicht - ich bin der Auffassung, so was ist materiell und ideell sehr gut für den Jungen. Er liest immer. Max, laß das! Ich habe gesagt: Junge, treib doch Sport! Alle deine Kameraden treiben Sport - warum treibst du keinen Sport? Ich komme ja nickt dazu, mit ihm hinzugehn, mir täts ja auch mal sehr gut, hat mir der Arzt gesagt, aber er hat in Berlin doch so viel Möglichkeiten! Max, laß das! Was meinen Sie, was der Junge macht? Er fängt sich was mit einer Schickse an aus einem Lokal; nem Büfettfräu-

lein, was weiß ich! Max, was willste nu schon wieder? Nein, bleib hier! Du sollst hierbleiben! Max! Max! Komm mal her! Du sollst mal herkommen! Max, hörst du nicht? Kannst du nicht hören? Du sollst mal herkommen! Hierher sollst du kommen! Komm mal her! Hierher. Was hast du denn? Sieh dich vor! Jetzt reißt der Junge die Decke... ei weh, der ganze Kaffee auf Ihre Hose! Kaffee macht keine Flecke. Du dummer Junge, warum kommst du nicht gleich, wenn man dich ruft! Jetzt haste den ganzen Kaffee umgeworfen! Setz dich hin! Jetzt gehste überhaupt nicht mehr weg! Setz dich hin! Hier setzte dich hin! Nicht gemuckst! Gießt den ganzen Kaffee um! Hier - haste'n Bonbon! Nu sei still. Ja - er war schon immer so komisch! Bei seiner Geburt habe ich ihm ein Sparkassenkonto angelegt - meinen Sie, er hats einem gedankt? Schule - das wollt er nicht! Aber Theater! Keine Premiere hat er versäumt, jede Besetzung bei Reinhardt wußte er, und dann Film... Nee, wissen Se, das war schon nicht mehr schön! Ja, nu hat er mit der... em... Max, sieh mal nach, ob da vorn die Lampen schon angezündet sind! Aber komm gleich wieder! Mit dieser Schickse geht er los! Natürlich kostet das 'n Heidengeld, können Se sich denken! Nu, es sind da Unregelmäßigkeiten vorgekommen - ich hab ihn wegnehmen müssen, und jetzt ist er in Hamburg. Ach, wissen Se, ich hab schon zu meiner Frau gesagt: Was hat einem der liebe Gott nicht zwei Mädchen gegeben! Die zieht man auf, zieht sie an, legt sie abends zu Bett, und zum Schluß werden sie verheiratet. Da hat man keine Mühe. Und hier! Nichts wie Ärger! Max! Max! Wo bloß der Junge bleibt! Max! Wo warst du denn so lange? Setz dich hierhin! Der Junge ist noch mein Grab - das sage ich Ihnen. Kommen Se, es ist kalt, wir wollen gehn.
Ich frage mich bloß eins: diese Unbeständigkeit, diese Fahrigkeit, diese schlechten Manieren - von wem hat der Junge das -?«

Kaspar Hauser
»Die Weltbühne«, 07.04.1925, Nr. 14, S. 521, wieder in:
»Mit 5 PS«.

Die Zentrale (1925)

Die Zentrale weiß alles besser. Die Zentrale hat die Übersicht, den Glauben an die Übersicht und eine Kartothek. In der Zentrale sind die Männer mit unendlichem Stunk untereinander beschäftigt, aber sie klopfen dir auf die Schulter und sagen: »Lieber Freund, Sie können das von Ihrem Einzelposten nicht so beurteilen! Wir in der Zentrale...«

Die Zentrale hat zunächst eine Hauptsorge: Zentrale zu bleiben. Gnade Gott dem untergeordneten Organ, das wagte, etwas selbständig zu tun! Ob es vernünftig war oder nicht, ob es nötig war oder nicht, ob es da gebrannt hat oder nicht -: erst muß die Zentrale gefragt werden. Wofür wäre sie denn sonst Zentrale! Dafür, daß sie Zentrale ist! merken Sie sich das. Mögen die draußen sehen, wie sie fertigwerden!

In der Zentrale sitzen nicht die Klugen, sondern die Schlauen. Wer nämlich seine kleine Arbeit macht, der mag klug sein - schlau ist er nicht. Denn wäre ers, er würde sich darum drücken, und hier gibt es nur ein Mittel: das ist der Reformvorschlag. Der Reformvorschlag führt zur Bildung einer neuen Abteilung, die - selbstverständlich - der Zentrale unterstellt, angegliedert, beigegeben wird... Einer hackt Holz, und dreiunddreißig stehen herum - die bilden die Zentrale.

Die Zentrale ist eine Einrichtung, die dazu dient, Ansätze von Energie und Tatkraft der Unterstellten zu deppen. Der Zentrale fällt nichts ein, und die andern müssen es ausführen. Die Zentrale ist eine Kleinigkeit unfehlbarer als der Papst, sieht aber lange nicht so gut aus.

Der Mann der Praxis hats demgemäß nicht leicht. Er schimpft furchtbar auf die Zentrale, zerreißt alle ihre Ukase in kleine Stücke und wischt sich damit die Augen aus. Dies getan, heiratet er die Tochter eines Obermimen, avanciert und rückt in die Zentrale auf, denn es ist ein Avancement, in die Kartothek zu kommen. Dortselbst angelangt, räuspert er sich, rückt an der Krawatte, zieht die Manschetten grade und beginnt, zu regieren: als durchaus gotteingesetzte Zentrale, voll tiefer Verachtung für die einfachen Männer der Praxis, tief im unendlichen Stunk mit den Zentralkollegen - so sitzt er da wie die Spinne im Netz, das die andern gebaut haben, verhindert gescheite Arbeit, gebietet unvernünftige und weiß alles besser.

(Diese Diagnose gilt für Kleinkinderbewahranstalten, Außenministerien, Zeitungen, Krankenkassen, Forstverwaltungen und Banksekretariate, und ist selbstverständlich eine scherzhafte Übertreibung, die für einen Betrieb nicht zutrifft: für deinen.)

Peter Panter
»Die Weltbühne«, 31.03.1925, Nr. 13, S. 488, wieder in:
»Mit 5 PS«.

Ruhe und Ordnung (1925)

Wenn Millionen arbeiten, ohne zu leben,
wenn Mütter den Kindern nur Milchwasser geben -
    das ist Ordnung.
Wenn Werkleute rufen: »Laßt uns ans Licht!
Wer Arbeit stiehlt, der muß vors Gericht!«
    Das ist Unordnung.

Wenn Tuberkulöse zur Drehbank rennen,
wenn dreizehn in einer Stube pennen -
    das ist Ordnung.
Wenn einer ausbricht mit Gebrüll,
weil er sein Alter sichern will -
    das ist Unordnung.

Wenn reiche Erben im schweizer Schnee
jubeln - und sommers am Comer See -
    dann herrscht Ruhe.
Wenn Gefahr besteht, daß sich Dinge wandeln,
wenn verboten wird, mit dem Boden zu handeln -
    dann herrscht Unordnung.

Die Hauptsache ist: Nicht auf Hungernde hören.
Die Hauptsache ist: Nicht das Straßenbild stören.
    Nur nicht schrein.
              Mit der Zeit wird das schon.
    Alles bringt euch die Evolution.

So hats euer Volksvertreter entdeckt.
Seid ihr bis dahin alle verreckt?
So wird man auf euern Gräbern doch lesen:
    sie sind immer ruhig und ordentlich gewesen.

Theobald Tiger
»Die Weltbühne«, 13.01.1925, Nr. 2, S. 68, wieder in:
»Mona Lisa«.

Frauen von Freunden (1925)

Frauen von Freunden zerstören die Freundschaft.
Schüchtern erst besetzen sie einen Teil des Freundes,
nisten sich in ihm ein,
warten,
beobachten, und nehmen scheinbar teil am Freundesbund.

Dies Stück des Freundes hat uns nie gehört -
wir merken nichts.
Aber bald ändert sich das:
Sie nehmen einen Hausflügel nach dem andern,
dringen tiefer ein,
haben bald den ganzen Freund.

Der ist verändert; es ist, als schäme er sich seiner Freundschaft.
So, wie er sich früher der Liebe vor uns geschämt hat,
schämt er sich jetzt der Freundschaft vor ihr.
Er gehört uns nicht mehr.
Sie steht nicht zwischen uns - sie hat ihn weggezogen.

Er ist nicht mehr unser Freund:
er ist ihr Mann. Eine leise Verletzlichkeit bleibt übrig.
Traurig blicken wir ihm nach.

Die im Bett behält immer recht.

Theobald Tiger
»Die Weltbühne«, 21.07.1925, Nr. 29, S. 103, wieder in:
»Mit 5 PS«.

Gruß nach vorn (1926)

Lieber Leser 1985 -!

Durch irgendeinen Zufall kramst du in der Bibliothek, findest die ›Mona Lisa‹, stutzt und liest. Guten Tag.

Ich bin sehr befangen: du hast einen Anzug an, dessen Mode von meinem damaligen sehr absticht, auch dein Gehirn trägst du ganz anders... Ich setze dreimal an: jedesmal mit einem andern Thema, man muß doch in Berührung kommen... Jedesmal muß ich es wieder aufgeben - wir verstehen einander gar nicht. Ich bin wohl zu klein; meine Zeit steht mir bis zum Halse, kaum gucke ich mit dem Kopf ein bißchen über den Zeitpegel... da, ich wußte es: du lächelst mich aus.

Alles an mir erscheint dir altmodisch: meine Art, zu schreiben und meine Grammatik und meine Haltung... ah, klopf mir nicht auf die Schulter, das habe ich nicht gerne. Vergeblich will ich dir sagen, wie wir es gehabt haben, und wie es gewesen ist... nichts. Du lächelst, ohnmächtig hallt meine Stimme aus der Vergangenheit, und du weißt alles besser. Soll ich dir erzählen, was die Leute in meinem Zeitdorf bewegt? Genf? Shaw-Premiere? Thomas Mann? Das Fernsehen? Eine Stahlinsel im Ozean als Halteplatz für die Flugzeuge? Du bläst auf alles, und der Staub fliegt meterhoch, du kannst gar nichts erkennen vor lauter Staub.

Soll ich dir Schmeicheleien sagen? Ich kann es nicht. Selbstverständlich habt ihr die Frage: ›Völkerbund oder Paneuropa?‹ nicht gelöst; Fragen werden ja von der Menschheit nicht gelöst, sondern liegen gelassen. Selbstverständlich habt ihr fürs tägliche Leben dreihundert nichtige Maschinen mehr als wir, und im übrigen seid ihr genau so dumm, genau so klug, genau so wie wir. Was von uns ist geblieben? Wühle nicht in deinem Gedächtnis nach, in dem, was du in der Schule gelernt hast. Geblieben ist, was zufällig blieb; was so neutral war, daß es hinüberkam; was wirklich groß ist, davon ungefähr die Hälfte, und um die kümmert sich kein Mensch - nur am Sonntagvormittag ein bißchen, im Museum. Es ist so, wie wenn ich heute mit einem Mann aus dem Dreißigjährigen Krieg reden sollte. »Ja? gehts gut? Bei der Belagerung Magdeburgs hat es wohl sehr gezogen... ?« und was man so sagt.

Ich kann nicht einmal über die Köpfe meiner Zeitgenossen hinweg ein erhabenes Gespräch mit dir führen, so nach der Melodie: wir beide verstehen uns schon, denn du bist ein Fortgeschrittener, gleich mir. Ach, mein Lieber: auch du bist ein Zeitgenosse. Höchstens, wenn ich ›Bismarck‹ sage und du dich ersterinnern mußt, wer das gewesen ist, grinse ich schon heute vor mich hin: du kannst dir gar nicht denken, wie stolz die Leute um mich herum auf dessen Unsterblichkeit sind... Na, lassen wir das. Außerdem wirst du jetzt frühstücken gehen wollen.

Guten Tag. Dies Papier ist schon ganz gelb geworden, gelb wie die Zähne unsrer Landrichter, da, jetzt zerbröckelt dir das Blatt unter den Fingern... nun, es ist auch schon so alt. Geh mit Gott, oder wie ihr das Ding dann nennt. Wir haben uns wohl nicht allzuviel mitzuteilen, wir Mittelmäßigen. Wir sind zerlebt, unser Inhalt ist mit uns dahingegangen. Die Form war alles.

Ja, die Hand will ich dir noch geben. Wegen Anstand.

Und jetzt gehst du.

Aber das rufe ich dir noch nach: Besser seid ihr auch nicht als wir und die vorigen. Aber keine Spur, aber gar keine -

Kaspar Hauser
»Die Weltbühne«, 06.04.1926, Nr. 14, S. 555, wieder in:
»Mona Lisa«.

Der Sieg des republikanischen Gedankens (1926)

> In diesem Zusammenhang kam Hörsing auf die Kleinkaliber-Frage zu sprechen und erklärte, das Kleinkaliber-Schießgewehr sei nicht alleiniges Privileg der sogenannten Vaterländischen. »Das, was die können, können wir auch.«
>
> (Brausender Beifall)

Jeden Sonntag treten völlig heterogene Menschen zusammen, singen brausend das wirklich schlechte Gedicht ›*Deutschland, Deutschland über alles*‹ und schwenken schwarz-rot-goldene Fahnen. Dabei trägt der Wind die Worte des Redners über das Feld, über den Marktplatz, und wenn man genau hinhört, so kann man etwas von ›demokratischer Republik‹ und vom ›Sieg des republikanischen Gedankens‹ hören. In der letzten Zeit siegt der republikanische Gedanke ein bißchen viel in Deutschland. Wie sieht der eigentlich aus -?

Die zahllosen vaterländischen Verbände, die sich nach dem Kriege unter dem Protektorat von staatrettenden Sozialisten und Demokraten bildeten, hatten zunächst keine rechten Ziele, kaum Ansätze zu einem Programm - sie waren aus einer Mischung von Wut, Vereinsmeierei und jener verblasenen Ideologie zusammengekommen, die sich in das abstrakte Land der Gruppenbeschlüsse flüchtet, weil das Individuum allein mit dem Leben nicht fertig wird. Erst später bemächtigten sich wirtschaftliche und kleinstaatliche Klassen- und Kasteninteressenten der vorhandenen Gefäße, um ihren schmutzigen Wein dahineinzuschütten. Dieser Qualligkeit von Kommerz, Vereinskram, Drillsehnsucht republikanisch dotierter Offiziere und Größenwahn der ›Jungführer‹ setzte Hörsing eines Tages ›das Reichsbanner‹ entgegen. Also etwas völlig Negatives - wir sind nicht so wie die andern. Was aber sind wir denn?

Das Positive ließ nicht lange auf sich warten.

Fritz Ebert hatte einen ›republikanischen Gedanken‹ erfunden, der eine einzige treffliche Eigenschaft besaß: er tat keinem Menschen weh. Man konnte ihn propagieren - noch die dickste Achselklappe konnte eigentlich nur dazu blitzen: Höchst brav! Es war ein Bekenntnis zur Republik wie etwa die ›Neunte Symphonie‹. - Jeder hört das mit seinen Ohren, und was in die Töne hineingelegt wird, ist Privatsache. Hier bot sich dem Reichsbannerführer ein weites Feld. Er beschritt es.

Nun hat das Reichsbanner - besonders in Untergruppen, besonders da, wo es nicht offiziell arbeitet, und besonders auf dem Lande - seine größten Verdienste. Es hat als Saalwache so und so oft Leute geschützt, die von der nationalen Übermacht ohne Zweifel glorreich verhauen worden wären, was um so risikoloser war, als die Sache nachher vor deutsche Richter gekommen wäre - und der Idealismus, die persönliche Anständigkeit, die Uneigennützigkeit seiner meisten jungen Anhänger steht überhaupt nicht in Frage, Aber wo ist sein positiver Gedanke -?

Nicht nur die Tatsache ist leicht komisch, daß die ältern Führer des Reichsbanners und der ihm nahestehenden Organisationen Sonntagsrepublikaner sind, für die die Weimarer Verfassung etwa die Rolle spielt wie für den Industriellen die Heilige Schrift - wochentags gilt das Strafgesetzbuch -, nicht nur das ist komisch, daß diesen bramsigen Reden kaum etwas als positiver Machtfaktor entspricht: die Redner sind ja nicht imstande, auch nur die Brutalisierung eines Polizeigefangenen zu verhindern, haben kaum einen Einfluß auf die Besetzung der mittlern Beamtenstellen, auf die soviel ankommt - und sind sicherlich sehr stolz, wenn einer der ihren durch die edle Zentrale für Heimatdienst zum Polizeipräsidenten von Altona gemacht wird. Nicht nur das ist lustig, wie sie der eigenen deutschen Justiz ohnmächtig gegenüberstehen, auf eine Evolution hoffend, der nur sie selbst unterliegen, und der sie zum Teil schon unterlegen sind.

Pathos, Ideengänge, Ideologie und Vokabularium dieser Sonntags-Republikaner sind Imperialismus-Ersatz.

Sie sind großdeutsch, propagieren den Anschluß an Österreich, lösen die paneuropäische Frage zunächst einmal so, daß die deutschen Grenzen so ausgedehnt wie möglich sein sollen - wem das frommt, das fragen sie nicht. Unklar, verblasen, zu nichts verpflichtend, wolkig und verquollen zeigt doch dieser merkwürdige Republikanismus eines:

Die Person des Kaisers ist dahin - seine Ambitionen sind geblieben.

Sie sehen nicht, daß die Frage: Republik - Monarchie ganz sekundär geworden ist, sie sehen nicht, daß sich im tiefsten Grunde in Deutschland allerdings etwas geändert hat: Es ist schlimmer geworden.

Es gibt heute eine republikanische Verlogenheit, so, wie es eine kaiserliche gab, und diese neue Gesinnung ist im besten Zuge, sich die Schulaula und den Leitartikel zu erobern. Die Gleichheit vor dem Gesetz aufgehoben, ein Streich, der sich auch noch gegen die Urheber kehrte; eine in politischen Strafsachen überall auftretende Verkommenheit, wie sie unter dem Kaiser auf diesem Gebiet niemals von Dauer hätte sein können; dem Tüchtigen freie Bahn: ins Freie - und dieser Zustand gekrönt von einer wirtschaftlichen Versklavung der Arbeiter. Wehe, wer mit Worten daran rührt -!

Da entrollen sich die Fahnen im Wind; da schallen die Sprüche; da wird das umlogen und vertuscht - ohne das leiseste ökonomische Glaubensbekenntnis, auf das es so sehr ankommt; da sollen Sentenzen vom Niveau Emanuel Geibels über eine neue Zeit hinweghelfen. Sie helfen nicht.

Der Sieg des republikanischen Gedankens ist eine optische Täuschung. Das Ufer bewegt sich nicht - der Dampfer fährt aufs Ufer zu.

Der Sieg des republikanischen Gedankens bedeutet nicht etwa, daß diese Republikaner durch die Mächtigkeit ihrer Ideen, durch die Unerbittlichkeit ihres politischen Kampfes die andern bezwingen - er bedeutet vielmehr:

Sie geben Tag für Tag eine Position nach der andern auf. Sie rücken den alten, verfaulten, verbrecherischen Idealen immer näher, bekennen sich zur absoluten Souveränität des Staates, zum Recht, Kriege zu führen, zur wirtschaftlichen Autokratie, zum Großdeutschtum, zum Autoritätsgedanken - nur sagen sies mit ein bißchen andern Worten. Und man fühlt gradezu, wie das die Gegner umwimmert, die ja tausendmal mehr gesunden politischen Instinkt haben; wie sie wortlos bitten und betteln: »Auch wir sind Patrioten! Fühls doch! Auch wir wollen ja nur das Beste für unser Vaterland - auch wir! Komm doch, stoß dich nicht an den paar Äußerlichkeiten - im Grunde sind wir doch deutsche Brüder!« Sie sinds.

Schon die Feigheit, am 9. November keine Feier zu wagen, zeigt, wes Ungeistes Kinder hier ihr Spiel treiben. Alles, was gegen das Regime, das Deutschland in so unnennbares Unheil gerissen hat, sprechen könnte, ist sorgfältig ausradiert, und der zu nichts verpflichtende 11. August ist so recht ihr Wahrzeichen. Eine Verfassung zu feiern, deren öffentliche Lektüre Lachsalven wecken müßte, von der - bis auf den § 48 - auch nicht ein Buchstabe jemals befolgt worden ist, die man getrost beschwören kann, weil sich das hübsch fotografiert - solche Verfassung an einem Tage zu feiern, der noch dazu in die Schulferien fällt: das ist ein schöner republikanischer Gedanke.

Und weil von Jahr zu Jahr immer mehr kluge Leute der deutschen Reaktion, des deutschen Imperialismus, des deutschen Militarismus begreifen lernen, daß die Brüder auf der andern Seite ja im Grunde gar nicht so gefährliche Löwen sind, sondern lauter Weber, Zettel geheißen, weil sie allmählich merken, daß man auf trocknem Wege viel weiter kommt als auf blutigem, daß man auch mit diesen da ›arbeiten‹ kann - so arbeiten sie. Gut drei Viertel ist schon verarbeitet. Führe einen mit verbundenen Augen in eine republikanische Versammlung - er wird lange nachsinnen müssen, wo er sich befindet: die Couleur sieht er nicht, und das ist auch der einzige Unterschied.

In Frankreich hält man diese neue Art von deutschem Republikanertum für abgefeimten Schwindel, für ein Betrugsmanöver... Ach, so schlau sind diese braven Nationalliberalen nicht einmal! Es gibt ein gut Teil unter ihnen, die ehrlich glauben, was sie da predigen - die nicht nur brav und gottesfürchtig einen Pazifismus betätigen wie der Herr Bergsträsser, der in Bierville vor allem zu sagen hatte, daß die Franzosen aus dem Rheinland herausgehen sollten, weil doch Deutschland solche Wohnungsnot habe - sie glauben wirklich und sehen diese grausige Reaktion nicht, die dabei herauskommt, wenn geschmeichelte und plötzlich nach oben geworfene Kommunalbeamte in einem richtigen Staatsministerium herumwirtschaften dürfen: schlimmer als die adligsten Oberregierungsräte. Und sie glauben an den Sieg des republikanischen Gedankens, sie glauben, daß Hindenburg den Frieden will, sie glauben an die Friedfertigkeit des pulverlosen Mannes, der nicht schießt, weil sein vergrabenes Gewehr grade nicht in Ordnung ist... sie glauben das alles in ihrer bodenlosen Instinktlosigkeit. Weil das neue System ihnen erlaubt, sich wichtig zu machen. Weil sie sich fühlen. Weil sie mit dabei sind. Weil sie ›gehört werden‹. (Getan wird nachher allerdings das Gegenteil.) Dieser ›republikanische Gedanke‹ ist nichts wert, weil er zu nichts verpflichtet. Seine allgemeinen Grundsätze sind so weit, daß man bequem alle Welt unter diesem brüchigen Dach zusammentreiben kann. Seine Programmlosigkeit machte ihn zu einem nur ungefährlichen Vereinsunfug, wenn er nicht den guten Willen so vieler junger Leute ablenkte und gefangen nähme. Eine Sackgasse.

Dies aber ist die wirkliche Gefahr daran:

Wenn übermorgen wegen des polnischen Korridors oder wegen des Saargebiets oder wegen sonst einer Frage, die für die Nation von Belang sein kann, ein Konflikt ausbricht, so wird diese Art Republikaner, ohne Ausnahme, der Hypnose des Nachrichtendienstes unterliegen, weil keine ideologische Impfung sie davor schützt. Sie werden besinnungslos umknicken.

Und es stehe hier, zum Nachschlagen:

Dieselben Phrasen, mit denen Deutschland 1914 in den Krieg getaumelt ist, werden dann zu lesen und zu hören sein; dieselbe Denkart wird Siege erträumen, wo nur Aktienkonsolidierung und menschliches Elend zu holen ist, Erweiterung der Beamtensphäre und Befriedigung von Kasteneitelkeit - dieselbe falsche Philosophie und wirtschaftliche Ignoranz wird alle zu Etat-Bewilligern machen und noch die widerwärtigsten Militärverbrechen bejahen, weil die ›dienstlich notwendig‹ sind. Brave Kinder.

Ihre heutige Begeisterung gleicht Schülerscherzen auf einem Ausflug: es ist alles so erlaubt, so legitim, so artig. Sie sind stolz, stramm stehen zu dürfen, stolz, Abzeichen, Uniform, Fahnen tragen zu können, stolz, einem Verband anzugehören. Merklich und unmerklich rücken sie den schlechtesten Elementen Deutschlands immer näher, freuen sich dessen und bejubeln - »was die können, können wir auch« - den Sieg des republikanischen Gedankens.

Ignaz Wrobel
»Die Weltbühne«, 14.09.1926, Nr. 37, S. 412.

Feldfrüchte (1926)

Sinnend geh ich durch den Garten,
still gedeiht er hinterm Haus;
Suppenkräuter, hundert Arten,
Bauernblumen, bunter Strauß.
    Petersilie und Tomaten,
    eine Bohnengalerie,
    ganz besonders ist geraten
    der beliebte Sellerie.
Ja, und hier -? Ein kleines Wieschen?
Da wächst in der Erde leis
das bescheidene Radieschen:
        außen, rot und innen weiß.

Sinnend geh ich durch den Garten
unsrer deutschen Politik;
Suppenkohl in allen Arten
im Kompost der Republik.
    Bonzen, Brillen, Gehberockte,
    Parlamentsroutinendreh...
Ja, und hier -? Die ganz verbockte
    liebe gute SPD.
Hermann Müller, Hilferlieschen
blühn so harmlos, doof und leis
wie bescheidene Radieschen:
        außen rot und innen weiß.

Theobald Tiger
»Die Weltbühne«, 21.09.1926, Nr. 38, S. 470, wieder in:
»Mit 5 PS«.

Siegfried Jacobsohn † (1926)

Siegfried Jacobsohn ist nicht mehr.

Eine zweiundzwanzigjährige Arbeit ist da unterbrochen, wo der Arbeiter zu ernten begann - ein schmerzloser Tod hat ihn genommen. Er ist nicht ganz sechsundvierzig Jahre alt geworden.

Was er hier aufgebaut hat, lebt; sein Verstand, sein Gefühl, sein Lachen rauschten durch diese Seiten. Dies Blatt war sein Geschöpf, sein lebendiges Geschöpf.

Ihm ganz allein verdanken wir, was er uns hinterlassen hat: Tag für Tag, Heft für Heft hat er sein Erbe errichtet, und weil es schön gewesen ist, ist es Mühe und Arbeit gewesen. Das artistische Feingefühl, mit dem er sein Theater ansah, saß ihm in den Fingerspitzen: so wie ein großer Direktor seine Schauspieler liebte er die Menschen, zog sie zu sich heran und formte aus ihnen ihr eigenes Ideal: ein unermüdlicher Menschen-Regisseur.

Wir alle, die wir unter seiner Führung gegen dieses Militär, gegen diese Richter und gegen diese Reaktion gekämpft haben, kennen seinen tiefsten Herzenswunsch: die Wahrheit zu sagen. Die Wahrheit Mozarts, die Wahrheit Schopenhauers, die Wahrheit Tolstois - inmitten einer Welt von Widersachern: die Wahrheit.

Jeder andre hat geschwiegen, wo er in den letzten Jahren sprechen ließ, viele haben Reklame blasen lassen, wo er schweigend vorüberging; er kannte in der Politik und in der Kunst keine Furcht.

Er hat uns, Mitarbeiter und Leser, zu seinem Werke bekehrt; er liebte, wie wir, Deutschland und wußte, daß dessen schlimmste Feinde nicht jenseits, sondern diesseits des Rheines wohnen.

Siegfried Jacobsohns Arbeit soll nicht umsonst gewesen sein. Organisches Leben zieht Leben an - es soll nicht untergehn.

Gib deine Waffen weiter, S. J. -!

Kurt Tucholsky
»Die Weltbühne«, 07.12.1926, Nr. 49, S. 873.

Wo bleiben deine Steuern -? (1926)

Wenn einer keine Arbeit hat,
    ist kein Geld da.
Wenn einer schuftet und wird nicht satt,
    ist kein Geld da.
Aber für Reichswehroffiziere
und für andre hohe Tiere,
für Obereisenbahndirektionen
und schwarze Reichswehrformationen,
für den Heimatdienst in der Heimat Berlin
und für abgetakelte Monarchien -
    dafür ist Geld da.

Für Krankenhaus und Arbeiterquartier
    ist kein Geld da.
Für den IV. Klasse-Passagier
    ist kein Geld da.
Aber für Wilhelms seidne Hosen,
für prinzliche Zigarettendosen,
für Kleinkaliberschützenvereine,
für Moltkezimmer und Ehrenhaine,
für höhere Justizsubalterne
und noch eine, noch eine Reichswehrkaserne -
    dafür ist Geld da.

Wenn ein Kumpel Blut aus der Lunge spuckt,
    ist kein Geld da.
Wenn der Schlafbursche bei den Wirten zuguckt,
    ist kein Geld da.

Aber für Anschlußreisen nach Wien,
für die notleidenden Industrien
und für die Landwirtschaft, die hungert,
und für jeden Uniformierten, der lungert,
und für Marinekreuzer und Geistlichkeiten
und für tausend Überflüssigkeiten -
    da gibts Zaster, Pinke, Moneten, Kies.
        Von deinen Steuern.
        Dafür ist Geld da.

Theobald Tiger
»Die Weltbühne«, 09.11.1926, Nr. 45, S. 738, wieder in:
»Mit 5 PS«.

Das Ideal (1927)

Ja, das möchste:
Eine Villa im Grünen mit großer Terrasse,
vorn die Ostsee, hinten die Friedrichstraße;
mit schöner Aussicht, ländlich-mondän,
vom Badezimmer ist die Zugspitze zu sehn -
aber abends zum Kino hast dus nicht weit.

Das Ganze schlicht, voller Bescheidenheit:

Neun Zimmer, - nein, doch lieber zehn!
Ein Dachgarten, wo die Eichen drauf stehn,
Radio, Zentralheizung, Vakuum,
eine Dienerschaft, gut gezogen und stumm,
eine süße Frau voller Rasse und Verve -
(und eine fürs Wochenend, zur Reserve) -,
eine Bibliothek und drumherum
Einsamkeit und Hummelgesumm.

Im Stall: Zwei Ponies, vier Vollbluthengste,
acht Autos, Motorrad - alles lenkste
natürlich selber - das wär ja gelacht!
Und zwischendurch gehst du auf Hochwildjagd.

Ja, und das hab ich ganz vergessen:
Prima Küche - erstes Essen -
alte Weine aus schönem Pokal -
und egalweg bleibst du dünn wie ein Aal.
Und Geld. Und an Schmuck eine richtige Portion.
Und noch ne Million und noch ne Million.

Und Reisen. Und fröhliche Lebensbuntheit.
Und famose Kinder. Und ewige Gesundheit.

        Ja, das möchste!

Aber, wie das so ist hienieden:
manchmal scheints so, als sei es beschieden
nur pöapö, das irdische Glück.
Immer fehlt dir irgendein Stück.
Hast du Geld, dann hast du nicht Käten;
hast du die Frau, dann fehln dir Moneten –
hast du die Geisha, dann stört dich der Fächer:
bald fehlt uns der Wein, bald fehlt uns der Becher.

Etwas ist immer.

        Tröste dich

Jedes Glück hat einen kleinen Stich.
Wir möchten so viel: Haben. Sein. Und gelten.
Daß einer alles hat:

        das ist selten.

Theobald Tiger
»Berliner Illustrirte Zeitung«, 31.07.1927, Nr. 31, S. 1256.

Zeugung (1927)

Die biochemischen Vorgänge sind bekannt.

Äußerlich sah es so aus, daß das nackte, gardinenlose Fenster erst hellgrau, dann graublau schien, schließlich wurde der Himmel weißlich. Die Frau wachte zuerst auf - in einem schmutzigen Hemd, mit zerzausten, ins Gesicht hängenden Haaren blickte sie trübe umher. Das Rumpeldurcheinander des Zimmers sah sie an. Durch die verklebten, zusammengekniffenen Augen erblickte sie: den Herd mit Töpfen und Papier, auf dem Tisch die leeren zwei Flaschen und eine halbvolle, ihren Unterrock auf einem Stuhl, seine Sachen über eine Stuhllehne geworfen, Stiefel, Körbe, Brocken, unabgewaschenes Geschirr, Zeitungsbogen, einen Hammer. Je weniger die Leute besitzen, desto voller sind ihre Stuben. Diese hatten nur eine: Küche, Eß- und Schlafzimmer zugleich. Darin hatten sie gestern das Kind gezeugt.

Daß es ein Sohn werden würde, wußte die Frau noch nicht. Sie sah auf den Mann; der schlief mit halboffnem Mund, schlecht rasiert, schwitzig um die Nase herum. Der Blick weckte ihn. »Koch Kaffee!« sagte er halblaut. Sie wollte zärtlich sein, in der Fortsetzung. Er küßte sie und schob sie, nicht unfreundlich, fort. Sie stand auf. Er sah sie vom Bett aus hantieren und mit den Töpfen klappern, der Vater.

Das Zimmer sah aus wie eine Tatbestandsaufnahme, wie die Fotografie einer Mordstube. Der Mann richtete sich hoch und langte sich das Wollunterzeug herüber. Dann schlurrte er in Pantoffeln auf den Gang, auf den Abtritt. Die künftige Mutter legte Brotkanten, ein Messer auf eine Tischecke, setzte zwei Kaffeetöpfe daneben. Er kehrte zurück, und sie aßen. Sie sprachen nicht. Es war nichts zu sagen. Er sah kauend aus dem Fenster. Da lag die Stadt.

Er sah über die Dachschornsteine, ohne sie zu sehen. Weil der Mensch nur hinter sich sehen kann und nicht vor sich, sah er nichts. Zwei Höfe weiter stand ein Pferd, ein junges Tier, das würde ihm in zwei Jahren einen Tritt gegen den Unterleib versetzen, an dem er lange Monate krank liegen würde, arbeitslos und krank. Um die Ecke saß ein Schreiber in einem Büro, der spitzte seinen Bleistift - mit ihm würde die Frau weglaufen, einem jungen, käsig-bleichen Burschen, finnig. Hinten, weit am Horizont, wohnte der Arzt, der auch nichts für ihn tun konnte -

und weiter, im Westen, sein Fabrikant, der ihn dann entließ. Vorläufig kaute er noch stumpf vor sich hin.

Das, was in der Mutter war, wurde ein Sohn, die weiße Flocke. Er verreckte bei Verdun, an demselben Tage, an dem der General Falkenhayn den Orden Pour le mérite bekam.

Die Herren Eltern erhoben sich.

Kaspar Hauser
»Die Weltbühne«, 18.10.1927, Nr. 42, S. 617, wieder in:
»Mona Lisa«.

Start (1927)

Wir sind fünf Finger an einer Hand.

Der auf dem Titelblatt und:
Ignaz Wrobel. Peter Panter. Theobald Tiger. Kaspar Hauser.

Aus dem Dunkel sind diese Pseudonyme aufgetaucht, als Spiel gedacht, als Spiel erfunden – das war damals, als meine ersten Arbeiten in der ›Weltbühne‹ standen. Eine kleine Wochenschrift mag nicht viermal denselben Mann in einer Nummer haben, und so erstanden, zum Spaß, diese homunculi. Sie sahen sich gedruckt, noch purzelten sie alle durcheinander; schon setzten sie sich zurecht, wurden sicherer; sehr sicher, kühn – da führten sie ihr eigenes Dasein. Pseudonyme sind wie kleine Menschen; es ist gefährlich, Namen zu erfinden, sich für jemand anders auszugeben, Namen anzulegen – ein Name lebt. Und was als Spielerei begonnen, endete als heitere Schizophrenie.

Ich mag uns gern. Es war schön, sich hinter den Namen zu verkriechen und dann von Siegfried Jacobsohn solche Briefe gezeigt zu bekommen:

»Sehr geehrter Herr! Ich muß Ihnen mitteilen, daß ich Ihr geschätztes Blatt nur wegen der Arbeiten Ignaz Wrobels lese. Das ist ein Mann nach meinem Herzen. Dagegen haben Sie da in Ihrem Redaktionsstab einen offenbar alten Herrn, Peter Panter, der wohl das Gnadenbrot von Ihnen bekommt. Den würde ich an Ihrer Stelle...«

Und es war auch nützlich, fünfmal vorhanden zu sein – denn wer glaubt in Deutschland einem politischen Schriftsteller Humor? dem Satiriker Ernst? dem Verspielten Kenntnis des Strafgesetzbuches, dem Städteschilderer lustige Verse? Humor diskreditiert.

Wir wollten uns nicht diskreditieren lassen und taten jeder seins. Ich sah mit ihren Augen, und ich sah sie alle fünf: Wrobel, einen essigsauern, bebrillten, blaurasierten Kerl, in der Nähe eines Buckels und roter Haare; Panter, einen beweglichen, kugelrunden, kleinen Mann; Tiger sang nur Verse, waren keine da, schlief er – und nach dem Kriege schlug noch Kaspar Hauser die Augen auf, sah in die Welt und verstand sie nicht.

Eine Fehde zwischen ihnen wäre durchaus möglich. Sie dauert schon siebenunddreißig Jahre.

Woher die Namen stammen -?

Die alliterierenden Geschwister sind Kinder eines juristischen Repetitors aus Berlin. Der amtierte stets vor gesteckt vollen Tischen, und wenn der pinselblonde Mann mit den kurzsichtig blinzelnden Augen und dem schweren Birnenbauch dozierte, dann erfand er für die Kasperlebühne seiner ›Fälle‹ Namen der Paradigmata.

Die Personen, an denen er das Bürgerliche Gesetzbuch und die Pfändungsbeschlüsse und die Strafprozeßordnung demonstrierte, hießen nicht A und B, nicht: Erbe und nicht Erblasser. Sie hießen Benno Büffel und Theobald Tiger; Peter Panter und Isidor Iltis und Leopold Löwe und so durchs ganze Alphabet. Seine Alliterationstiere mordeten und stahlen; sie leisteten Bürgschaft und wurden gepfändet; begingen öffentliche Ruhestörung in Idealkonkurrenz mit Abtreibung und benahmen sich überhaupt recht ungebührlich. Zwei dieser Vorbestraften nahm ich mit nach Hause - und, statt Amtsrichter zu werden, zog ich sie auf.

Wrobel - so hieß unser Rechenbuch; und weil mir der Name Ignaz besonders häßlich erschien, kratzbürstig und ganz und gar abscheulich, beging ich diesen kleinen Akt der Selbstzerstörung und taufte so einen Bezirk meines Wesens.

Kaspar Hauser braucht nicht vorgestellt zu werden.

Das sind sie alle fünf.

Und diese fünf haben nun im Lauf der Jahre in der ›Weltbühne‹ gewohnt und anderswo auch. Es mögen etwa tausend Arbeiten gewesen sein, die ich durchgesehen habe, um diese daraus auszuwählen - und alles ist noch einmal vorbeigezogen... Vor allem der Vater dieser Arbeit: Siegfried Jacobsohn.

Fruchtbar kann nur sein, wer befruchtet wird. Liebe trägt Früchte, Frauen befruchten, Reisen, Bücher... in diesem Fall tat es ein kleiner Mann, den ich im Januar 1913 in seinem runden Bücherkäfig aufgesucht habe und der mich seitdem nicht mehr losgelassen hat, bis zu seinem Tode nicht. Vor mir liegen die Mappen seiner Briefe: diese Postkarten, eng bekritzelt vom obern bis zum untern Rand, mit einer winzigen, fetten Schrift, die aussah wie ein persisches Teppichmuster. Ich höre das

»Ja -?«, mit dem er sich am Telefon zu melden pflegte; mir ist, als klänge die Muschel noch an meinem Ohr... Was war es -?

Es war der fast einzig dastehende Fall, daß dem Gebenden ein Nehmender gegenüberstand, nicht nur ein Druckender. Wir senden unsere Wellen aus - was ankommt, wissen wir nicht, nur selten. Hier kam alles an. Der feinste Aufnahmeapparat, den dieser Mann darstellte, feuerte zu höchster Leistung an - vormachen konnte man ihm nichts. Er merkte alles. Tadelte unerbittlich, aber man lernte etwas dabei. Ganze Sprachlehren wiegt mir das auf, was er ›ins deutsche Übersetzen‹ nannte. Einmal fand er eine Stelle, die er nicht verstand. »Was heißt das? Das ist wolkig!« sagte er. Ich begehrte auf und wußte es viel besser. »Ich wollte sagen...« erwiderte ich - und nun setzte ich ihm genau auseinander, wie es gemeint war. »Das wollte ich sagen«, schloß ich. Und er: »Dann sags.« Daran habe ich mich seitdem gehalten. Die fast automatisch arbeitende Kontrolluhr seines Stilgefühls ließ nichts durchgehen - kein zu starkes Interpunktionszeichen, keine wilde Stilistik, keinen Gedankenstrich nach einem Punkt (Todsünde!) - er war immer wach.

Und so waren unsere Beiträge eigentlich alle nur Briefe an ihn, für ihn geschrieben, im Hinblick auf ihn: auf sein Lachen, auf seine Billigung - ihm zur Freude. Er war der Empfänger, für den wir funkten.

Ein Lehrer, kein Vorgesetzter; ein Freund, kein Verlagsangestellter; ein freier Mann, kein Publikumshase. »Sie haben nur ein Recht«, pflegte er zu sagen, »mein Blatt nicht zu lesen.« Und so stand er zu uns, so hat er uns geholfen, zu uns selbst verholfen, und wir haben ihn alle lieb gehabt.

Wir beide nannten uns, nach einem revolutionären Stadtkommandanten Berlins, gegenseitig: Kalwunde.

»Kalwunde!« sagtest du, wenn du dreiunddreißig Artikel in der Schublade hattest, »Kalwunde, warum arbeitest du gar nicht mehr -?« Und dann fing ich wieder von vorne an. Und wenn das dicke Kuvert mit einem satten Plumps in den Briefkasten fiel, dann hatte der Tag einen Sinn gehabt, und ich stellte mir, in Berlin und in Paris, gleichmäßig stark vor, was du wohl für ein Gesicht machen würdest, wenn die Sendung da wäre. Siehst du, nun habe ich das alles gesammelt... Und du kannst es nicht mehr lesen... »Mensch!« hättest du gesagt, »ick wer doch det nich lesen! Ich habe es ja alles ins Deutsche übersetzt -!«

Das hast du.

Und so will ich mich denn mit einem Gruß an dich auf den Weg machen.

Starter, die Fahne -! Ab mit 5 PS.

Kurt Tucholsky
»Die Weltbühne«, 27.12.1927, Nr. 52, S. 964, wieder in:
»Mit 5 PS«.

Ulysses (1927)

Und falls dieses Buch eine neue Odyssee ist -: ich will mich lieber vor der Odyssee blamieren, als, getreu nach Vaihinger, so tun, als ob... Los.

Wenn 1585 Seiten auf einen heruntergedonnert kommen, dann darf man wohl zunächst eine Weile verdutzt schweigen. Mit ›fabelhaft‹ und ›Bluff‹ ist es nicht getan - der verdienstvolle Rhein-Verlag in Basel, der das Werk von James Joyce ›Ulysses‹ als Privatdruck herausgebracht hat, stimmt seinen Einführungsprospekt allerdings auf den Ton: aut-aut ab. »Valéry Larbaud, ein französischer Kritiker, begrüßt den ›Ulysses‹ mit der gleichen Ehrfurcht, wie Boccaccio die ›Divina Comedia‹ begrüßte. Er veranstaltete in Paris Diskussionsabende über ›Ulysses‹ und suchte den Schlüssel in Homers unsterblichem Werk.« In England sind Exemplare, die sie zu fassen bekommenhatten, verbrannt worden - wie ja überhaupt die geistige Freiheit der verantwortlichen Engländer mitunter enge Grenzen hat; in Amerika haben sie die ›Little Review‹, die Kapitel aus dem ›Ulysses‹ abgedruckt hat, beschlagnahmt und den Verantwortlichen angeklagt und verurteilt. Das Buch mußte, im englischen Text, in Paris gedruckt werden; eine tapfere Engländerin hat das ermöglicht. Stimmen erheben sich.

»Ich möchte die jungen Leute zu Klubs organisieren mit dem Zweck, den ›Ulysses‹ zu lesen, damit sie die Frage erörtern können: Sind wir so? und wenn die Abstimmung ein Ja ergibt, zu der weitem Frage fortschreiten: Wollen wir so bleiben?, die, wie ich hoffe, verneinend beantwortet würde.«

Ein protestantischer Superintendent? Ein Pastor der anglikanischen Hochkirche? Der Dean von St. Pauls? Nein - Bernard Shaw.

Der erste Eindruck ist so:

Unmöglich, alles hintereinander zu lesen. Die Personen verwirren sich; wenn eine Handlung darin ist, habe ich sie nicht verstanden - ich weiß nicht immer, was real, gedacht, geträumt oder beabsichtigt ist. Aus einer Inhaltsangabe des Verlages ergibt sich, was an diesem einen Tage, der dem Buch zugrunde liegt, vorgeht -: ich habe das nicht gemerkt.

Zwei gewaltige Ausnahmen: eine Walpurgisnacht und ein riesiger innerer Monolog, beide im dritten Band. Bis dahin wogt der Nebel.

Hier ist nun, da wir es nicht mit einem Originaltext, sondern mit einer Übersetzung zu tun haben, sogleich zu untersuchen, ob dieser Eindruck an der Übersetzung liegen kann.

Ich habe noch keinen Mann gesehen, der den englischen Text von ›Ulysses‹ gelesen und verstanden hat; ich kenne zwar merkwürdige Ruhmesfanfaren von Literaten, die ihn nachweislich nicht gelesen hatten - und ich erinnere mich, daß der englische Lektor der École Normale in Paris, ein Ire aus Dublin, mir einmal sagte, er vermöge das Buch nicht zu bewältigen. Das kann an ihm gelegen haben. Mögen Anglisten entscheiden, wie der Übersetzer Georg Goyert seine Riesenaufgabe bewältigt hat, bei der ihn übrigens der deutsch verstehende Verfasser unterstützte. Es handelt sich hier auch gewiß nicht darum, dem Übersetzer, der jahrelang gearbeitet haben mag, Fehlerchen anzukreiden. Das kann ich nicht.

Wohl aber kann ich nach Hunderten von Stichproben bei der ersten Lektüre eines sagen:

In welchem Stil dieses Buch abgefaßt ist, steht dahin. Dichterisches Deutsch ist es bestimmt nicht.

Ich will gar nicht von den Unreinheiten sprechen. »Ich erinnere noch die Hungersnot« ist einfach ein grammatischer Fehler, eine französierende Konstruktion, die vielleicht angewendet werden darf, wenn damit die Sprechweise eines gezierten Menschen oder ein Provinzialismus gekennzeichnet werden soll. Das ist aber nicht die Absicht. »Der siebte« ist ein infamer Lapsus, den Schopenhauer zu seinem Glück nicht mehr zu erleben brauchte. Es sind nicht diese Unreinheiten; nicht das fatale Modewort »irgendwie«; es ist auch nicht die Unmöglichkeit, alles in einem solchen Werk zu übertragen - es ist etwas andres.

Ich nehme eine Stelle des glatt laufenden Textes.

»Als er an Blooms zahnärztlichen Fenstern vorbeischritt, bürstete sein wehender Staubmantel einen dünnen, tastenden Stock aus seiner Richtung, fegte weiter und traf dann einen schwachen Körper. Der blinde Jüngling wandte sein krankes Gesicht hinter der davonschreitenden Gestalt her.«

Das ist nichts. Das ist tot. Das hat keine Musik, tönt nicht, die Worte sind, wie Jacobsen das einmal ausgedrückt hat, »aus dem Wörterbuch«

genommen; sie sind richtig, ja ja - aber es schwingt nichts unterhalb der Prosa, die Sprachmelodie fehlt. So geht das durch das ganze Buch. Seine Sprache ist stumpf.

Nun wird mir Goyert sagen: »Du kennst das Original nicht. Das ist ja grade das Feine daran, daß es eben nicht das ist, was du dichterisch nennst - Joyce will das gewöhnliche zeigen, er will die Sprache dem Alltag nähern. Er will nur wie ein Grammophon wiedergeben, wenn ihm das paßt.« Und das lasse ich mir nun nicht erzählen. Wenn er das wirklich will, und wenn das hier gut übersetzt ist -: dann hat er das nicht gekonnt.

Wir haben in Deutschland viel zu wenig Bücher, die Sprachmelodien exakt wiedergeben, und ich wüßte nichts, was amüsanter (und was schwerer) wäre. Es gibt da eine innere Wahrhaftigkeit, eine Echtheit, die man nicht philologisch beweisen kann - jeder unterscheidet sofort die echten und die falschen Töne. Lasse ich einen Berliner etwa sagen:

»Ick komm da rieba und hol mir 'n Ssiehjarn - indem wird er ausholn und haut Emmyn direkt mit die Fauste unter de Auhrn. Sie is jleich nachn Wasserkran jejangen -« so gibt es keinen Mann von der Panke, der nicht sofort unterbricht und das Wort ›Wasserkran‹, das theoretisch richtig angewendet ist, beanstandet. Das sagt eben ein Berliner nicht. Von solchen Wasserkränen wimmelt es im Buch.

Schlußurteil über die Übersetzung:

Hier ist entweder ein Mord geschehen oder eine Leiche fotografiert.

Der Gong klingt nur an wenigen Stellen. Aus welchem Metall ist er gemacht -?

Fortschrittliche Professoren haben für den ›*Ulysses*‹ eine Vorliebe gefaßt, und es ist nicht nur das, was mich mißtrauisch macht. Ich habe 1585 Seiten bekommen - aber eben mit Ausnahme jener zwei grandiosen Stücke ist da nichts auf meinem Teller; bis jetzt kann ich das nicht essen - es ist irgend etwas Künstliches an der Sache, etwas Konstruiertes, und, nun will ich mich getrost steinigen lassen: etwas Phantasieloses.

›Zu Ende‹ schreiben bedeutet ja noch gar nichts. Das ist Geduldssache des Fleißes, vielleicht sogar der Graphomanie oder andrer Veranlagung. Es wird mir kein Mensch einreden, daß etwa die ›*Blechschmiede*‹ von

Arno Holz ein geniales Kunstwerk sei - man ertrinkt in Staub, weil alles zu Ende gesagt ist. Ganze Partien des ›Ulysses‹ sind schlicht langweilig.

Wenn er von seinen Figuren oder von seinen Straßen spricht; von Hunden oder Kupplerinnen; von Meeresbuchten oder von Kneipen, so habe ich immer den Eindruck, als sei das alles nur fingiert: wie die Säcke Hafer in Rechenaufgaben oder wie die paar anständigen Seiten in einer Pornographie. Ist in den ›Memoiren einer Sängerin‹ von einem Salon die Rede oder steht da: »Sie begab sich hinaus, um dem Diener einige Befehle zu erteilen...« so ist der Diener nicht da, und der Salon nicht und gar nichts. Das ist nur gesagt. Was ich vom ersten Band des ›Ulysses‹ verstanden habe, scheint mir gesagt. Der Autor teilt mir etwas mit - aber ich glaube es ihm nicht.

Worauf es James Joyce angekommen ist, weiß ich nicht; das Buch besteht zu seinem Hauptteil aus etwas, worauf es ihm scheinbar nicht angekommen ist, aus Nebensächlichkeiten; darauf zu achten, ist so, wie wenn man sich in der Physikstunde freut, daß das Versuchspräparat des Lehrers so schön rubinrot ist. Darauf kommt es aber nicht an. Hier ist ein Versuch gemacht. Was soll bewiesen werden? Was ist das für ein Versuch -?

Das zeigt sich sehr klar im dritten Band. ›*Mabbot-Straße. Eingang in die Nachtstadt*‹. Das ist, für den ersten Eindruck, eine großartige Vision.

Wie da Gestalten aus dem Dunkel auftauchen und verschwinden; wie die Figuren aufgerissen werden, daß Blut, Eingeweide, Mordgedanken und die letzten Wünsche aus ihnen herausquillen; wie Träume, Heniden, Affekte und die ganze türkische Musik Freuds lebendig werden -: dazu ist Ja zu sagen. Und tiefer geht es, in unterirdische Stromgebiete - dergleichen kenne ich bei den Dahingegangenen nur von dem großen Panizza. Wahrscheinlich ist das mehr als Literatur - auf alle Fälle ist es die allerbeste. Die Schlußvision ist zum Greifen nahe.

»Auf der dunkeln Mauer erscheint langsam eine Gestalt, ein schöner elfjähriger Knabe, ein Wechselbalg, gestohlen, in der Tracht der Etonboys, mit Glasschuhen und kleinem Bronzehelm; er hält ein Buch in der Hand. Er liest leise, von rechts nach links, lächelt, küßt die Seite. Bloom (ergriffen, ruft kaum hörbar): Rudy! Rudy sieht, ohne zu sehen, in Blooms Augen und liest weiter, küßt und lächelt. Er hat ein zartes, malvenfarbiges Gesicht. An seinem Anzug hat er diamantene und Rubinknöpfe. In der freien linken Hand hält er einen dünnen Elfenbeinstock mit violetter Schleife. Ein weißes Lämmchen guckt ihm aus der Tasche.«

Allerdings geht auch hier die Sprache nicht mit, folgt nicht, bleibt stecken. Die Derbheiten der Huren, die Roheiten der Straße sind in einem erfundenen Dialekt geschrieben. Wobei zu fragen ist, warum sich in aller Welt alle deutschen Übersetzer, die englische Werke bearbeiten, einbilden, sie müßten Cockney-Englisch in einem völlig idiotischen Dialekt wiedergeben. Die Cockney-Leute sprechen in deutschen Übersetzungen meistens so, wie ›Dör Zwickauer‹ im seligen ›*Kladderadatsch*‹ gesprochen hat - mit verkrempelten, getrübten Vokalen: etwas ganz und gar Unsinniges, das nie ein lebendiger Mensch über die Zunge gebracht hat. (So ist zum Beispiel die schön ausgestattete Kipling-Gesamtausgabe im Listschen Verlag dadurch halb entwertet: Kiplings drei Soldaten reden einen Phantasie-Dialekt, der wie übergegangene Milch schmeckt.) Doch stellen diese Visionen im ›*Ulysses*‹ vielleicht Anforderungen an den Übersetzer, denen grade noch der allergrößte Sprachkünstler gewachsen wäre. Und der übersetzt nicht, sondern schreibts selber.

Der dubliner Tag nähert sich seinem Ende. Und ganz zum Schluß des Buches beginnt jenes eigentümliche Verhör, eine Art Examen, mit Frage und Antwort.

»Welche Parallelwege gingen Bloom und Stephan, als sie zurückkehrten? - In normalem Spazierschritt verließen beide den Beresford Place und gingen dann der Reihe nach...« Und: »Wurde diese Behauptung von Bloom angenommen? - Nicht wörtlich. Substantiell.« So fragt sich Joyce ab. Bis Bloom nach Hause kommt, sich - immer noch in Frage und Antwort dargestellt - auskleidet, sich neben seine Frau legt, die schon liegt... »In welcher Stellung? - Zuhörerin: halb auf der linken Seite liegend, die linke Hand unter dem Kopf, das rechte Bein gradeaus gestreckt, es ruhte auf dem linken gebogenen in der Haltung der Gea-Tellus...« Und da fahren sie. Wohin?

Und hier setzt nun der ›innere Monolog‹ ein, der so viel Aufsehen gemacht hat, über hundert Seiten erstreckt er sich, und es muß gesagt werden, daß dies der stärkste Eindruck von allem ist. Er läuft ohne Interpunktion vorüber.

»Ja weil er so was noch nie verlangt hatte nämlich ihm sein Frühstück ans Bett zu bringen mit ein paar Eiern seit dem City Arms Hotel wo er öfters liegen blieb und behauptete er wäre erkältet und spielte dann den Vornehmen um sich bei der alten Ziege der Frau Riordan interessant zu machen von der er was zu erben dachte und sie vererbte uns keinen Heller alles für Messen für sich selbst und ihre Seele war der größte Geizhals der je lebte hatte wirklich Angst 4 d für ihren denaturierten Spiritus auszugeben erzählte mir all ihre Krankheiten -«

Man schmeckt schon aus der kleinen Teelöffelprobe das Gericht: das leise Asthma, das einen dabei beschleicht, die tiefe Echtheit; das Springen der Gedanken; die Übersetzung, über die man stolpert - aber dieser innere Monolog ist eine Leistung, eine bewundernswerte Leistung an Könnerschaft, künstlerischem Mut, Seelenkenntnis.

Mit den winzigen Versuchen Arthur Schnitzlers und Carl Spittelers hat diese Orgelsymphonie der Gedanken nichts zu tun. Hier ist tatsächlich alles, aber auch alles gesagt. Mit viel größerer Kraft als etwa bei dem unappetitlichen Harris, dessen Unterhosenanekdoten mir peinlich erscheinen und von denen ich nichts wissen möchte. Hier rollt und gluckert es; blitzschnell springen die Ideenflöhe hin und her, klammern sich an Wortähnlichkeiten; wundervoll, wenn zum Zeichen des Tadels etwas zweimal gedacht wird (Berlinisch: »Er will einen Bruchbandschlüssel haben - P! Bruchbandschlüssel!«) - ganz ersten Ranges, wenn die Sprache sinnlos tönt, ein dummes Echo. (So hallt die Gehirnschlucht, als vom Wort ›Vagina‹ die Rede ist, mit ›Cochinchina‹ wieder.) Denkt man nun so -?

Ich glaube, daß überhaupt nicht wiedergegeben werden kann, wie einer denkt. Man denkt grammatisch nicht folgerichtig; darüber kann es keine Diskussion geben. Schon komplizierte Nebensätze kommen nicht vor - von Bildern, hingewischten Fetzen und Heniden ganz zu schweigen. Wie unrichtig diese Technik da ist (die vorläufig die einzige ist, die uns bleibt), zeigen die derben Stellen. Ihretwegen ist das Buch wohl verfolgt worden.

Natürlich denkt eine Frau, die nicht einschlafen kann, auch an sexuelle Dinge. Ich glaube aber nicht, daß einer von uns dergleichen im Halbschlaf mit groben Worten zu Ende denkt - meist sieht er vielmehr, was er denkt, oder er denkt Begriffe, und die haben in uns keine Namen.

Erst war das Ding, dann der Name. Joyce hat hier bewußt die ordinärsten Gassenworte gesetzt, und man hat ihm zu danken, daß er den Mut aufgebracht hat, es zu tun. Die Tagträume der halben Wünsche; der rüde Kitzel; der ins psychische versetzte physiologische Vorgang (Blutandrang, schwerer Magen, unruhiges Herz) - das ist ganz einzig getroffen. Ein Arzt, der Joyce einmal war, müßte die jeweilige Pulszahl an den Rand schreiben können. Die narzistische Eigenliebe, mit der der Körper behandelt ist, das Kreiseln um einen Gedanken, der Unflat, der da nachts ausbricht - ecce homo. Am besten die kleinen Seitenlämpchen, die am Wege blitzen.

»Wenn ich dran denke wie er morgens die Treppe rauffällt die Tassen rasseln auf dem Brett und dann mit der Katze spielen sie reibt sich an einem weils ihr Spaß macht ob die wohl Flöhe hat ist genauso schlecht wie eine Frau immer sind sie am lecken aber ich hasse ihre Krallen ob die wohl was sehen was wir nicht sehen gucken immer so starr wenn sie oben so lange auf der Treppe sitzt und horcht -.«

Diese letzten Zeilen sind eine einzige Kostbarkeit: das sind wirklich Nachtgedanken, und gute dazu, worauf es ja zunächst nicht ankommt. Aber so ähnlich denkt man.

James Joyce hat eine Tür aufgestoßen; ich glaube, daß sie nach Freud nur noch angelehnt war. Auch dem Können dieses Iren sind natürliche Grenzen gesetzt: solche des menschlichen Gehirns und solche des Buchdrucks: man denkt ungeheuerlich schnell, man denkt auch manchmal polyphon - während ein schwerer Gedanke wie ein Glockenton in der Tiefe brummt, hüpfen oben die Affen der Assoziation auf und ab. Das kann man nicht aufschreiben. Was gemacht werden konnte, hat Joyce gemacht. Denn so sieht es in einem menschlichen Gehirn aus.

Was Vater Shaw da gepredigt hat, ist falsch. Man kann nicht anders ›werden‹ - weil man nun einmal so ist.

So:

Zersplittert und hundsgemein böse und geil und niederträchtig und gut und gutmütig und rachsüchtig und ohnmächtig-feige und schmutzig und klein und erhaben und lächerlich, o so lächerlich! Nachts kommt das alles herausgekrochen, schlängelt sich in die Schwärze um das Bett, vergiftend und vergiftet, durch alle Poren kommt es heraus. Töte ihn!

fressen! ich will ihn haben - er müßte mich... gibt auch zu viel Geld aus - mein dicker Oberschenkel! müßte mal wieder zum Friseur gehen - und...

»Ja und wie er mich unter der maurischen Mauer küßte und da dachte ich er so gut wie ein andrer und dann sah ich ihn an mit meinen Augen mich wieder zu fragen ja und dann fragte er mich ob ich wollte ja sagen meine Gebirgsblume und dann umschlangen ihn meine Arme ja ich zog ihn herab zu mir und er konnte meinen duftenden Brüste fühlen ja und ganz wild schlug ihm das Herz und ja ich sagte ja ich will. Ja.«

So schließt dieses außergewöhnliche und merkwürdige Buch.

Liebigs Fleischextrakt. Man kann es nicht essen. Aber es werden noch viele Suppen damit zubereitet werden.

Peter Panter
»Die Weltbühne«, 22.11.1927, Nr. 47, S. 788.

Wie werden die nächsten Eltern? (1927)

Von der durch die Nase zu sprechenden Bemerkung »Der Alte ist ja verrückt!« bis zu anerkennender Dankbarkeit gibt es alle Skalen im Verhältnis meiner Generation zu ihren Eltern. Aber im großen ganzen waren wir nicht recht zufrieden; wir fühlten uns nicht verstanden, und auch ohne daß wir zur Pistole des Hasencleverschen Sohns gegriffen haben: es war doch verdammt weit von uns bis zur ›alten Generation‹. Beschwerdebuch -!

Unsere Mütter hatten entsetzlich viel zu tun, aber nichts zu arbeiten - und das brachte sie oft auf krause Gedanken. Da gab es neben guten Müttern viel leere Vogelgehirne, Papas, die nur aus Berufsarbeit, Schrullen und einer knarrenden Zugstiefel-Welt-anschauung bestanden, Mamas, die einkauften und großreinemachten, wie man eine heilige Handlung vornimmt... und wir immer mitten drin, ein wenig hin- und hergestoßen, das Ganze für herzlich überflüssig empfindend. Möchten Sie noch einmal jung sein? Ich für meinen Teil habe reichlich genug.

Ja, und nun wachsen um mich herum die kleinen Kinderchen hoch, sie sprießen aus dem Boden wie die Pilze nach dem Regenwetter, alle meint Schulfreunde sind so langsam Eltern geworden, manche sagen schon: »Junge, komm mal her -!« - Ich sehe mir das so an... Was werden das nun für Eltern -?

Werden sie freier werden? Werden sie ihre Kinder auch mit so überflüssigem Zeug plagen, mit dem wir einst geplagt worden sind? Mit Fibelstrafen, die niemand so kindlich empfindet wie Kinder, die ja immer um drei Grad erwachsener sind, als Erwachsene sich das einbilden - mit brüllenden Strafgerichten und mit jener dreimal verwünschten Dickköpfigkeit, die da befiehlt, um zu befehlen, verbietet, um zu verbieten, sich mausig macht, kurz: das vertrackte Elternspiel spielt... ? Werden die nun anders werden?

Versprochen haben sies alle. »Wenn ich mal Kinder haben werde --« Ich bin ein wenig mißtrauisch. Erst sehen... Jetzt haben sie die Kinder: Maud legt trocken und gibt zu trinken, Georg hat sich von den blödsinnigsten Emanationen verzückter Vaterschaft freigehalten, das ist wahr, »Dutzi-Dutzi« wird zwar immer noch an Kinderbettchen gemacht, aber wohl etwas weniger als früher, und die Wunderkinder, die schon alles mögliche können, sind dünner gesät, scheints. Aber ich weiß doch nicht recht...

Noch haben die kleinen Dinger keinen eigenen Willen, dem sie sprachlich spürbaren Ausdruck verleihen können; noch sind ihre Wünsche verhältnismäßig bequem, noch weiß die junge Mutter in den meisten Fällen nicht, daß sie nun, in diesen Jahren, den Grund zu ganzen Epochen legt. Was wird das werden -?

Was geschieht, wenn das, was da heranwächst, nun eigene Wege geht? Sieht man so die jungen Eltern an, so kann man ziemlich deutlich zwei Sorten unterscheiden: die einen, die ein bißchen viel gehen und geschehen lassen und die sich ›moderne Erziehung‹ mit ›Bequemlichkeit‹ übersetzen, »Das Kind wird schon wissen, was es tut - meine Kinder werden ganz modern erzogen -.« Und die andern, die erstaunlich altmodisch geblieben sind und in deren Familie die alten Refrains wiederklangen. »Wenn du das nicht sein läßt, darfst du keine Süßspeise essen!« und: »Laß das! Laß das! Du sollst das nicht tun! Komm mal her! Laß das sein!« Das muß ich doch schon mal irgendwo gehört haben...

Fast möchte ich meinen, daß die Generation, die sich da um mich herum vermehrt, im allgemeinen vernünftigere Eltern hat als es - verzeihe es, o lieber Leser - die unsern gewesen sind. Sie haben doch mehr Kummer durchgemacht; Krieg und Inflation haben ihnen ein bißchen von der Relativität der irdischen Dinge gezeigt; sie glauben nicht mehr gar so absolut an die absoluten Werte - sie haben es einmal im Gebälk knistern hören, das ist ein Geräusch, das ein kluger Mensch nie mehr vergißt...

Wollte Gott, es hätte etwas genützt.

Das mit dem Fortschritt ist ja so eine Sache, aber es wäre den kleinen Petern, Tobiassen und Haralds zu wünschen, daß es ihnen besser ergehen möchte als ihren immerhin ziemlich geplagten Eltern. (Beifall links, Zischen rechts, Glocke des Präsidenten.) Daß diese junge Generation ohne gewisse törichte Zwangsvorstellungen aufwachsen wird - das ist einmal sicher. Daß sie neue akquiriert, desgleichen: »Unsere tägliche Selbsttäuschung gib uns heute«, sagte der alte Raabe.

Ich bin nur neugierig, wie sich eine Elternschaft aufführen wird, die so viel über sich nachgedacht hat und die so vieles bewußt tut, was man früher unbewußt ausführte. Angefressen von Skepsis, überfüttert mit

Theorie, bis zum Platzen geladen mit Pathos, Zweifel, Ausbruch und Not der Zeit beugt sich diese Generation über die Kinderwagen. Welche Augen blicken ihnen entgegen? Wie immer: Augen kleiner Menschen, die da gefühllos blicken werden, wo die Alten in Haß oder Liebe zerschmelzen - die weinen oder lachen, wo die Alten stumm bleiben: »Wie man drüber lachen kann, verstehe ich nicht...« Es kommt ja wohl alles wieder, hienieden.

Jetzt seid ihr dran. Hinter Türen und den Bäumen des Ferienwaldes, nach der Verlobung und auf den Kaffeegesellschaften der Mädchen, auf den kleinen Kneipereien der Jungen habt ihr genugsam über eure Alten geruddelt. Jetzt seid ihr dran.

Was werdet ihr für Eltern werden -?

Peter Panter
»Vossische Zeitung«, 27.03.1927.

Der Mann am Spiegel (1928)

Plötzlich fängt sich dein Blick im Spiegel
und bleibt hängen.
Du siehst:

Die nackt rasierten Wangen
- »Backe«: das ist gut für andere Leute -
den sanft geschwungenen Mund, die glatte Oberlippe,
die Krawatte sitzt - nein, doch nicht:
zupf!

Jetzt bist du untadlig.
Haare, Nase, Hals, Kragen, Rockschultern sind ein gut komponiertes
Bild -
tief bejaht dich dein Blick.

Wohlgefällig ruhst du auf dir,
siehst die seidigen Ränder der Ohrbrezeln,
unmerklich richtest du dich auf -
du bist so zufrieden mit dir
und fühlst das gesunde Mark deines Lebens.
Übrigens haben die Fliegen auf dem Spiegelglas gesessen,
oder ein chemischer Vorgang hat das Quecksilber bepickelt:
kleine blinde Pupillen sitzen darauf...

Nun stell den innern Entfernungsschätzer der Augen wieder um:

An der rechten Schläfe
- aber nur, wenn man schärfer hinsieht -
stehn ein paar kleine Runzeln,

Schützengräben der Haut, -
nein, es sind noch keine Runzeln,
doch da, an dieser Stelle, werden sie einst stehen.

Dann bist du ein alter Mann;
dann sagen die Leute: »Der alte Kaspar - «;
dann wird ein Mädchen leise ausgelacht, der du etwas zuflüsterst -
»Mit dem alten Mann... ?« sagen ihre Freundinnen.
Alter Mann.

Wie ihr euch anseht:
der Glasmann und du!
Nie
nie wird dich jemals ein anderer Mensch so ansehen,
ohne Beigeschmack von Ironie.
Du kannst dich gar nicht im Spiegel sehn.
Tat twam asi -?
Glatt ist dein Gesicht, sauber gewaschen und frottiert.
Zeit ist darüber hingespült.
Dein Gesicht, den Schuttplatz deiner Gefühle, hast du zusammengelogen, zusammengelacht,
geküßt, geschwiegen, gelitten, geseufzt: zusammengelebt -
sieh, unterhalb des linken Auges bist du leicht fleckig.

Mach dein Spiegelgesicht!
Was in den letzten Jahren alles gewesen ist,
nichts davon ist dir anzusehen.
Alles ist dir anzusehen.

Fakire sollen sich manchmal allein hypnotisieren.
Wenn man sich lange in den Spiegel sieht, steht im Lexikon,

verfällt man in Trance...
du siehst den Spiegelmann an,
der sieht, wie du siehst -
du siehst, wie er sieht, wie du...
Reiß deinen Blick zurück! Erwache.

So, mit dem aufgestützten Arm, ergäbe das eine gute Fotografie für die illustrierten Blätter:
ernst blickt der Dichter den Abonnenten an,
Ehrfurcht erheischend und einen zerstreuten Blick lang auch zugebilligt;
unnahbar, sehr sicher,
  wie aus gefrorenem Schmalz gehauen - ein fertiges Ding.

In den zwei glitzernden Pünktchen, die
in der Mitte deiner Augen angebracht sind,
funkt das Leben.
Eigentlich sind wir ganz schön, wie -?
Du betrachtest dich, wie sich die Männer in den Friseurläden betrachten,
wenn sie, haargeschnitten, aufstehn:
»Es ist, Gott sei Dank, alles da, und wir sind repräsentative Erscheinungen -!«
Mit einem langen Blick sehen sie sich im Spiegel an:
Kontrollversammlung der Kompanie, vorgenommen durch den
Feldwebel Auge -
nicht losreißen können sie sich,
dann ziehen sie ihre Weste herunter
und gehen neu gestärkt auf die Straße,
  durchaus bereit zum Kampf mit den andern, denen man nicht die Haare geschnitten hat.

Aber auf einmal
ist die glatte Sicherheit deines gebügelten Rockes dahin;
die Angst ist da.
Angst sitzt in den dunkeln Vertiefungen deiner Nase,
 mit der du die Luft einschaufelst;
das Blech am Kamin erzittert leise,
du hörst mit den Augen -

Sag etwas!
Sprich!
Prophezeie, wie es weiter werden wird!
Ob ich gepflegt sterbe, im Bett: umgeben von einem ernsten Professor,
einer weißen Krankenschwester und süßlich riechenden Flaschen;
oder ob ich auf kalter Chaussee verrecke, ganz allein -
zu den andern Landstreichern habe ich manchmal französisch
gesprochen, weil ich doch etwas Besseres gewesen bin;
ob ich mich zerhuste oder sacht im Sessel zurücksinke...
In das Weiße der Augen steigt langsam Rot auf -
welch ein Mitleid hast du mit dir!
Du betest dich hassend an.

Sprich!
Prophezeie:
Erfolg - Ansehen - Vergessenheit - Geldmangel - Demütigung; es gleiten
die wohlgenährten Kameraden vorbei und klopfen dir ermunternd auf
die Schulter, in leiser Schadenfreude.

Flocke. Geküßter Mund. Belebte Kopfkugel.
Mit mobilisierten Muskeln seht ihr euch beide an.
Noch ist nichts zu sehn. Noch seid ihr beide schön.
Tief unten knistert die Angst.

»Sie haben«, so sagt der Spiegelmann zu dem andern Mann,
»da ein Haar auf Ihrem Rockkragen!
Sehn Sie? es glänzt im Schein der abendlichen Lampe - das darf, merkwürdigerweise, nicht sein; nehmen Sie es bitte herunter -!«
Sorgsam entfernt ihr das Haar.

Ich gehe vom Spiegel fort.
Der andre auch -
Es ist kein Gespräch gewesen.
Die Augen blicken ins Leere,
mit dem Spiegelblick -
ohne den andern im Spiegel.

Allein.

Kaspar Hauser
»Die Weltbühne«, 10.01.1928, Nr. 2, S. 61, wieder in:
»Mona Lisa«, auch u.d.T. »Der Mann am Spiegel«.

Die großen Familien (1928)

Im Reichsgerichtsprozeß gegen unsre Freunde Küster und Jacob stand der Reichsanwalt, Herr Jörns, auf und sprach zu Berthold Jacob: »Haben Sie einen Bruder in Paris?« - »Ja.« - »Was tut Ihr Bruder dort?« - »Mein Bruder treibt in Paris literarische und historische Studien. Nächstens wird ein Buch von ihm erscheinen.« - Der Reichsanwalt: »Steht Ihr Bruder nicht in Beziehungen zum französischen Generalstab?« - »Nein.« - »Zum zweiten Büro des französischen Generalstabs?« Und dann später noch einmal: »Steht Ihr Bruder nicht in Beziehungen zum französischen Kriegsministerium oder zum französischen Auswärtigen Amt?«

Berthold Jacob, dessen tapferes Benehmen vor diesen Richtern recht viele Nachahmungen verdient, gab dem ehemaligen Kriegsgerichtsrat Jörns, der den von deutschen Offizieren an Liebknecht und Luxemburg begangenen Mord ›bearbeitet‹ hat - diesem Mann gab Jacob die nötige Antwort. Das kleine Intermezzo in einer sonst anständig und untadlig geführten Verhandlung verdient hervorgehoben zu werden, weil es für den Geist des Reichsgerichts typisch ist.

Der ehemalige Kriegsgerichtsrat weiß von dem Bruder nichts, außer ein wenig Klatsch. Zunächst gibt es nichts zu wissen: der Mann lebt hier in Paris, bearbeitet den alten historischen Fall Naundorff; er lebt im übrigen als Privatmann, dessen Gesinnung überhaupt nicht zur Diskussion steht, Herr Jörns interessiert sich für ihn. Ihm genügt die Tatsache, daß ein Deutscher beim welschen Erbfeind lebt, um ihn zu verdächtigen. Seine Fragen, die nicht zur Sache gehörten, waren Verdächtigungen und sind selbstverständlich als solche aufzufassen. Wüßte der Reichsanwalt Näheres und Belastendes über die Tätigkeit dieses Bruders, so müßte er ja von Amts wegen dagegen einschreiten, und man kann sicher sein, daß er es getan hätte. Er weiß aber nichts. Diese Ignoranz genügt, um einen Deutschen, der weder als Angeklagter noch als Zeuge mit der Sache zu tun hat, zu beschimpfen. Der Angeklagte allein ist dem Kriegsgerichtsrat zu wenig Beute: alles, was zu seiner Familie gehört, ist verdächtig.

Daß eine Beleidigung durch den Reichsanwalt vorliegt, steht außer Zweifel: in seinen Kreisen werden solche ›Beziehungen‹ zum französischen Generalstab als Spionage, als Landesverrat, also als Verbrechen angesehen. Der Vorsitzende hat Berthold Jacob damit zu beruhigen versucht, daß er bemerkte: »Der Herr Reichsanwalt hat nur gefragt...« Was wäre zum Beispiel, wenn ich fragte, ob die Tochter des Herrn Reichsgerichtsrat X ein Luderleben führt, ob sich der Reichsanwalt Y jeden Abend besauft? Und was wäre, wenn ich vor Gericht im Verhör stammelte: »Aber ich bitte Sie..., ich habe nur gefragt«?

Daß der Reichsanwalt Jörns einen unbeteiligten Mann, den er vor Gericht beleidigt, durch solche haltlosen Anwürfe in dessen Erwerbsleben schwer schädigen kann, daran denkt er offenbar nicht. Der Präsident des Reichsgerichts, Herr Simons, den die Schmöcke gern den »höchsten deutschen Richter« nennen, scheint seine Leute nicht ordentlich an der Schnur zu haben. Sieht er sich das ruhig mit an? Kann er ihnen nicht wenigstens die einfachsten Beamtenpflichten klarmachen? Will er deshalb nicht, weil er es grade so machen würde? Wie dem auch sei: der Bruder hat in diesem Prozeß nichts zu suchen. Wohl aber die große Familie der radikalen Pazifisten.

Von diesem Punkt aus ist manches im Prozeß zu erklären gewesen: unter anderm das Urteil. Zu dem hat wesentlich die forsche Haltung Küsters in jener leipziger Versammlung beigetragen, wo Tausende gegen die Abwürgung der Wahrheit durch das Reichsgericht protestiert haben, und wo die Stühle der eingeladenen Reichsgerichtsräte allegorisch leer blieben. Gerechtigkeit: Fehlanzeige. Nun hatte aber Küster tausend Mal recht: wird Landesverrat von Pazifisten begangen, ohne daß Geld im Spiel ist, so ist es in unsern Augen kein Verbrechen.

Dieser Landesverrat kann eine Notwendigkeit sein, um etwas Großes und Wichtiges abzuwehren: den Landfriedensbruch in Europa. Der europäische Friede steht über den niedern Interessen der Vaterländer.

Daß die beiden zu Unrecht Verurteilten eine solche Art Landesverrat im vorliegenden Fall nicht begangen haben, ist eine andre Sache. Sie haben schon deshalb gar nichts verraten können, weil es einen publizistischen Landesverrat kaum noch gibt - die uniformierte Konkurrenz ist viel, viel schneller. Sie haben nichts verraten können, weil drüben alles - aber auch alles - bekannt war, und es ist ein Skandal, daß kein Vorsitzender die Vertreter des Reichswehrministeriums in die Zange nimmt und sie fragt:

»Ist es wahr, daß im Juli 1925 die feindlichen Spionageorganisationen über die schwarze Reichswehr ausreichend Bescheid gewußt haben - ja oder nein? - Hat zwischen Münster in Westfalen und dem ›Stahlhof‹ in Düsseldorf eine Verbindung bestanden - ja oder nein? - Hat in den ›*Bulletins Secrets*‹ alles Wissenswerte über die geheime illegale Bewaffnung aus der Zeit Geßlers gestanden - ja oder nein? - Kam ein ›Vogel‹ geflogen und setzte sich nieder auf des Erbfeindes Fuß - ja oder nein? - Hat der französische Nachrichtendienst seit dem Sommer 1923 nicht alles gewußt, was von der Reichsmarine über Krupp zum patriotischen Ruhrwiderstand führte - ja oder nein? - Wollen Sie sich als Sachverständiger dazu äußern, wer zu den Herren Braun, Lux (dem Polyglotten), Schneider, Terre gegangen ist? Wollen Sie sich als Sachverständiger dazu äußern, wer den Franzosen erzählt hat, daß die drei in Bayern aufgestellten schwarzen Divisionen von Kahr, von Lossow und Seißer nordwärts marschieren werden und nicht etwa nach Westen?« Aber das hat keiner gefragt.

Der großen Familie der Pazifisten steht die große internationale Familie der Militärs gegenüber, die voneinander und übereinander viel mehr wissen, als je eine pazifistische Zeitschrift veröffentlichen kann. Die wirklichen, echten, und, wenn man so will, gefährlichen Landesverräter, sitzen nicht auf den Redaktionen, sie sitzen anderswo... Und sie sind nicht einmal so sehr teuer.

Uns radikalen Pazifisten aber bleibt, entgegen allen Schäden des Reichsgerichts, das Naturrecht, imperialistische Mächte dann gegeneinander auszuspielen, wenn der Friede Europas, wenn unser Gewissen das verlangt, und ich spreche hier mit dem vollen Bewußtsein dessen, was ich sage, aus, daß es kein Geheimnis der deutschen Wehrmacht gibt, das ich nicht, wenn es zur Erhaltung des Friedens notwendig erscheint, einer fremden Macht auslieferte.

Ob die deutsche Justiz vor den Uniformen stramm steht oder nicht, ist uns gleichgültig. Daß die Richter, von denen ein Teil auch politisch nach Revanche schreit, an den tapfern Pazifisten Küster und Jacob ihr Mütchen gekühlt haben, steht außer Zweifel. Der eine hat durch die ausgezeichneten Informationen seiner ›*Zeit-Notizen*‹ den General Seeckt entfernt, und der andre macht in seiner Wochenschrift ›*Das Andere Deutschland*‹ in Hagen und in ganz Westfalen die allerbeste pazifistische

Propaganda. Beide sind ebenso radikal wie aktiv, und das verzeiht ihnen die reaktionäre deutsche Justiz nicht. Dem Reichsgericht aber sei dieses unser klares Bekenntnis ins Gesicht gefeuert:

Wir halten den Krieg der Nationalstaaten für ein Verbrechen, und wir bekämpfen ihn, wo wir können, wann wir können, mit welchen Mitteln wir können. Wir sind Landesverräter. Aber wir verraten einen Staat, den wir verneinen, zugunsten eines Landes, das wir lieben, für den Frieden und für unser wirkliches Vaterland: Europa.

Ignaz Wrobel
»Die Weltbühne«, 27.03.1928, Nr. 13, S. 471.

Wo kommen die Löcher im Käse her -? (1928)

> Das Werk zwingt schon durch die Gelehrsamkeit, die in ihm verkocht erscheint, Bewunderung ab, besonders einem Leser wie mir, dessen Bildung an Emmentaler Käse erinnert, indem sie wie dieser größtenteils aus Lücken besteht.
>
> *Alfred Polgar*

Wenn abends wirklich einmal Gesellschaft ist, bekommen die Kinder vorher zu essen. Kinder brauchen nicht alles zu hören, was Erwachsene sprechen, und es schickt sich auch nicht, und billiger ist es auch. Es gibt belegte Brote; Mama nascht ein bißchen mit, Papa ist noch nicht da.

»Mama, Sonja hat gesagt, sie kann schon rauchen - sie kann doch noch gar nicht rauchen!« - »Du sollst bei Tisch nicht reden.« - »Mama, guck mal die Löcher in dem Käse!« - Zwei Kinderstimmen, gleichzeitig: »Tobby ist aber dumm! Im Käse sind doch immer Löcher!« Eine weinerliche Jungenstimme: »*Na ja* - aber warum? Mama! *Wo kommen die Löcher im Käse her?*« - »Du sollst bei Tisch nicht reden!« - »Ich möcht aber doch wissen, wo die Löcher im Käse herkommen!« - Pause. Mama: »Die Löcher... also ein Käse hat immer Löcher, da haben die Mädchen ganz recht!... ein Käse hat eben immer Löcher.« - »Mama! Aber dieser Käse hat doch keine Löcher! Warum hat der keine Löcher? Warum hat der Löcher?« - »Jetzt schweig und iß. Ich hab dir schon hundertmal gesagt, du sollst bei Tisch nicht reden! Iß!« - »Bwww -! Ich möcht aber wissen, wo die Löcher im Käse... aua, schubs doch nicht immer... !« Geschrei. Eintritt Papa.

»Was ist denn hier los? Gun Ahmt!« - »Ach, der Junge ist wieder ungezogen!« - »Ich bin gah nich ungezogen! Ich will nur wissen, wo die Löcher im Käse herkommen. Der Käse da hat Löcher, und der hat keine -!« Papa: »Na, deswegen brauchst du doch nicht so zu brüllen! Mama wird dir das erklären!« - Mama: »Jetzt gib du dem Jungen noch recht! Bei Tisch hat er zu essen und nicht zu reden!« - Papa: »Wenn ein Kind was fragt, kann man ihm das schließlich erklären! Finde ich.« - Mama: »Toujours en présence des enfants! Wenn ich es für richtig finde, ihm das zu erklären, werde ich ihm das schon erklären. Nu iß!« - »Papa, wo doch aber die Löcher im Käse herkommen, möcht ich doch aber wissen!« - Papa: »Also, die Löcher im Käse, das ist bei der Fabrikation; Käse macht man aus Butter und aus Milch, da wird er gegoren, und da wird er feucht; in der Schweiz machen sie das sehr schön - wenn du groß bist, darfst du auch mal mit in die Schweiz, da sind so hohe Berge, da liegt ewiger Schnee darauf - das ist schön, was?« - »Ja. Aber Papa, wo kommen denn die Löcher im Käse her?« - »Ich habs dir doch eben erklärt: die kommen, wenn man ihn herstellt, wenn man ihn macht.« - »Ja, aber... wie kommen denn die da rein, die Löcher?« - »Junge, jetzt löcher mich nicht mit deinen Löchern und geh zu Bett! Marsch! Es ist spät!« - »Nein! Papa! Noch nicht! Erklär mir doch erst, wie die Löcher im Käse...« Bumm. Katzenkopf. Ungeheuerliches Gebrüll. Klingel.

Onkel Adolf. »Guten Abend! Guten Abend, Margot - 'n Ahmt - na, wie gehts? Was machen die Kinder? Tobby, was schreist du denn so?« - »Ich will wissen...« - »Sei still...!« - »Er will wissen...« - »Also jetzt bring den Jungen ins Bett und laß mich mit den Dummheiten in Ruhe! Komm, Adolf, wir gehen solange ins Herrenzimmer; hier wird gedeckt!« - Onkel Adolf: »Gute Nacht! Gute Nacht! Alter Schreihals! Nu hör doch bloß mal...! Was hat er denn?« - »Margot wird mit ihm nicht fertig - er will wissen, wo die Löcher im Käse herkommen, und sie hats ihm nicht erklärt.« - »Hast dus ihm denn erklärt?« - »Natürlich hab ichs ihm erklärt.« - »Danke, ich rauch jetzt nicht - sage mal, weißt *du* denn, wo die Löcher herkommen?« - »Na, das ist aber eine komische Frage! Natürlich weiß ich, wo die Löcher im Käse herkommen! Die entstehen bei der Fabrikation durch die Feuchtigkeit... das ist doch ganz einfach!« - »Na, mein Lieber... da hast du dem Jungen aber ein schönes Zeugs erklärt! Das ist doch überhaupt keine Erklärung!« - »Na, nimm mirs nicht übel - du bist aber komisch! Kannst du mir denn erklären, wo die Löcher im Käse herkommen?« - »Gott sei Dank kann ich das.« - »Also bitte.«

»Also, die Löcher im Käse entstehen durch das sogenannte Kaseïn, was in dem Käse drin ist.« - »Das ist doch Quatsch.« - »Das ist kein Quatsch.« - »Das ist wohl Quatsch; denn mit dem Kaseïn hat das überhaupt nichts zu... gun Ahmt, Martha, gun Ahmt, Oskar... bitte, nehmt Platz. Wie gehts?... überhaupt nichts zu tun!«

»Was streitet ihr euch denn da rum?« - Papa: »Nu bitt ich dich um alles in der Welt; Oskar! du hast doch studiert und bist Rechtsanwalt: haben die Löcher im Käse irgend etwas mit Kaseïn zu tun?« - Oskar: »Nein. Die Käse im Löcher... ich wollte sagen: die Löcher im Käse rühren daher... also die kommen daher, daß sich der Käse durch die Wärme bei der Gärung zu schnell ausdehnt!« Hohngelächter der plötzlich verbündeten reisigen Helden Papa und Onkel Adolf. »Haha! Hahaha! Na, das ist eine ulkige Erklärung! Der Käse dehnt sich aus! Hast du das gehört? Haha...!«

Eintritt Onkel Siegismund, Tante Jenny, Dr. Guggenheimer und Direktor Flackeland. Großes »Guten Abend! Guten Abend! -... gehts?... unterhalten uns gerade... sogar riesig komisch... ausgerechnet Löcher im Käse!... es wird gleich gegessen... also bitte, dann erkläre du -!«

Onkel Siegismund: »Also - die Löcher im Käse kommen daher, daß sich der Käse bei der Gärung vor Kälte zusammenzieht!« Anschwellendes Rhabarber, Rumor, dann großer Ausbruch mit voll besetztem Orchester: »Haha! Vor Kälte! Hast du schon mal kalten Käse gegessen? Gut, daß Sie keinen Käse machen, Herr Apolant! Vor Kälte! Hähä!« - Onkel Siegismund beleidigt ab in die Ecke.

Dr. Guggenheimer: »Bevor man diese Frage entscheiden kann, müssen Sie mir erst mal sagen, um welchen Käse es sich überhaupt handelt. Das kommt nämlich auf den Käse an!« Mama: »Um Emmentaler! Wir haben ihn gestern gekauft... Martha, ich kauf jetzt immer bei Danzel, mit Mischewski bin ich nicht mehr so zufrieden, er hat uns neulich Rosinen nach oben geschickt, die waren ganz...« Dr. Guggenheimer: »Also, wenn es Emmentaler war, dann ist die Sache ganz einfach. Emmentaler hat Löcher, weil er ein Hartkäse ist. Alle Hartkäse haben Löcher.«

Direktor Flackeland: »Meine Herren, da muß wohl wieder mal ein Mann des praktischen Lebens kommen... die Herren sind ja größtenteils Akademiker...« (Niemand widerspricht.) »Also, die Löcher im Käse sind Zerfallsprodukte beim Gärungsprozeß. Ja. Der... der Käse zerfällt, eben... weil der Käse...« Alle Daumen sind nach unten gerichtet, das Volk steht auf, der Sturm bricht los. »Pö! Das weiß ich auch! Mit chemischen Formeln ist die Sache nicht gemacht!« Eine hohe Stimme: »Habt ihr denn kein Lexikon -?«

Sturm auf die Bibliothek. Heyse, Schiller, Goethe, Bölsche, Thomas Mann, ein altes Poesiealbum - wo ist denn... richtig!

GROBKALK BIS KERBTIERE

Kanzel, Kapital, Kapitalertragssteuer, Karbatsche, Kartätsche, Karwoche, *Käse* -! »Laß mich mal! Geh mal weg! Pardon! Also:
›Die blasige Beschaffenheit mancher Käsesorten rührt her von einer Kohlensäureentwicklung aus dem Zucker der eingeschlossenen Molke.‹« Alle, unisono: »Hast es. Was hab ich gesagt?«... »›eingeschlossenen Molke und ist...‹ wo geht denn das weiter? Margot, hast du hier eine Seite aus dem Lexikon rausgeschnitten? Na, das ist doch unerhört - wer war hier am Bücherschrank? Sind die Kinder... ? Warum schließt du denn den Bücherschrank nicht ab?« - »Warum schließt du den Bücherschrank nicht ab ist gut - hundertmal hab ich dir gesagt, schließ du ihn ab - « - »Nu laßt doch mal: also wie war das? Ihre Erklärung war falsch. Meine Erklärung war richtig.« - »Sie haben gesagt, der Käse kühlt sich ab!« - »*Sie* haben gesagt, der Käse kühlt sich ab - ich hab gesagt, daß sich der Käse erhitzt!« - »Na also, dann haben Sie doch nichts von der kohlensauren Zuckermolke gesagt, wie da drinsteht!« - »Was du gesagt hast, war überhaupt Blödsinn!« - »Was verstehst du von Käse? Du kannst ja nicht mal Bolles Ziegenkäse von einem alten Holländer unterscheiden!« - »Ich hab vielleicht mehr alten Holländer in meinem Leben gegessen wie du!« - »Spuck nicht, wenn du mit mir sprichst!« Nun reden alle mit einemmal.
Man hört:
- »Betrag dich gefälligst anständig, wenn du bei mir zu Gast bist... !« - »saurige Beschaffenheit der Muckerzolke...« - »mir überhaupt keine Vorschriften zu machen!«... »Bei Schweizer Käse - ja! Bei Emmentaler Käse - nein!...« - »Du bist hier nicht bei dir zu Hause! hier sind anständige Leute...« - »Wo denn -?« - »Das nimmst du zurück! Das nimmst du sofort zurück! Ich lasse nicht in meinem Hause meine Gäste beleidigen - ich lasse in meinem Hause meine Gäste nicht beleidigen! Du gehst mir sofort aus dem Haus!« - »Ich bin froh, wenn ich raus bin - deinen Fraß brauche ich nicht!« - »Du betrittst mir nicht mehr meine Schwelle!« - »Meine Herren, aber das ist doch... !« - »Sie halten überhaupt den Mund - Sie gehören nicht zur Familie!...« - »Na, das *hab* ich noch nicht gefrühstückt!« - »Ich als Kaufmann... !« - »Nu hören Sie doch mal zu: Wir hatten im Kriege einen Käse - « - »Das war keine Versöhnung! Es ist mir ganz egal, und wenn du platzt: Ihr habt uns betrogen, und wenn ich mal

sterbe, betrittst du nicht mein Haus!« - »Erbschleicher!« - »Hast du das -!« - »Und ich sag es ganz laut, damit es alle hören: Erbschleicher! So! Und nu geh hin und verklag mich!« - »Lümmel! Ein ganz fauler Lümmel, kein Wunder bei dem Vater!« - »Und deine? Wer ist denn deine? Wo hast du denn deine Frau her?« - »Raus! Lümmel!« - »Wo ist mein Hut? In so einem Hause muß man ja auf seine Sachen aufpassen!« - »Das wird noch ein juristisches Nachspiel haben! Lümmel!...« - »Sie mir auch -!«

In der Türöffnung erscheint Emma, aus Gumbinnen, und spricht: »Jnädje Frau, es is anjerichtet -!«

4 Privatbeleidigungsklagen. 2 umgestoßene Testamente. 1 aufgelöster Soziusvertrag. 3 gekündigte Hypotheken. 3 Klagen um bewegliche Vermögensobjekte: ein gemeinsames Theaterabonnement, einen Schaukelstuhl, ein elektrisch heizbares Bidet. 1 Räumungsklage des Wirts.

Auf dem Schauplatz bleiben zurück ein trauriger Emmentaler und ein kleiner Junge, der die dicken Arme zum Himmel hebt und, den Kosmos anklagend, weithinhallend ruft:

»Mama! Wo kommen die Löcher im Käse her -?«

Peter Panter
»Vossische Zeitung«, 29.08.1928, wieder in:
»Mona Lisa«.

Bürgerliche Wohltätigkeit (1928)

Sieh! Da steht das Erholungsheim
einer Aktiengesellschafts-Gruppe;
morgens gibt es Haferschleim
und abends Gerstensuppe.
    Und die Arbeiter dürfen auch in den Park ...
    Gut. Das ist der Pfennig.
    Aber wo ist die Mark -?

Sie reichen euch manche Almosen hin
unter christlichen frommen Gebeten;
sie pflegen die leidende Wöchnerin,
denn sie brauchen ja die Proleten.
    Sie liefern auch einen Armensarg...
    Das ist der Pfennig. Aber wo ist die Mark -?

Die Mark ist tausend- und tausendfach
in fremde Taschen geflossen;
die Dividende hat mit viel Krach
der Aufsichtsrat beschlossen.
    Für euch die Brühe. Für sie das Mark.
    Für euch der Pfennig. Für sie die Mark.

Proleten!
    Fallt nicht auf den Schwindel rein!
Sie schulden euch mehr als sie geben.
Sie schulden euch alles! Die Länderein,
    die Bergwerke und die Wollfärberein...
sie schulden euch Glück und Leben.
    Nimm, was du kriegst. Aber pfeif auf den Quark.

Denk an deine Klasse! Und die mach stark!
Für dich der Pfennig! Für dich die Mark!
Kämpfe -!

Kurt Tucholsky
»Arbeiter Illustrierte Zeitung«, 1928, Nr. 45, S. 11, wieder in:
»Deutschland, Deutschland« u. »Lerne Lachen«, auch u.d.T. »Wohltätigkeit«.

Was würden Sie tun, wenn Sie die Macht hätten? (1928)

Für *wen* habe ich die Macht -?
Eine persönliche Diktatur gibt es nicht; sie ist ein Bürgertraum.
Hätte ich die Macht mit den kommunistischen Arbeitern und für sie, so scheinen mir dies die Hauptarbeiten einer solchen Regierung zu sein:
Sozialisierung der Bergwerke;
Sozialisierung der Schwerindustrie;
Aufteilung des Großgrundbesitzes;
Absetzung der Länderbürokratie;
radikale Personalreform in der Justizverwaltung;
Personalreform auf Schulen und Universitäten;
Abschaffung der Reichswehr;
Schaffung eines sittlichen Strafgesetzes an Stelle jenes in Vorbereitung befindlichen kulturfeindlichen Entwurfs;
Steuerliche Erfassung der Bauern.
Ich glaube, daß im Volk viele Kräfte schlummern, die heute von den Juristen und den uns regierenden Bürovorstehern abgetötet und in der Entwicklung gehemmt werden - mit diesen unverbrauchten Kräften ist auch dann viel zu erreichen, wenn sie ›die Bestimmungen nicht kennen‹, was ihre Kraft ausmacht.
Die von mir genannten Ziele, die heute verlacht werden, weil sie die Wahrheiten von morgen sind, lassen sich nicht auf evolutionärem Wege erreichen - nötig wäre dazu die Revolution, deren Terminologie heute kompromittiert sein mag.
Ihre Idee ist unbesiegbar.

Ignaz Wrobel
»Die Literarische Welt«, 09.11.1928, Nr. 45, S. 3.

Sie schläft (1928)

Morgens, vom letzten Schlaf ein Stück,
nimm mich ein bißchen mit -
auf deinem Traumboot zu gleiten ist Glück -
Die Zeituhr geht ihren harten Schritt...
    pick-pack...

»Sie schläft mit ihm« ist ein gutes Wort.
Im Schlaf fließt das Dunkle zusammen.
Zwei sind keins. Es knistern die kleinen Flammen,
aber dein Atem fächelt sie fort.
Ich bin aus der Welt. Ich will nie wieder in sie zurück -
jetzt, wo du nicht bist, bist du ganz mein.
Morgens, im letzten Schlummer ein Stück,
kann ich dein Gefährte sein.

Theobald Tiger
»Die Weltbühne«, 25.09.1928, Nr. 39, S. 494, wieder in:
»Mona Lisa«.

Taschen-Notizkalender (1928)

Meine Freundin Grete Walfisch hat mir aus dem völkerversöhnenden Locarno einen Notizkalender geschickt, den man in die Tasche stecken kann. Ich habe darin geblättert und sogleich des alten, berliner Liedes gedacht:

> Ich gucke einmal,
> ich gucke zweimal -
> Ich denk: Nanu?
> da hat doch einer dran gedreht... ?

Das Ding ist in deutscher Sprache verfaßt, unzweifelhaft - aber irgend etwas in der Druckerei muß feucht geworden sein: der Verfasser, das Papier oder der Setzer... es ist eine Art Privatdeutsch. So:

Über »Angaben und Rezepten über einfache Tierarzneikunde«, wobei zu bemerken: »Zur Vernichtung der Lause« und »Zur Entfernung der Fliegen« treten wir in den Jahreskalender, der durch allgemein belehrende Angaben und fromme Sprüche geziert ist. Da hätten wir im Januar die »Sieben Wunder der Welt«, unter denen an erster Stelle die »Längenden Görten von Semiramis« hängen, an fünfter aber der »Koloss von Rhodus, der in dem Hafen als Leuchtturm diente«. Der Koloß schillert in allen Artikeln. »Er war zirka 40 Meter hoch. Durch ihre Beine fuhren die größten Schiffe mit vollen Segeln.« Durch den Koloß seine.

Die eingestreuten Sentenzen sind unbestreitbar richtig, wenn auch nicht immer zur Gänze verständlich. »Wer bitter im Munde hat, kann nicht süsspricken« - wie wahr! und weil schön dunkel, so doppelt beachtenswert... Auch: »Die Rosen fallen ab, die Dörner bleiben« enthält eine schwermütige Lebensweisheit, die uns überall weiterhilft, nur nicht in der Küche. In der Küche helfen Kochrezepte. Zum Beispiel dieses: »Würste mit Eiern.«

»Nehmet die Würste eine nach der andern, schneidet sie in der länge und setzt sie zum Kochen in eine ungeschmierte Brandpfanne; sind dieselben zu mager, so kann man sie mit einem bißchen Butter kochen. Sobald die Würsten gekocht sind, wirft darauf die geschüttelten Eier und nachdem diese gerinnt sein werden, schickt die Speise ganz warm auf den Eßtisch.« Das war ein merkwürdiger Vorgang.

Der ist aber gar nichts gegen das am Bratspieß geröstete Lamm.

»Der am Bratspieß geröstete Lamm. Nimmt ein ¼ Lamm« (man beachte die Subtilität der Gewichtsangabe!); »laßt ihm einige Stunden lang mit Öhl, Pfeffer, Salz oder einem Tropfen Essig ausruhen. Durchbohrt ihm da und dort mit einer Messerspitze. Zieht ihm auf den Brandspieß mit einem Ästchen Rosmarin, und schmiert ihm öfters mit der obgenannten Flüssigkeit, bis er gekocht ist. Bevor ihn zu servieren nimmt das Ästchen Rosmarin weg.« Ob es Hammelbraten wird, was da herauskommt, ist eine andere Frage; aber es ist sicherlich die tierfreundlichste Art, ein Lamm zu braten. Nie noch hat ein Koch daran gedacht, ein Lamm bei solcher Prozedur ausruhen zu lassen.

So blättere ich und lerne die »Embleme der Farbe«, zum Beispiel: »Dunkelpomeranzenfarbig: Genugtuung, Ruhmlieben«; kluge Sätze allgemein gültiger Lebenserfahrung: »Der Mensch spinnt an, der Zufall webt«, und am allerschönsten ist es, wenn ich über-haupt nicht mehr weiß, was gemeint ist. Dann leuchtet die deutsche Sprache wie der Mond hinter den Wolken hervor, und ich denke darüber nach, ob wir Vollmond haben oder Mittelmond oder Jungmond; es ist ein Deutsch wie frisch aus dem Lexikon, die einzelnen Wörter gibt es, aber es ist keine Sprache. Nun, laßt uns hier nicht von der modernen und mondänen Literatur sprechen, sondern im bescheidenen Kalender aus Locarno blättern - denk du an deine Liebe, ich denk an meine, und beherzigen wir den Spruch auf Seite 22, links unten:

»Liebe ist nicht ohne bitter.« Wem sagt der Kalender das!

Peter Panter
»Vossische Zeitung«, 30.06.1928, wieder in:
»Mona Lisa«.

Frauen sind eitel. Männer? Nie -! (1928)

Das war in Hamburg, wo jede vernünftige Reiseroute aufzuhören hat, weil es die schönste Stadt Deutschlands ist - und es war vor dem dreiteiligen Spiegel. Der Spiegel stand in einem Hotel, das Hotel stand vor der Alster, der Mann stand vor dem Spiegel. Die Morgen-Uhr zeigte genau fünf Minuten vor einhalb zehn.

Der Mann war nur mit seinem Selbstbewußtsein bekleidet, und es war jenes Stadium eines Ferientages, wo man sich mit geradezu wollüstiger Langsamkeit anzieht, trödelt, Sachen im Zimmer umherschleppt, tausend überflüssige Dinge aus dem Koffer holt, sie wieder hineinpackt, Taschentücher zählt und sich überhaupt benimmt wie ein mittlerer Irrer: es ist ein geschäftiges Nichtstun, und dazu sind ja die Ferien auch da. Der Mann stand vor dem Spiegel.

Männer sind nicht eitel. Frauen sind es. Alle Frauen sind eitel. Dieser Mann stand vor dem Spiegel, weil der dreiteilig war und weil der Mann zu Hause keinen solchen besaß. Nun sah er sich, Antinous mit dem Hängebauch, im dreiteiligen Spiegel und bemühte sich, sein Profil so kritisch anzusehen, wie seine egoistische Verliebtheit das zuließ... eigentlich... und nun richtete er sich ein wenig auf - eigentlich sah er doch sehr gut im Spiegel aus, wie -? Er strich sich mit gekreuzten Armen über die Haut, wie es die tun, die in ein Bad steigen wollen... und bei dieser Betätigung sah sein linkes Auge ganz zufällig durch die dünne Gardine zum Fenster hinaus. Da stand etwas.

Es war eine enge Seitenstraße, und gegenüber, in gleicher Etagenhöhe, stand an einem Fenster eine Frau, eine ältere Frau, schiens, die hatte die drübige Gardine leicht zur Seite gerafft, den Arm hatte sie auf ein kleines Podest gelehnt, und sie stierte, starrte, glotzte, äugte gerade auf des Mannes gespiegelten Bauch. Allmächtiger.

Der erste Impuls hieß den Mann vom Spiegel zurücktreten, in die schützende Weite des Zimmers, gegen Sicht gedeckt. So ein Frauenzimmer. Aber es war doch eine Art Kompliment, das war unleugbar; denn wenn jene auch dergleichen vielleicht immer zu tun pflegte - es war eine Schmeichelei. »An die Schönheit.« Unleugbar war das so. Der Mann wagte sich drei Schritt vor.

Wahrhaftig: da stand sie noch immer und äugte und starrte. Nun - man ist auf der Welt, um Gutes zu tun... und wir können uns doch noch alle Tage sehen lassen - ein erneuter Blick in den Spiegel bestätigte das - heran an den Spiegel, heran ans Fenster!

Nein. Es war *zu* schéhnierlich... der Mann hüpfte davon, wie ein junges Mädchen, eilte ins Badezimmer und rasierte sich mit dem neuen Messer, das glitt sanft über die Haut wie ein nasses Handtuch, es war eine Freude. Abspülen (»Scharf nachwaschen?« fragte er sich selbst und bejahte es), scharf Nachttischen, pudern... das dauerte gut und gern seine zehn Minuten. Zurück. Wollen doch spaßeshalber einmal sehen -.

Sie stand wahr und wahrhaftig noch immer da; in genau derselben Stellung wie vorhin stand sie da, die Gardine leicht zur Seite gerafft, den Arm aufgestützt, und sah regungslos herüber. Das war denn doch - also, das wollen wir doch mal sehen.

Der Mann ging nun überhaupt nicht mehr vom Spiegel fort. Er machte sich dort zu schaffen, wie eine Bühnenzofe auf dem Theater: er bürstete sich und legte einen Kamm von der rechten auf die linke Seite des Tischchens; er schnitt sich die Nägel und trocknete sich ausführlich hinter den Ohren, er sah sich prüfend von der Seite an, von vorn und auch sonst... ein schiefer Blick über die Straße: die Frau, die Dame, das Mädchen - sie stand noch immer da.

Der Mann, im Vollgefühl seiner maskulinen Siegerkraft, bewegte sich wie ein Gladiator im Zimmer, er tat so, als sei das Fenster nicht vorhanden, er ignorierte scheinbar ein Publikum, für das er alles tat, was er tat: er schlug ein Rad, und sein ganzer Körper machte fast hörbar: Kikeriki! dann zog er sich, mit leisem Bedauern, an.

Nun war da ein manierlich bekleideter Herr, - die Person stand doch immer noch da! -, er zog die Gardine zurück und öffnete mit leicht vertraulichem Lächeln das Fenster. Und sah hinüber.

Die Frau war gar keine Frau.

Die Frau, vor der er eine halbe Stunde lang seine männliche Nacktheit produziert hatte, war - ein Holzgestell mit einem Mantel darüber, eine Zimmerpalme und ein dunkler Stuhl. So wie man im nächtlichen Wald aus Laubwerk und Ästen Gesichter komponiert, so hatte er eine Zuschauerin gesehen, wo nichts gewesen war als Holz, Stoff und eine Zimmerpalme.

Leicht begossen schloß der Herr Mann das Fenster.
Frauen sind eitel. Männer -? Männer sind es nie.

Peter Panter
»Vossische Zeitung«, 28.09.1928.

Eine leere Zelle (1929)

Sobald sie ihn herausgeholt haben, ist das erste, was der Wärter tut: er öffnet das Fenster. In Gefängniszellen mufft es immer - aber die Luft in dieser Zelle ist besonders übel. Sauer ist die Luft, Schweiß der Todesangst haftet an den Wänden, und die letzten Gebete, Wünsche, vagen Bilder entfliehen durch das kleine vergitterte Fenster, während draußen die Armsünderglocke bimmelt. Die Tür bleibt offen - man kann vom Gang aus hineinsehen.

Es ist nicht viel im Raum: der Stuhl, das Bett, noch mit dem Abdruck eines Körpers, der nicht mehr zurückkehren wird; der Tisch, an dem er einen letzten Brief hat schreiben dürfen; die Wasserkanne, aus der er - wozu noch? - getrunken hat; der Kübel, in den sich die letzte Angst entleerte. Nun ist er nicht mehr da.

Alles steht still im Raum - Fenster und Tür sind offen, aber es wird nicht besser, zäh klebt es an den Wänden, geronnen steht die Luft. Es wird einem so eng, wenn man hier drinnen ist. Er hat noch Mensch gespielt, der da - hat geatmet, als ob das noch zu etwas nütze gewesen wäre - er hat geweint, hat sich ganz in sich selbst zusammengezogen, in dieser Minute hätte er kein Kind zeugen können, denn alle Drüsen waren in äußerster Alarmbereitschaft, zur Abwehr gekrampft, wie mit Alaun injiziert. Bitter rann die Todesangst aus den Poren.

Ja, er hat das verdient, wie -? Er hat mein Kind zerfetzt, es war so ein süßes, blondes Kind, es sah genau aus wie sie, hatte ihre runde Nase, wir hatten uns so darauf gefreut, einen Jungen zu haben, und nun war es ein Junge geworden, und das Schwein ist darüber hergefallen... im Stadtpark, wo sich der Kleine in den Gebüschen verlaufen hatte. Ich mag gar nicht sagen, was er mit dem Kind - Hund! Du Hund verfluchter! Recht ist dir geschehen, recht... man müßte dir den -

Jus ist dir geschehn. Ist mein Kind lebendig -? Sind die Schmerzen der Mutter verweht? Sie wird ein andres Kind gebären - aber nicht dieses. Vielleicht einen Knaben - aber nicht diesen. Wenn sie sich über die neue Wiege beugt, wird sie weinen. Was ist denn geschehen?

Sie haben mich nicht einmal gerächt. Meinen niedrigsten Instinkt zu befriedigen und sinnlos zu befriedigen... mir vielleicht noch einen Parkettplatz anzubieten, wenn er seinen Kopf in den Sack spuckt - was soll das? Ich mag es gar nicht sehen. Es ist etwas Unwiderrufliches durch ihn geschehen; ein Teil meiner selbst ist dahin - und nichts ist dadurch erreicht, als daß ein neuer Mord vollbracht wurde, mit allen Schrecken des ersten. Sichern? Ja. Uns Eltern sichern, daß nicht wieder ein kleiner Junge so gefunden wird wie... Du Hund! Nein: Du Stückwerk Gottes.

Nun ist die Zelle leer, der Todesschweiß ist kaum noch zu spüren, die Kanne ist geleert, an die er seine Lippen gehalten hat, das Bett ist gemacht, der Kübel gesäubert. Die Zelle wartet. Auf den nächsten.

Kaspar Hauser
»Die Weltbühne«, 29.01.1929, Nr. 5, S. 195, wieder in:
»Deutschland, Deutschland«.

Deutsch für Amerikaner (1929)

Ein Sprachführer

Ankunft
Eingang verboten.
Ausgang verboten.
Durchgang verboten.
Herr Gepäckträger, tun Sie diese Koffer auf die leichte Schulter nehmen?
Ich werde mir einen Sonnabend daraus machen, mein Herr.
Ist jene Automobildroschke ledig?
Warten Sie, wir haben noch einen Golfhauer sowie zwei Hüteschächtel.
Dies hier ist Ihr Getränkegeld, ist es nicht?
Bezüglich dessen scheint es mir ein wenig wenig. (Sprich: »krieje noch fummssich Fennje!«)
Autotreiber! Geh an! Ich ziehe das Christliche Hospiz vor!
Rauchen verboten.
Parken verboten.
Durchfahrt verboten.

Begrüßungen
Guten Tag, wie fühlen Sie?
Heute ist ein wahrlich feiner Tag, ist es nicht?
Sie sehen aus wie Ihre eigne Großmutter, gnädige Frau!
Darf ich Ihnen meinen lieben Mann vorstellen; nein, dieser hier!
Ich bin sehr froh, Sie zu sehen; wie geht es Ihrem Herrn Stiefzwilling?
Werfen Sie das häßliche Kind weg, gnädige Frau; ich mache Ihnen ein neues, ein viel schöneres.
Guten Morgen! (sprich: Mahlzeit!)
Guten Tag! (sprich: Mahlzeit!)
Guten Abend! (sprich: Mahlzeit!)
Danke, es geht uns gut – wir leben von der Differenz.

Im Restaurant
   Bringen Sie mir eine Portion Zahnstocher sowie das Adressenbuch.
   Das ist nicht mein Revier.
   Meine Frau wünscht einen Wiener Schnitzer; ich habe Zitronenschleim gewählt.
   Das ist nicht mein Revier.
   Bringen Sie mir einen kokainfreien Kaffee.
   Wir haben in Amerika die Verhinderung; bringen Sie mir daher eine Flasche eisgekühlten Burgunders, auch drei Gläser Whisky mit Gin sowie kein Selterwasser.
   Das ist nicht mein Revier.

Auf dem Postamt
   Dieser Schalter ist geschlossen.
   Sie müssen sich auf den Hintern anstellen.
   Ich erwarte schon seit Jahren eine größere Geldsendung.
   Wo ist die Schaltung für freie Marken und die Briefschaukel?
   Wollen Sie so kindlich sein, hinten meine Marke anzulecken?
   In dieser Telefonzelle riecht man nicht gut.
   Hallo! Ich wünsche eine Nummer zu haben, aber der Telefonfräulein gewährt sie mir nicht.
   Meine Näm ist Patterson; ich bin keine Deutsch; hier ist mein Paßhafen.

Im Theater
   Geben Sie mir einen guten Platz.
   Wir haben keine guten Plätze; wir haben nur Orchesterfauteuils.
   Wird Ernst Deutsch diesen Abend spielen?
   Wie Sie sehen, haben wir Festspiele; infolgedaher wird er nicht vorhanden sein.
   Dies ist ein guter Platz; man hört nicht viel.
   Von wem ist dieses Stück?
      Dieses Stück ist von Brecht.
      Von wem ist also dieses Stück?
   Zeigen Sie mir die blaue Bluse der Romantik.

Des Nachts
    Sie sind ein Süßherz, mein Liebling, tun Sie so?
    Das ist mir zu teuer.
    Ei, mein Fräulein, könnten Sie sich dazu verstehen, mich durch den Abend zu streifen?
    In Paris gibt es solche Häuser; sie sind sehr praktisch.
    Hätten Sie wohl die Gewogenheit, auch die Strümpfe abzulegen?
    In Amerika tun wir so etwas nicht.
    Dies ist wahrlich teuer; Sie sind ein Vamp.
    Danke, meine Dame, ich habe schon eine Beziehung; sie (er) hat meine gänzliche Liebe.

Konversation
    Er ist ein Stockchinese.
    Du bist ein Wahlsachse.
    Mangels einer Wäschemangel können jene Kragen nicht gewaschen werden.
    Meinen Frau Gräfin nicht auch, daß dies ein rechtes Scheißwetter sein dürfte?
    Die berliner Festspiele sind gute Festspiele; aber bei uns in Amerika haben wir die größte Tomatenexportehschn von der Welt.
    Leihen Sie mir bitte Ihren linken Gummischuh!
    Ich habe einen guten Charakter zuzüglich eines Bandwurmes.
    Jener Funkturm ist niedlich.
    Bitte zeigen Sie mir den berliner Verkehr.
    So habe ich es nicht gemeint!
    Dieser Löwe macht einen so zusammengeschmetterten Eindruck.
    Ich spreche schon geflossen deutsch; nur manchesmal breche ich noch etwas Rad.
    Nach Börlin besuchen wir noch Europa, Persien und Heidelberg, aber am 4. September, acht Uhr erste Minute werden wir New York anfahren. Good-bye -!

Kaspar Hauser
»Die Weltbühne«, 02.07.1929, Nr. 27, S. 23, wieder in:
»Lerne Lachen«.

Die fünfte Jahreszeit (1929)

Die schönste Zeit im Jahr, im Leben, im Jahr? Lassen Sie mich nachfühlen.

Frühling? Dieser lange, etwas bleichsüchtige Lümmel, mit einem Papierblütenkranz auf dem Kopf, da stakt er über die begrünten Hügel, einen gelben Stecken hat er in der Hand, präraffaelitisch und wie aus der Fürsorge entlaufen; alles ist hellblau und laut, die Spatzen fiepen und sielen sich in blauen Lachen, die Knospen knospen mit einem kleinen Knall, grüne Blättchen stecken fürwitzig ihre Köpfchen... ä, pfui Deibel!... die Erde sieht aus wie unrasiert, der Regen regnet jeglichen Tag und tut sich noch was darauf zugute: ich bin so nötig für das Wachstum, regnet er. Der Frühling -?

Sommer? Wie eine trächtige Kuh liegt das Land, die Felder haben zu tun, die Engerlinge auch, die Stare auch; die Vogelscheuchen scheuchen, daß die ältesten Vögel nicht aus dem Lachen herauskommen, die Ochsen schwitzen, die Dampfpflüge machen Muh, eine ungeheure Tätigkeit hat rings sich aufgetan; nachts, wenn die Nebel steigen, wirtschaftet es noch im Bauch der Erde, das ganze Land dampft vor Arbeit, es wächst, begattet sich, jungt, Säfte steigen auf und ab, die Stuten brüten, Kühe sitzen auf ihren Eiern, die Enten bringen lebendige Junge zur Welt: kleine piepsende Wolleballen, der Hahn - der Hahn, das Aas, ist so recht das Symbol des Sommers! er preist seinen Tritt an, das göttliche Elixier, er ist das Zeichen der Fruchtbarkeit, hast du das gesehn? und macht demgemäß einen mordsmäßigen Krach... der Sommer -?

Herbst? Mürrisch zieht sich die Haut der Erde zusammen, dünne Schleier legt sich die Fröstelnde über, Regenschauer fegt über die Felder und peitscht die entfleischten Baumstümpfe, die ihre hölzernen Schwurfinger zum Offenbarungseid in die Luft strecken: Hier ist nichts mehr zu holen... So sieht es auch aus... Nichts zu holen... und der Wind verklagt die Erde, und klagend heult er um die Ecken, in enge Nasengänge wühlt er sich ein, Huuh macht er in den Stirnhöhlen, denn der Wind bekommt Prozente von den Nasendoktoren... hochauf spritzt brauner Straßenmodder... die Sonne ist zur Kur in Abazzia... der Herbst -?

Und Winter? Es wird eine Art Schnee geliefert, der sich, wenn er die Erde nur von weitem sieht, sofort in Schmutz auflöst; wenn es kalt ist,

ist es nicht richtig kalt sondern naßkalt, also naß... Tritt man auf Eis, macht das Eis Knack und bekommt rissige Sprünge, so eine Qualität ist das! Manchmal ist Glatteis, dann sitzt der liebe Gott, der gute, alte Mann, in den Wattewolken und freut sich, daß die Leute der Länge lang hinschlagen... also, wenn sie denn werden kindisch... kalt ist der Ostwind, kalt die Sonnenstrahlen, am kältesten die Zentralheizung - der Winter -?

»Kurz und knapp, Herr Hauser! Hier sind unsere vier Jahreszeiten. Bitte: Welche -?« Keine. Die fünfte.

»Es gibt keine fünfte.«

Es gibt eine fünfte. - Hör zu:

Wenn der Sommer vorbei ist und die Ernte in die Scheuern gebracht ist, wenn sich die Natur niederlegt, wie ein ganz altes Pferd, das sich im Stall hinlegt, so müde ist es - wenn der späte Nachsommer im Verklingen ist und der frühe Herbst noch nicht angefangen hat -: dann ist die fünfte Jahreszeit.

Nun ruht es. Die Natur hält den Atem an; an andern Tagen atmet sie unmerklich aus leise wogender Brust. Nun ist alles vorüber: geboren ist, gereift ist, gewachsen ist, gelaicht ist, geerntet ist - nun ist es vorüber. Nun sind da noch die Blätter und die Gräser und die Sträucher, aber im Augenblick dient das zu gar nichts; wenn überhaupt in der Natur ein Zweck verborgen ist: im Augenblick steht das Räderwerk still. Es ruht.

Mücken spielen im schwarz-goldenen Licht, im Licht sind wirklich schwarze Töne, tiefes Altgold liegt unter den Buchen, Pflaumenblau auf den Höhen... kein Blatt bewegt sich, es ist ganz still. Blank sind die Farben, der See liegt wie gemalt, es ist ganz still. Boot, das flußab gleitet, Aufgespartes wird dahingegeben - es ruht.

So vier, so acht Tage -

Und dann geht etwas vor.

Eines Morgens riechst du den Herbst. Es ist noch nicht kalt; es ist nicht windig; es hat sich eigentlich gar nichts geändert - und doch alles. Es geht wie ein Knack durch die Luft - es ist etwas geschehen; so lange hat sich der Kubus noch gehalten, er hat geschwankt..., na... na..., und nun ist er auf die andere Seite gefallen. Noch ist alles wie gestern: die Blätter, die Bäume, die Sträucher... aber nun ist alles anders. Das Licht ist hell, Spinnenfäden schwimmen durch die Luft, alles hat sich einen

Ruck gegeben, dahin der Zauber, der Bann ist gebrochen - nun geht es in einen klaren Herbst. Wie viele hast du? Dies ist einer davon. Das Wunder hat vielleicht vier Tage gedauert oder fünf, und du hast gewünscht, es solle nie, nie aufhören. Es ist die Zeit, in der ältere Herren sehr sentimental werden - es ist nicht der Johannistrieb, es ist etwas andres. Es ist: optimistische Todesahnung, eine fröhliche Erkenntnis des Endes. Spätsommer, Frühherbst und das, was zwischen ihnen beiden liegt. Eine ganz kurze Spanne Zeit im Jahre.

Es ist die fünfte und schönste Jahreszeit.

Kaspar Hauser
»Die Weltbühne«, 22.10.1929, Nr. 43, S. 631.

Hej -! (1929)

Auf einem leeren Marktplatz stehst
du -
ganz allein:
die Häuser haben geflaggt, jedes trägt eine andre Fahne,
die Dächer sind schwarz vor Menschen;
eine wimmelnde Schlange ist rings um den Platz gepreßt.
Aus jedem Haus dringt Getöse, Blechmusik, Orgeln, wirres Rufen -
Und plötzlich
heben sich alle Arme, auf dich,
zehntausend ausgestreckte Zeigefinger, auf dich,
und ein Schrei steigt auf:
- »Hej!«

Was wollen sie von dir?
Was hast du getan?
Was sollst du tun?
So groß bist du doch gar nicht,
so bedeutend bist du doch gar nicht,
so wichtig bist du doch gar nicht...

Eintreten sollst du - in eines dieser Häuser,
 in welches, ist ihnen gleich -
aber in eines,
und darum rufen sie:
- »Hej!«

Da ist das katholische Haus:
Würdige Junggesellen halten, verkleidet, ein Buch in der Hand;
manche sind weise,

viele klug,
alle schlau.
Sie wollen dich,
sie wollen sich
und vergessen IHN.
Sie teilen eine Art Wahrheit aus;
sie kennen die Herzen aller,
sie ordnen Regeln an, für alle:
ein Warenhaus der Metaphysik.
Aber etwas Starres ist da,
ein Trübes,
und drohend steht das Kreuz gegen den Phallus -:
geh nicht hinein.

- »Hej!«

Da ist das Haus der Nationen.
Sture Gewaltmenschen
halten, kostümiert, einen Damaszenerdegen in der Hand,
aber sie schießen mit Gas.
An ihren Wänden hängen Bilder mittelalterlicher Kämpfe,
Fahnen über den Kaminen -
aber sie schießen mit Gas.
Sie wissen nicht, warum sie das tun,
sie müssen es tun;
ihr Wesen schreit nach Menschenfleisch,
nach der herrlichen, den Mann aufwühlenden Gewalt,
so liebt ihn die Frau,
so liebt er die Frau.
In ihnen ist nichts,
daher wollen sie außer sich sein -

und wann wäre man wohl so außer sich
wie bei der Zeugung und beim Mord!
Verwaltungsbeamte des Todes -:
geh nicht hinein.

- »Hej!«

Da ist das Haus der feinen Leute.
Die spielen, ab sechs Uhr abends:
mit der Polaritätsphilosophie,
mit Theaterpremieren,
mit den Symphonien,
 mit der Malerei,
mit dem Charme,
mit dem Stil,
mit den Versen Verstorbener,
mit den Witzen Lebendiger -
und alles darfst du bei ihnen tun,
(solange es zu nichts verpflichtet),
alles, nur eines nicht:
Nicht die Geschäfte stören,
den Ernst des Lebens,
der da ist:
Geld verdienen mit dem Schweiß der andern;
regieren auf dem geduldigen Rücken der andern;
leben vom Mark der andern...
Für die Sättigungspausen
haben sie einen Pojaz bestellt:
den Künstler.
Geh nicht hinein.

- »Hej!«

Da ist das russische Haus.
Du kennst es nicht genau.
Aber bist du reif für dieses Haus?
Ist dein Tadel:
ihre starre Dogmatik,
ihr Zeloteneifer, eine neue Kirche zu gründen,
ihr scharfer Haß gegen den Einzelnen
- aber Lenin war ein Einzelner -
ihre Affenliebe für alle, die alles heilen soll -:
ist dieser Tadel nicht deine verkappte Schwäche?
Auch sie: dieser Welt hingegeben
- erwarte nicht den Himmel von ihnen -
auch sie: Nationalisten,
freilich mit einer Idee;
auch sie: für den Krieg,
auch sie: erdgebunden;
das, was sie an die Amerikaner verhökern,
heißt nicht umsonst: Konzessionen...
Bist du stark genug,
mitzuarbeiten am Werk?
Noch nicht -
geh noch nicht hinein.

- »Hej!«

Tausend Gruppen umbrüllen dich,
rufen nach dir,
preisen an die warme Heimat: Herde.
Sag: Hast du nicht Sehnsucht gehabt nach dem Stall,

nach dem warmen Stall, wo nicht nur die Krippe lockt,
- die Wiesen genügen -
nein: wo die tierische Wärme der Leiber ist,
das vertraute Muh und das Gemeinschaftsgefühl der Menschen?
Sie schrein:
In die Reihn!
In den Verein!
Sie schrein:
Die Zeit des einzelnen ist vorbei,
das trägt niemand mehr!
Freiwillige Bindung!
Schwächling! schrein sie; Einzelgänger! Unentschiedener!
Her zu uns!
Zur Ordnung! Zur Ordnung!

Über den Häusern
ragen die Wipfel
geduldiger Bäume.
Rauschend bewegen sie schäumende Kronen.
Zurück zur Natur?
Hingegeben an dämmernde Herbstabende,
wo die göttliche Klarheit
des bunten Tags
sich auflöst in weich-graue Nebel?
Vergessen das Leid
der Millionen?
Und die Wirkung roten Weines
und eine Frau am Kamin
für die letzte Sprosse der göttlichen Weltordnung nehmen?
Frauen geben. Nimm. Aber erhoffe nichts.
Zurück zur Natur?

Bleib verwurzelt - aber geh nicht
mit der Laute zu ihr -:
Du gehst zurück...

- »Hej!«

Da stehst du
und siehst um dich:
Die Rufer verschwimmen,
treten zurück...
Du bist nicht allein!
Um dich
stehen Hunderttausende:
frierend wie du,
suchend wie du,
jeder allein, wie du,
Trost? Nein: Schicksal.

Bleib tapfer.
Bleib aufrecht.
Bleib du.
Hör immer den Schrei:
- »Hej!«
 Laß dich nicht verlocken.
Geh deinen Weg. Es gibt so viele Wege.

Es gibt nur ein Ziel.

Theobald Tiger
»Die Weltbühne«, 29.10.1929, Nr. 44, S. 664.

Ideal und Wirklichkeit (1929)

In stiller Nacht und monogamen Betten
denkst du dir aus, was dir am Leben fehlt.
Die Nerven knistern. Wenn wir das doch hätten,
was uns, weil es nicht da ist, leise quält.
    Du präparierst dir im Gedankengange das,
    was du willst - und nachher kriegst dus nie...
    Man möchte immer eine große Lange,
    und dann bekommt man eine kleine Dicke -
        C'est la vie -!

Sie muß sich wie in einem Kugellager
in ihren Hüften biegen, groß und blond.
Ein Pfund zu wenig - und sie wäre mager,
wer je in diesen Haaren sich gesonnt...
    Nachher erliegst du dem verfluchten Hange,
    der Eile und der Phantasie.
    Man möchte immer eine große Lange,
    und dann bekommt man eine kleine Dicke -
        Ssälawih -!

Man möchte eine helle Pfeife kaufen
und kauft die dunkle - andere sind nicht da.
Man möchte jeden Morgen dauerlaufen
und tut es nicht. Beinah... beinah...

Wir dachten unter kaiserlichem Zwange
an eine Republik... und nun ists die!
Man möchte immer eine große Lange,
und dann bekommt man eine kleine Dicke -
    Ssälawih -!

Theobald Tiger
»Die Weltbühne«, 05.11.1929, Nr. 45, S. 710, wieder in:
»Lerne Lachen«.

Heimat (1929)

> Aber einen Trost hast du immer, eine Zuflucht, ein Wegschweifen. Selbst auf Umgebungsflachheiten stehen Bäume, Wasseraugen schimmern dich an, Horizonte sind weit, und auch durch düstere Verhängung kommt noch Feldatem.
>
> *Alfons Goldschmidt: ›Deutschland heute‹*

Nun haben wir auf vielen Seiten Nein gesagt, Nein aus Mitleid und Nein aus Liebe, Nein aus Haß und Nein aus Leidenschaft - und nun wollen wir auch einmal Ja sagen. Ja -: zu der Landschaft und zu dem Land Deutschland.

Dem Land, in dem wir geboren sind und dessen Sprache wir sprechen.

Der Staat schere sich fort, wenn wir unsere *Heimat* lieben. Warum grade sie - warum nicht eins von den andern Ländern -? Es gibt so schöne.

Ja, aber unser Herz spricht dort nicht. Und wenn es spricht, dann in einer andern Sprache - wir sagen ›Sie‹ zum Boden; wir bewundern ihn, wir schätzen ihn - aber es ist nicht das.

Es besteht kein Grund, vor jedem Fleck Deutschlands in die Knie zu sinken und zu lügen: wie schön! Aber es ist da etwas allen Gegenden Gemeinsames - und für jeden von uns ist es anders. Dem einen geht das Herz auf in den Bergen, wo Feld und Wiese in die kleinen Straßen sehen, am Rand der Gebirgsseen, wo es nach Wasser und Holz und Felsen riecht, und wo man einsam sein kann; wenn da einer seine Heimat hat, dann hört er dort ihr Herz klopfen. Das ist in schlechten Büchern, in noch dümmeren Versen und in Filmen schon so verfälscht, daß man sich beinah schämt, zu sagen: man liebe seine Heimat. Wer aber weiß, was die Musik der Berge ist, wer die tönen hören kann, wer den Rhythmus einer Landschaft spürt... nein, wer gar nichts andres spürt, als daß er zu Hause ist; daß das da sein Land ist, sein Berg, sein See, auch wenn er nicht einen Fuß des Bodens besitzt... es gibt ein Gefühl jenseits aller Politik, und aus diesem Gefühl heraus lieben wir dieses Land. Wir lieben es, weil die Luft so durch die Gassen fließt und nicht anders, der uns gewohnten Lichtwirkung wegen - aus tausend Gründen, die man nicht aufzählen kann, die uns nicht einmal bewußt sind und die doch tief im Blut sitzen.

Wir lieben es, trotz der schrecklichen Fehler in der verlogenen und anachronistischen Architektur, um die man einen weiten Bogen schlagen muß; wir versuchen, an solchen Monstrositäten vorbeizusehen; wir lieben das Land, obgleich in den Wäldern und auf den öffentlichen Plätzen manch Konditortortenbild eines Ferschten dräut - laß ihn dräuen, denken wir und wandern fort über die Wege der Heide, die schön ist, trotz alledem.

Manchmal ist diese Schönheit aristokratisch und nicht minder deutsch; ich vergesse nicht, daß um so ein Schloß hundert Bauern im Notstand gelebt haben, damit dieses hier gebaut werden konnte - aber es ist dennoch, dennoch schön. Dies soll hier kein Album werden, das man auf den Geburtstagstisch legt; es gibt so viele. Auch sind sie stets unvollständig - es gibt immer noch einen Fleck Deutschland, immer noch eine Ecke, noch eine Landschaft, die der Fotograf nicht mitgenommen hat... außerdem hat jeder sein Privat-Deutschland. Meines liegt im Norden. Es fängt in Mitteldeutschland an, wo die Luft so klar über den Dächern steht, und je weiter nordwärts man kommt, desto lauter schlägt das Herz, bis man die See wittert. Die See - Wie schon Kilometer vorher jeder Pfahl, jedes Strohdach plötzlich eine tiefere Bedeutung haben... wir stehen nur hier, sagen sie, weil gleich hinter uns das Meer liegt - für das Meer sind wir da. Windumweht steht der Busch, feiner Sand knirscht dir zwischen den Zähnen...

Die See. Unvergeßlich die Kindheitseindrücke; unverwischbar jede Stunde, die du dort verbracht hast - und jedes Jahr wieder die Freude und das »Guten Tag!« und wenn das Mittelländische Meer noch so blau ist... die deutsche See. Und der Buchenwald; und das Moos, auf dem es sich weich geht, daß der Schritt nicht zu hören ist; und der kleine Weiher, mitten im Wald, auf dem die Mücken tanzen - man kann die Bäume anfassen, und wenn der Wind in ihnen saust, verstehen wir seine Sprache. Aus Scherz hat dieses Buch den Titel ›*Deutschland, Deutschland über alles*‹ bekommen, jenen törichten Vers eines großmäuligen Gedichts. Nein, Deutschland steht nicht über allem und ist nicht über allem - nie-

mals. Aber *mit* allen soll es sein, unser Land. Und hier stehe das Bekenntnis, in das dieses Buch münden soll:
Ja, wir lieben dieses Land.

Und nun will ich euch mal etwas sagen:

Es ist ja nicht wahr, daß jene, die sich ›national‹ nennen und nichts sind als bürgerlich-militaristisch, dieses Land und seine Sprache für sich gepachtet haben. Weder der Regierungsvertreter im Gehrock, noch der Oberstudienrat, noch die Herren und Damen des Stahlhelms allein sind Deutschland. Wir sind auch noch da.

Sie reißen den Mund auf und rufen: »Im Namen Deutschlands...!« Sie rufen: »Wir lieben dieses Land, nur wir lieben es.« Es ist nicht wahr.

Im Patriotismus lassen wir uns von jedem übertreffen - wir fühlen international. In der Heimatliebe von niemand - nicht einmal von jenen, auf deren Namen das Land grundbuchlich eingetragen ist. Unser ist es.

Und so widerwärtig mir jene sind, die - umgekehrte Nationalisten - nun überhaupt nichts mehr Gutes an diesem Lande lassen, kein gutes Haar, keinen Wald, keinen Himmel, keine Welle - so scharf verwahren wir uns dagegen, nun etwa ins Vaterländische umzufallen. Wir pfeifen auf die Fahnen - aber wir lieben dieses Land. Und so wie die nationalen Verbände über die Wege trommeln - mit dem gleichen Recht, mit genau demselben Recht nehmen wir, wir, die wir hier geboren sind, wir, die wir besser deutsch schreiben und sprechen als die Mehrzahl der nationalen Esel - mit genau demselben Recht nehmen wir Fluß und Wald in Beschlag, Strand und Haus, Lichtung und Wiese: es ist unser Land. Wir haben das Recht, Deutschland zu hassen - weil wir es lieben. Man hat uns zu berücksichtigen, wenn man von Deutschland spricht, uns: Kommunisten, junge Sozialisten, Pazifisten, Freiheitliebende aller Grade; man hat uns mitzudenken, wenn ›Deutschland‹ gedacht wird... wie einfach, so zu tun, als bestehe Deutschland nur aus den nationalen Verbänden.

Deutschland ist ein gespaltenes Land. Ein Teil von ihm sind wir.

Und in allen Gegensätzen steht - unerschütterlich, ohne Fahne, ohne Leierkasten, ohne Sentimentalität und ohne gezücktes Schwert - die stille Liebe zu unserer Heimat.

Kurt Tucholsky
Aus: »Deutschland, Deutschland«.

Augen in der Großstadt (1930)

Wenn du zur Arbeit gehst
am frühen Morgen,
wenn du am Bahnhof stehst
mit deinen Sorgen:
    da zeigt die Stadt
      dir asphaltglatt
   im Menschentrichter
   Millionen Gesichter:
Zwei fremde Augen, ein kurzer Blick,
die Braue, Pupillen, die Lider -
Was war das? vielleicht dein Lebensglück...
Vorbei, verweht, nie wieder.

Du gehst dein Leben lang
auf tausend Straßen;
du siehst auf deinem Gang,
die dich vergaßen.
    Ein Auge winkt,
      die Seele klingt;
   du hasts gefunden,
     nur für Sekunden...
Zwei fremde Augen, ein kurzer Blick,
die Braue, Pupillen, die Lider;
Was war das? kein Mensch dreht die Zeit zurück...
Vorbei, verweht, nie wieder.

Du mußt auf deinem Gang
durch Städte wandern;
siehst einen Pulsschlag lang
den fremden Andern.

    Es kann ein Feind sein,
    es kann ein Freund sein,
    es kann im Kampfe dein
    Genosse sein.
  Es sieht hinüber
  und zieht vorüber...
Zwei fremde Augen, ein kurzer Blick,
die Braue, Pupillen, die Lider.
Was war das?
    Von der großen Menschheit ein Stück!
Vorbei, verweht, nie wieder.

Theobald Tiger
»Arbeiter Illustrierte Zeitung«, 1930, Nr. 11, S. 217, wieder in:
»Lerne Lachen«.

Deutschland erwache! (1930)

Daß sie ein Grab dir graben,
daß sie mit Fürstengeld
das Land verwildert haben,
daß Stadt um Stadt verfällt...
    Sie wollen den Bürgerkrieg entfachen -
    (das sollten die Kommunisten mal machen!)
daß der Nazi dir einen Totenkranz flicht -:
    Deutschland, siehst du das nicht -?

Daß sie im Dunkel nagen,
daß sie im Hellen schrein;
daß sie an allen Tagen
Faschismus prophezein...
    Für die Richter haben sie nichts als Lachen -
    (das sollten die Kommunisten mal machen!)
daß der Nazi für die Ausbeuter ficht -:
    Deutschland, hörst du das nicht -?

Daß sie in Waffen starren,
daß sie landauf, landab
ihre Agenten karren
im nimmermüden Trab...
    Die Übungsgranaten krachen...
    (das sollten die Kommunisten mal machen!)
daß der Nazi dein Todesurteil spricht -:
    Deutschland, fühlst du das nicht -?

Und es braust aus den Betrieben ein Chor
von Millionen Arbeiterstimmen hervor:

Wir wissen alles. Uns sperren sie ein.
Wir wissen alles. Uns läßt man bespein.
Wir werden aufgelöst. Und verboten.
Wir zählen die Opfer; wir zählen die Toten.
Kein Minister rührt sich, wenn Hitler spricht.
Für jene die Straße. Gegen uns das Reichsgericht.
Wir sehen. Wir hören. Wir fühlen den kommenden Krach.
Und wenn Deutschland schläft -:
                Wir sind wach!

Theobald Tiger
»Arbeiter Illustrierte Zeitung«, 1930, Nr. 15, S. 290.

Die Mäuler auf! (1930)

Heilgebrüll und völksche Heilung,
schnittig, zackig, forsch und päng!
Staffelführer, Sturmabteilung,
Blechkapellen, schnädderädäng!
    Judenfresser, Straßenmeute...
    Kleine Leute. Kleine Leute.

Arme Luder brülln sich heiser,
tausend Hände fuchteln wild.
Hitler als der selige Kaiser,
wie ein schlechtes Abziehbild.
    Jedes dicken Schlagworts Beute:
    Kleine Leute! Kleine Leute!

Tun sich mit dem teutschen Land dick,
grunzen wie das liebe Vieh.
Allerbilligste Romantik -
hinten zahlt die Industrie.
    Hinten zahlt die Landwirtschaft.
    Toben sie auch fieberhaft:
    Sind doch schlechte deutsche Barden,
    bunte Unternehmergarden!
    Bleiben gestern, morgen, heute
    kleine Leute! kleine Leute!

Theobald Tiger
»Die Weltbühne«, 26.08.1930, Nr. 35, S. 321.

Herr Wendriner steht unter der Diktatur (1930)

- »Stieke -!
Ich hab dir doch gesagt, du sollst nicht so laut reden. Vorm Kino stehn SA-Leute... siehste doch. Steig aus. Wieviel macht das? Es wird schon nicht regnen... das hält sich. Komm rein. Und halt jetzt den Mund. Verzeihen Sie, bitte... Sei jetzt still. Welche haben wir denn...? Erste Reihe - is ja famos. So - den Mantel dahin, deinen... gib mal her. Reklamefilms. Das ist ein Reklamefilm. Ach, den haben wir schon gesehn - das... Regierer -! Na, das ist aber komisch! Wie kommen Sie denn hierher? Was, in die Loge? Na ja, feine Leute... hähähä... So, das sind Steuerkarten. Ach? Du, Regierer hat noch zwei Karten frei, die hat er nicht verwenden können. Welsch kommt auch noch. Gehn wir doch in die Loge. Warten Sie, wir kommen zu Ihnen rüber... hier... nimm mal den Mantel... So. Hier kann man wenigstens reden.

Wochenschau war eben. Parade in Mecklenburg. Gut besetzt, was?... Eine Menge Miliz ist da - wissen Sie, daß einem direkt was fehlt, wenn die nicht im Saal sind? Ja. Man ist so daran gewöhnt... Man sieht übrigens sehr gute Erscheinungen darunter. Gott, ich finds einkich ganz nett. Nich wah, Hanne? Direkt feierlich. Ja. Na, Regierer, was sagen Sie denn nu so -? Was? Man wird doch da sehn? Das sag ich auch immer. Wissen Sie: ich finde das alles nicht so schlimm. Wann haben wir uns zum letztenmal gesprochen? Vor zwei Monaten... im September... Na, sehn Sie mal an... erinnern Sie sich noch, was das für eine Panik damals war? Man ist ja direkt erleichtert, seitdem... man weiß doch wenigstens, wo und wie. Na, das war eine Stimmung, damals... meine Frau hat mich vier Tage ins Bett gesteckt, so runter war ich. Wer hat denn das auch erwarten können! Man hat doch hier am Kurfürstendamm vorher gar nichts gesehn! Nein. Sehn Se - das ist Gebühr, Otto Gebühr. Dem solln neulich die Franzosen einen Antrag gemacht haben, er soll den Napoleon spielen. Hat er nicht angenommen. Er spielt bloß den Doktor Goebbels, hat er gesagt, und allenfalls noch den Fridericus. Guter Schauspieler. Hat jetzt seine große Zeit. Doch - das hab ich auch! Ich habe... ich habe damals Staatspachtei gewählt, weil eben damals einer die Verantwortung tragen mußte... und die Einstellung der Partei hat eben die Perspektiven richtig gesehn. Ja. Hat Welsch wirklich Zentrum gewählt? Meschugge. Ich wem nachher fragen. Jedenfalls: so schlimm ist es gar nicht. Ich habe einen Geschäftsfreund aus Rom gesprochen, der hat gesagt: Dagegen wäre es hier direkt frei. Sie haben doch auch den gelben Schein? Wir haben den gelben Schein, natürlich. Zehn Jahre? Ich wohn schon über zwanzig Jahr in Berlin; da habe ich ihn sofort gekriegt. Pause! Stieke -! Nu sehn Sie sich mal diesen schwarzen Kerl da unten an! Wahrscheinlich ein Ostjude... wissen Sie, denen gegenüber ist der Antisemitismus wirklich berechtigt. Wenn man das so sieht! Ekelhafter Kerl. Wundert mich, daß er noch hier ist und daß sien noch nicht abgeschoben haben!... Na, ich kann nicht klagen. In unsrer Straße herrscht peinliche Ordnung... wir haben da an der Ecke einen sehr netten SA-Mann, ein sehr netter Kerl. Morgens, wenn ich ins Geschäft gehe, geb ich ihm immer ne Zigarette - er grüßt schon immer, wenn er mich kommen sieht; meine Frau grüßt er auch. Was hat man Ihnen? Was sagt Regierer? Sie haben ihm den Hut runtergeschlagen? Wobei? Ja, lieber Freund, da heben Sie doch den Arm hoch! Ich finde, wenn die Fahne nu mal unser Hoheitszeichen ist, muß man sie auch grüßen. Stieke -! Pulverfaß...! Pulverfaß...! Meinen Sie, ich fühl mich ganz sicher? Jeden Vormittag klingelt mich meine Frau im Geschäft an, ob was is. Bis jetzt war nichts. Sehr gut war das ehm, haben Sie das gesehn? Wie der sich blind gestellt hat, dabei ist er taub? Na, ich will Ihnen was sagen... Du sollst doch den Namen nicht so laut nennen! - ich will Ihnen mal was sagen: Der H. - wenn er auch aus der Tschechoslowakei ist - der Mann hat sich doch hier glänzend in die deutsche Psyche eingelebt. Na, jedenfalls herrscht Ordnung. Also, Ordnung herrscht mal. Sowie Sie Staatsbürger sind und den gelben Schein haben, also Schutzbürger, passiert Ihnen nichts... darin sind sie konsequent. Das muß man ja sagen: aufgezogen ist das ja glänzend. Phantastisch! Was? Neulich auf dem Wittenbergplatz? Wie sie da mit ihren Fahnen und mit der ganzen Musik angekommen sind. Unterm Kaiser war das auch nicht bess... Welsch - Na, 'n bißchen spät! Der halbe Film ist schon vorüber. Setzen Se sich mal dahin... nicht auf meinen Hut! Setzen Se sich auf Regierers Hut... der is nich mehr so neu!

Na, Welsch - was tut sich? Zeigen Sie mal... jetzt bei Licht kann ich Sie besser sehn! Sehn gut aus! Sie, is das wahr, daß Sie Zentrum... da kommen zwei Leute vom Dienst. Stieke!... Is das wahr, daß Sie Zentrum gewählt haben? Meschugge. Na ja - das Zentrum hat seinerzeit den Karewski auf die Liste gesetzt; das sind doch jüdische Sachen. Wir... Nich so laut! Vor allem leise! Machen Sie mir keine Unannehmlichkeiten - dazu sind die Zeiten zu ernst. Schließlich haben die Leute ganz recht, wenn sie in der Öffentlichkeit von uns Haltung verlangen. Da haben sie ganz recht. Jetzt fängts wieder an. Das ist Kortner... sehn Se, den lassen sie auch auftreten... Ich sage nehmich grade: so schlimm is es gar nicht. Nicha? Find ich auch. Hübsche Person - gucken Se mah. Wir haben grade von H. gesprochen. Bei dem weiß man wenigstens: er geht eim nich ann Safe. Bei den Kommunisten weiß ich das nicht. Oder vielmehr... ich weiß genau, was da rauskommt. Na, vorläufig können sie sich ja nich rühren; die sind ja plattgehauen. Ist ihnen ganz recht. Lieber Welsch, der Politiker hat da zu stehn, wo grade der Erfolg ist. Sonst ist er überhaupt kein Politiker. Und der Geschäftsmann auch. Das ist Realpolitik. Der eine macht die Politik, und der andre macht die Realien. Sehr richtig.

Nochmal Wochenschau? Na gut. Stieke -! Du sollst doch bei diesen Bildern nichts sagen! Laß doch den Leuten ihr Vergnügen - so schlimm ist das alles nicht. Sogar ein sehr gutes Bild... wir haben ihn neulich ganz aus der Nähe gesehn; er stand da mit seinen Unterführern... Nein! Goebbels ist doch raus... wissen Sie das nicht? Riesig populär sogar. Vielleicht grade deswegen. Der H. paßt ja sehr auf. Der Goebbels hat im Wintergarten auftreten wollen... aber sie ham ihm die Konzession nicht gegeben.

Heute wars 'n bißchen schwächer. Bißchen schwächer. Warum -? So könn Se bei der Börse doch nicht fragen! Die Börse hat eine Nase... da frägt man nicht warum. Die Leute haben eine sehr feine Witterung -: wenns gut geht, sind sie stille und verdienen alleine, und wenns schief geht, machen sie die andern meschugge. Die haben hinterher noch immer genau gewußt, was passiert ist! Reizendes Bild, sehn Se mah an! Nu sehn Se mal, haben Sie das gesehn -? Wie die französischen Soldaten da alle durcheinander laufen...? Na, das könnte bei uns ja nicht passieren! Ja, also... wenn auch manche noch so mäkeln -: ich finde, die Sache hat doch auch ihre guten Seiten. Wieso? Wieso denn? Was hat das mit dem Krieg zu tun? Was hat der Youngplan mit dem Krieg zu tun? Laß mich! Haben wir den Krieg gemacht? Wir haben bloß Hurra geschrien. Und nachher haben wir keine Butter mehr gehabt. Ach, erzähln Sie mir doch nichts! Seit wann muß denn ein Volk für einen verlorenen Krieg auch noch bezahlen! Schlimm genug, daß wirn verloren haben; die andern haben ihn gewonnen, solln dien doch bezahlen! Lieber Welsch... ich habe... ich bin... Stieke -!

Ich habe... Lieber Welsch... ich habe gewisse Sachen genau so erwartet wie Sie. Na ja, und seit ich sehe, daß das eben nicht ist, sehe ich, daß dieses System doch auch seine guten Seiten hat. Ich meine, es hat seine geschichtliche Berechtigung - laß mich! Das kann man nicht leugnen. Es hat seine... also ich meine, die Stadt hat doch auch ein andres Gesicht. Und die Fremden kommen auch schon wieder, weil sie ehm neugierig sind. Ich muß sagen: die Leute haben was. Ich weiß nicht, was... aber sie haben was.

Aus. Na, gehn wir. Ach so... noch das Wessel-Lied. Steh auf. Was soll man tun: man muß das mitmachen. Die Engländer singen auch immer nach dem Theater ihre Nationalhymne, na, und wir Deutschen singen eben ein andres Lied... Marschieren im Geist in unsern Reihen mit... Na, schön.

Verzeihn Sie bitte... Tz... tz... tz... es regnet. Nu regnets doch. Warte mal - vielleicht kommt 'n Wagen. Stell dich da mal inzwischen unter; ich wer schon aufpassen. Das ist kein Sturmtruppführer, das ist ein Gauführer... ich kenn doch die Abzeichen. Stell dich doch unter! Wenn es regnet, soll man sich unterstellen. Haben wir nötig, naß zu werden? Laß die andern naß werden. Da kommt der Wagen.

Stieke -! Steig ein.«

Kaspar Hauser
»Die Weltbühne«, 07.10.1930, Nr. 41, S. 559, wieder in:
»Lerne Lachen«.

Ratschläge für einen schlechten Redner (1930)

Fang nie mit dem Anfang an, sondern immer drei Meilen *vor* dem Anfang! Etwa so:

»Meine Damen und meine Herren! Bevor ich zum Thema des heutigen Abends komme, lassen Sie mich Ihnen kurz...«

Hier hast du schon so ziemlich alles, was einen schönen Anfang ausmacht: eine steife Anrede; der Anfang vor dem Anfang; die Ankündigung, daß und was du zu sprechen beabsichtigst, und das Wörtchen kurz. So gewinnst du im Nu die Herzen und die Ohren der Zuhörer.

Denn das hat der Zuhörer gern: daß er deine Rede wie ein schweres Schulpensum aufbekommt; daß du mit dem drohst, was du sagen wirst, sagst und schon gesagt hast. Immer schön umständlich.

Sprich nicht frei - das macht einen so unruhigen Eindruck. Am besten ist es: du liest deine Rede ab. Das ist sicher, zuverlässig, auch freut es jedermann, wenn der lesende Redner nach jedem viertel Satz mißtrauisch hochblickt, ob auch noch alle da sind.

Wenn du gar nicht hören kannst, was man dir so freundlich rät, und du willst durchaus und durchum frei sprechen... du Laie! Du lächerlicher Cicero! Nimm dir doch ein Beispiel an unsern professionellen Rednern, an den Reichstagsabgeordneten - hast du die schon mal frei sprechen hören? Die schreiben sich sicherlich zu Hause auf, wann sie »Hört! hört!« rufen... ja, also wenn du denn frei sprechen mußt:

Sprich, wie du schreibst. Und ich weiß, wie du schreibst.

Sprich mit langen, langen Sätzen - solchen, bei denen du, der du dich zu Hause, wo du ja die Ruhe, deren du so sehr benötigst, deiner Kinder ungeachtet, hast, vorbereitest, genau weißt, wie das Ende ist, die Nebensätze schön ineinandergeschachtelt, so daß der Hörer, ungeduldig auf seinem Sitz hin und her träumend, sich in einem Kolleg wähnend, in dem er früher so gern geschlummert hat, auf das Ende solcher Periode wartet... nun, ich habe dir eben ein Beispiel gegeben. So mußt du sprechen.

Fang immer bei den alten Römern an und gib stets, wovon du auch sprichst, die geschichtlichen Hintergründe der Sache. Das ist nicht nur deutsch - das tun alle Brillenmenschen. Ich habe einmal in der Sorbonne einen chinesischen Studenten sprechen hören, der sprach glatt und gut französisch, aber er begann zu allgemeiner Freude so: »Lassen Sie mich Ihnen in aller Kürze die Entwicklungsgeschichte meiner chinesischen Heimat seit dem Jahre 2000 vor Christi Geburt...« Er blickte ganz erstaunt auf, weil die Leute so lachten.

So mußt du das auch machen. Du hast ganz recht: man versteht es ja sonst nicht, wer kann denn das alles verstehen, ohne die geschichtlichen Hintergründe... sehr richtig! Die Leute sind doch nicht in deinen Vortrag gekommen, um lebendiges Leben zu hören, sondern das, was sie auch in den Büchern nachschlagen können... sehr richtig! Immer gib ihm Historie, immer gib ihm.

Kümmere dich nicht darum, ob die Wellen, die von dir ins Publikum laufen, auch zurückkommen - das sind Kinkerlitzchen. Sprich unbekümmert um die Wirkung, um die Leute, um die Luft im Saale; immer sprich, mein Guter. Gott wird es dir lohnen.

Du mußt alles in die Nebensätze legen. Sag nie: »Die Steuern sind zu hoch.« Das ist zu einfach. Sag: »Ich möchte zu dem, was ich soeben gesagt habe, noch kurz bemerken, daß mir die Steuern bei weitem...« So heißt das.

Trink den Leuten ab und zu ein Glas Wasser vor - man sieht das gern.

Wenn du einen Witz machst, lach vorher, damit man weiß, wo die Pointe ist.

Eine Rede ist, wie könnte es anders sein, ein Monolog. Weil doch nur einer spricht. Du brauchst auch nach vierzehn Jahren öffentlicher Rednerei noch nicht zu wissen, daß eine Rede nicht nur ein Dialog, sondern ein Orchesterstück ist: eine stumme Masse spricht nämlich ununterbrochen mit. Und das mußt du hören. Nein, das brauchst du nicht zu hören. Sprich nur, lies nur, donnere nur, geschichtele nur.

Zu dem, was ich soeben über die Technik der Rede gesagt habe, möchte ich noch kurz bemerken, daß viel Statistik eine Rede immer sehr hebt. Das beruhigt ungemein, und da jeder imstande ist, zehn verschiedene Zahlen mühelos zu behalten, so macht das viel Spaß.

Kündige den Schluß deiner Rede lange vorher an, damit die Hörer vor Freude nicht einen Schlaganfall bekommen, (Paul Lindau hat einmal einen dieser gefürchteten Hochzeitstoaste so angefangen: »Ich komme zum Schluß.«) Kündige den Schluß an, und dann beginne deine Rede von vorn und rede noch eine halbe Stunde. Dies kann man mehrere Male wiederholen.

Du mußt dir nicht nur eine Disposition machen, du mußt sie den Leuten auch vortragen - das würzt die Rede.

Sprich nie unter anderthalb Stunden, sonst lohnt es gar nicht erst anzufangen.

Wenn einer spricht, müssen die andern zuhören - das ist deine Gelegenheit! Mißbrauche sie.

Ratschläge für einen guten Redner

Hauptsätze, Hauptsätze. Hauptsätze.

Klare Disposition im Kopf - möglichst wenig auf dem Papier.

Tatsachen, oder Appell an das Gefühl. Schleuder oder Harfe. Ein Redner sei kein Lexikon. Das haben die Leute zu Hause.

Der Ton einer einzelnen Sprechstimme ermüdet; sprich nie länger als vierzig Minuten. Suche keine Effekte zu erzielen, die nicht in deinem Wesen liegen. Ein Podium ist eine unbarmherzige Sache - da steht der Mensch nackter als im Sonnenbad.

Merk Otto Brahms Spruch: Wat jestrichen is, kann nich durchfalln.

Peter Panter
»Vossische Zeitung«, 16.11.1930, Nr. 542, wieder in:
»Lerne Lachen«.

Ein älterer, aber leicht besoffener Herr (1930)

- Wie Sie mich hier sehn, bin ick nämlich aust Fensta jefalln. Wir wohn Hochpachterr, da kann sowat vorkomm. Es ist wejn den Jleichjewicht. Bleihm Se ruhich stehn, lieber Herr, ick tu Sie nischt - wenn Se mir wolln mah aufhehm... so... hopla... na, nu jeht et ja schon. Ick wees jahnich, wat mir is: ick muß wat jejessen ham...!

Jetrunken? Ja, det auch... aber mit Maßen, immer mit Maßen. Es wah - ham Sie 'n Auhrenblick Sseit? - es handelt sich nämlich bessüchlich der Wahlen. Hips... ick bin sossusahrn ein Opfer von unse Parteisserrissenheit. Deutschland kann nich untajehn; solange es einich is, wird es nie bebesiecht! Ach, diß wah ausn vorjn Kriech... na, is aber auch janz schön! Wenn ick Sie 'n Sticksken bejleiten dürf... stützen Sie Ihnen ruhig auf mir, denn jehn Sie sicherer!

Jestern morjen sach ick zu Elfriede, wat meine Jattin is, ick sahre: »Elfriede!« sahr ick, »heute is Sonntach, ick wer man bißken rumhörn, wat die Leite so wählen dhun, man muß sich auf den laufenden halten«, sahr ick - »es is eine patt... patriotische Flicht!« sahr ick. Ick ha nämlich 'n selbständjen Jemieseladn. Jut. Sie packt ma 'n paar Stulln in, und ick ßottel los.

Es wücht ein ja viel jebotn, ssur Sseit... so ville Vasammlungen! Erscht war ich bei die Nazzenahlsosjalisten. Feine Leute. Mensch, die sind valleicht uffn Kien! Die janze Straße wah schwarz... un jrien... von de Schupo... un denn hatten da manche vabotene Hemden an... dies dürfen die doch nich! »Runta mit det braune Hemde!« sachte der Wachtmeister zu ein, »Diß iss ein weißes Hemde!« sachte der. »Det is braun!« sachte der Jriene. Der Mann hat ja um sich jejampelt mit Hände und Fieße; er sacht, seine weißen Hemden sehn imma so aus, saubrer kann a nich, sacht a. Da ham sen denn laufen lassen. Na, nu ick rin in den Saal. Da jabs Brauselimmenade mit Schnaps. Da ham se erscht jeübt: Aufstehn! Hinsetzn! Aufstehn! Hinsetzn! weil sie denn nämlich Märsche jespielt ham, und die Führers sind rinjekomm - un der Jöbbels ooch. Kenn Sie Jöbbels? Sie! Son Mann is det! Knorke. Da ham die jerufen: »Juden raus!« un da habe ick jerufen: »Den Anwesenden nadhierlich ausjenomm!« un denn jing det los: Freiheit und Brot! ham die jesacht. Die Freiheit konnte man jleich mitnehm - det Brot hatten se noch nich da, det kommt erscht, wenn die ihr drittes Reich uffjemacht ham. Ja. Und scheene Lieda ham die -!

Als die liebe Morjensonne
schien auf Muttans Jänseklein,
zoch ein Rejiment von Hitla
in ein kleines Städtchen ein...!

Na, wat denn, wat denn... man witt doch noch singen dürfn! Ick bin ja schon stille - ja doch. Und der Jöbbels, der hat ja nich schlecht jedonnert! Un der hat eine Wut auf den Thälmann! »Is denn kein Haufen da?« sacht er - »ick willn iebern Haufn schießen!« Und wir sind alle younge Schklavn, hat der jesacht, und da hat er ooch janz recht. Und da war ooch een Kommenist, den ham se Redefreiheit jejehm. Ja. Wie sen nachher vabundn ham, war det linke Oohre wech. Nee, alles wat recht is: ick werde die Leute wahrscheinlich wähln. Wie ick rauskam, sachte ick mir: Anton, sachte ick zu mir, du wählst nazzenahlsosjalistisch. Heil!

Denn bin ick bei die Katholschen jewesn. Da wollt ick erscht jahnich rin... ick weeß nich, wie ick da rinjekomm bin. Da hat son fromma Mann am Einjang jestandn, der hatte sich vor lauter Fremmichkeit den Krahrn vakehrt rum umjebunden, der sacht zu mir: »Sind Sie katholischen Jlaubens?« sacht er. Ick sahre: »Nich, daß ick wüßte...« - »Na«, sacht der, »wat wollen Sie denn hier?« - »Jott«, sahre ick, »ick will mir mal informieren«, sahre ick. »Diß is meine Flicht des Staatsbirjers.« Ick sahre: »Einmal, alle vier Jahre, da tun wa so, als ob wa täten... diß is ein scheenet Jefiehl!« - »Na ja«, sacht der fromme Mann, »diß is ja alles jut und scheen... aber wir brauchen Sie hier nich!« - »Nanu...!« sahre ick, »sammeln Sie denn keene Stimm? Wörben Sie denn nich um die Stimm der Stimmberechtichten?« sahre ick. Da sacht er: »Wir sind bloß eine bescheidene katholische Minderheit«, sacht er. »Und ob Sie wähln oder nich«, sacht er, »desderwejn wird Deutschland doch von uns rejiert. In Rom«, sacht er, »is et ja schwierijer... aber in Deutschland...« sacht er. Ick raus. Vier Molln hak uff den Schreck jetrunken.

Denn wak bei die Demokratn. Nee, also... ick hab se jesucht... durch janz Berlin hak se jesucht. »Jibbs denn hier keene Demokraten?« frahr ick eenen. »Mensch!« sacht der, »Du lebst wohl uffn Mond! Die hats doch nie jejehm! Und nu jippse iebahaupt nich mehr! Jeh mal hier rin«, sacht er, »da tacht die Deutsche Staatspachtei - da is et richtich.« Ick rin. Da wah ja so viel Jugend... wie ick det jesehn habe, mußt ick vor Schreck erscht mal 'n Asbach Uralt trinken. Aber die Leute sinn richtich. Sie - det wa jroßachtich! An Einjang hattn se lauter Projamms zu liejn... da konnt sich jeder eins aussuchen. Ick sahre: »Jehm Sie mir . . . jehm Se mia ein scheenet Projamm für einen selbständigen Jemieseladen, fier die Interessen des arbeitenden Volkes«, sahre ick, »mit etwas Juden raus, aber hinten wieder rin, und fier die Aufrechterhaltung der wohlerworbenen Steuern!« - »Bütte sehr«, sacht det Frollein, wat da stand, »da nehm Sie unsa Projamm Numma siemundfürrssich - da is det allens drin. Wenn et Sie nicht jefällt«, sacht se, »denn kenn Siet ja umtauschn. Wir sind jahnich so!« Diß is eine kulante Pachtei, sahre ick Ihn! Ick werde die Leute wahrscheinlich wähln. Falls et sie bei der Wahl noch jibbt.

Denn wak bei die Sozis. Na, also ick bin ja eijentlich, bei Licht besehn, ein alter, jeiebter Sosjaldemokrat. Sehn Se mah, mein Vata war aktiva Untroffssier... da liecht die Disseplin in de Familie. Ja. Ick rin in de Vasammlung. Lauta klassenbewußte Arbeita wahn da: Fräser un Maschinenschlosser un denn ooch der alte Schweißer, der Rudi Breitscheid. Der is so lang, der kann aus de Dachrinne saufn. Det hat er aba nich jetan - er hat eine Rede jehalten. Währenddem daß die Leute schliefen, sahr ick zu ein Pachteigenossn, ick sahre: »Jenosse«, sahre ick, »woso wählst du eijentlich SPD -?« Ick dachte, der Mann kippt mir vom Stuhl! »Donnerwetter«, sacht er, »nu wähl ick schon ssweiunsswanssich Jahre lang diese Pachtei«, sacht er, »aber warum det ick det dhue, det hak ma noch nie iebalecht! - Sieh mal«, sachte der, »ick bin in mein Bessirk ssweita Schriftfiehra, un uff unse Ssahlahmde is det imma so jemietlich; wir kenn nu schon die Kneipe, un det Bier is auch jut, un am erschten Mai, da machen wir denn 'n Ausfluch mit Kind un Kejel und den janzen Vaein... und denn ahms is Fackelssuch... es is alles so scheen einjeschaukelt«, sacht er. »Wat brauchst du Jrundsätze«, sacht er, »wenn dun Apparat hast!« Und da hat der Mann janz recht. Ick werde wahrscheinlich diese Pachtei wähln - es is so ein beruhjendes Jefiehl. Man tut wat for de Revolutzjon, aber man weeß janz jenau: mit diese Pachtei kommt se nich. Und das is sehr wichtig fier einen selbständjen Jemieseladen!

Denn wah ick bei Huchenberjn. Sie... det hat ma nich jefalln. Wer den Pachteisplitter nich ehrt, is det Janze nich wert - sahr ick doch imma. Huchenberch perseenlich konnte nich komm... der hat sich jrade jespaltn. Da hak inzwischen 'n Kimmel jetrunken.

Denn wak noch bei die kleinern Pachteien. Ick wah bei den Alljemeinen Deutschen Mietabund, da jabs hellet Bia; und denn bei den Tannenberchbund, wo Ludendorff mitmacht, da jabs Schwedenpunsch; und denn bei die Häußerpachtei, die wähln bloß in Badehosn, un da wah ooch Justaf Nahrl, der is natürlicher Naturmensch von Beruf; und denn wak bei die Wüchtschaftspachtei, die sind fier die Aufrechterhaltung der pollnschen Wüchtschaft - und denn wark blau... blau wien Ritter. Ick wollt noch bei de Kommenistn jehn... aber ick konnte bloß noch von eene Laterne zur andern Laterne... Na, so bink denn nach Hause jekomm.

Sie - Mutta hat valleicht 'n Theater jemacht! »Besoffn wie son oller liiijel -!« Hat se jesacht. Ick sahre: »Muttacken«, sahre ick, »ick ha det deutsche Volk bei de Wahlvorbereitung studiert.« - »Besoffn biste!« sacht se. Ick sahre: »Det auch...« sahre ick. »Aber nur nehmbei. Ick ha staatspolitische Einsichten jewonn!« sahre ick. »Wat wißte denn nu wähln, du oller Suffkopp?« sacht se. Ich sahre: »Ick wähle eine Pachtei, die uns den schtarkn Mann jibt, sowie unsan jeliebtn Kaiser und auch den Präsidenten Hindenburch!« sahr ick. »Sowie bei aller Aufrechterhaltung der verfassungsjemäßichten Rechte«, sahr ick. »Wir brauchen einen Diktator wie Maxe Schmeling oder unsan Eckner«, sahre ick. »Nieda mit den Milletär!« sahre ick, »un hoch mit de Reichswehr! Und der Korridor witt ooch abjeschafft«, sahre ick. »So?« sacht se. »Der Korridor witt abjeschafft? Wie wißte denn denn int Schlafzimmer komm, du oller Süffel?« sacht se. Ick sahre: »Der Reichstach muß uffjelöst wem, das Volk muß rejieren, denn alle Rechte jehn vom Volke aus. Na, un wenn eener ausjejang is, denn kommt a ja sobald nich wieda!« sahre ick. »Wir brauchen eine Zoffjett-Republik mit ein unumschränktn Offsier an die Spitze«, sahre ick. »Und in diesen Sinne werk ick wähln.« Und denn bin ick aust Fensta jefalln.

Mutta hat ohm jestanden und hat jeschimpft...! »Komm du mir man ruff«, hat se jebrillt. »Dir wer ick! Du krist noch mal Ausjang! Eine Schande is es -! Komm man ja ruff!« Ick bin aba nich ruff. Ick als selbstänjdja Jemieseladen weeß, wat ick mir schuldich bin. Wollen wa noch ne kleene Molle nehm? Nee? Na ja... Sie missn jewiß ooch ze Hause - die Fraun sind ja komisch mit uns Männa! Denn winsch ick Sie ooch ne vajniechte Wahl! Halten Sie die Fahne hoch! Hie alleweje! Un ick wer Sie mal wat sahrn: Uffjelöst wern wa doch... rejiert wern wa doch...

Die Wahl is der Rummelplatz des kleinen Mannes! Det sacht Ihn ein Mann, der det Lehm kennt! Jute Nacht -!

Kaspar Hauser
»Die Weltbühne«, 09.09.1930, Nr. 37, S. 405, wieder in:
»Lerne Lachen«.

Kreuzworträtsel mit Gewalt (1930)

Der Arzt versank in meinem Bauch. Dann richtete er sich hochaufatmend wieder auf. »Es sind die Nerven, Herr Panter«, sagte er. »An den Organen ist nichts. Ruhe - Ausspannen - Massage - Rohkost - Gemüse - Gymnastik - kohlensaure Bäder... passen Sie auf: wir kriegen Sie schon wieder hoch. Schwester -!«

Da saß ich in dem Klapskasten, und nun war es zu spät. Man soll nie auf das hören, was einem die guten Freunde raten. Das konnte heiter werden.

Es wurde *sehr* heiter. Ich absolvierte täglich ein längeres Zirkusprogramm, von morgens um sieben bis mittags um halb eins. Der Turnlehrer; die Wiegeschwester; der Bademeister; der Masseur; der Assistenzarzt; die Zimmerschwester... sie alle waren emsig um mich bemüht. Ich kam mir recht krank vor, und wenn ich mir krank vorkam, dann schnauzten sie mich an, was mir wohl einfiele - es ginge mir schon viel, viel besser. Was war da zu machen?

Was war vor allem an den langen Nachmittagen zu machen, die etwa acht- bis neunmal so lang waren wie die reichlich gefüllten Vormittage?

Lesen.

Das Salatorium - man sollte niemals: Sanatorium schreiben - das Salatorium hatte eine Bibliothek. Die ersten acht Tage ging das ganz gut, denn sie hatten da die *>Allgemeine Bibliothek der Unterhaltung und des Wissens<*, eine Art Familienzeitschrift aus den neunziger Jahren - und so beruhigend! Darin war von der neuen, schreckeinflößenden Erfindung des Telefons die Rede; von einem Wagen, der sich vermittels einer Maschine allein bewegen könnte, einem sogenannten ›Automobil‹; vorn war ein Roman mit Bildern: »Agathe liebkoste die entblätterte Rose und ließ sich auch durch das Zureden des Assessors von Waldern nicht trösten... Seite 95«, dann gab es eine Kriminalnovelle mit abscheulich schlechtgekleideten Missetätern, aber bei Wallace waren die Polizeikommissare von Scotland Yard bedeutend schurkiger - und zum Schluß die *>Miszellen<*, eine bezaubernde Mischung von allerlei Wissenswertem, Kochrezepten, Anekdoten ohne Pointe und überhaupt von gesegnetem Stumpfsinn. Dies beschäftigte mich acht Tage lang. Dann war es aus. Der Rest der

Bibliothek bestand aus feinerer Literatur; ich schreibe mir meinen kleinen Bedarf lieber selber. Was nun -?

Eines Tages sah ich beim Bademeister auf dem Fensterbrett der Badekabine eine Rätselzeitschrift liegen. Ich hatte nie gewußt, daß es so etwas gäbe. Aber das gabs. Darin waren Silbenrätsel enthalten und andre schöne Zeitvertreibe. »Darf ich vielleicht... könnten Sie mir das wohl mal leihen...?« fragte ich. Er lieh. Ich hatte kaum mein Müsli und den Salat und die halbe Pflaume gegessen, als ich auf mein Zimmer eilte, den Bleistift spitzte und löste.

Ich verfüge über eine sehr lückenhafte Bildung. Ich weiß nicht, wo Karakorum liegt; ich weiß nicht, was eine ›Ephenide‹ ist; ich verwechsle immer ›Phänomenologie‹ mit ›Pharmazeutik‹, und es ist überhaupt ein Jammer. Aber ich begann zu lösen.

Anfangs ging das ganz gut. Alles, was ich auf Anhieb wußte, schrieb ich in die kleinen Quadrate, und wenn ich nicht weiter konnte, ließ ich das angebissene Rätsel liegen und machte mich an das nächste. So hatte ich viele vergnügte Nachmittage. Der Bademeister brachte mir, trinkgeldlüstern, noch weitere achtzehn Rätselzeitschriften, aber tückischerweise hatten sie keinen Zusammenhang untereinander, denn es fehlten immer grade die Nummern, in denen die Lösungen jener enthalten waren, an denen ich grade knabberte... also mußte *ich* versuchen, allein damit fertig zu werden, und ich war ganz auf mich selber angewiesen. Ich habe das nicht gerne - wer auf mich gebaut hat, hat noch stets auf Sand gebaut. Aber ich löste.

Als ich die Zeitschriften vollgemalt hatte, hatte ich fünf Kreuzworträtsel zu Ende gelöst. Alle andern - und es waren deren eine Menge - wiesen bedrohliche Flecke auf. Was nun?

Nun zerbiß ich meinen Bleistift; dann den Federhalter des Salatoriums; dann meine Pfeife. Und ich war kribblig...

Sie kennen den sogenannten ›Lahmann-Koller‹? Mit dem ist es so:

Wenn die Patienten eine Weile lang sanftes Gras gefressen haben, dann werden sie furchtbar böse. Sie sind wütend, von morgens um sieben bis abends um acht; und besonders gegen den späten Nachmittag hin, wenn schon der Gedanke an Blumenkohl sie rasend macht, und der an ein gutes Filetsteak nicht minder -: dann beginnen sie, heimlich zu rasen. Laut trauen sie sich nicht.

Ich traute mich auch nicht laut. Aber ich tobte mit den Kreuzworträtseln umher, und ich wollte mich nicht unterkriegen lassen, und ich beschloß, ein Ende zu machen. So oder so... so ging es nicht mehr weiter.

»Berggipfel in den Seealpen.« Nun bitte ich Sie in aller Welt! Seealpen - wissen Sie, wo die Seealpen liegen? Ich weiß das nicht. Ich habe damals, als wir das durchgenommen haben, gefehlt, oder ich habe grade unter der Bank ›*Götz Krafft*‹ gelesen oder ›*Jena oder Sedan*‹... Seealpen! Drumherum die Reihen hatte ich; mir fehlten aber die Buchstaben, die man aus andern Reihen nicht erraten konnte. Da brach ich die Kreuzworträtsel übers Knie.

›KIKAM‹ setzte ich. Berggipfel in den Seealpen: ›KIKAM‹. Ich fand das sehr schön. Und dies ergötzte mich so, daß ich an einem Nachmittag zweiundzwanzig Kreuzworträtsel löste. Mit Gewalt. Wer nicht hören will, muß fühlen. Ich habe wundervolle Resultate erzielt.

›LEBSCH‹: eine Hauptstadt in Europa. Man erzähle mir nichts - warum soll unter den vielen, vielen europäischen Hauptstädten nicht eine dabei sein, die ›LEBSCH‹ heißt? ›MOREL‹: ein bekannter Südwein. ›NEPZUS‹: ein Planet. (Nein, nicht Neptun - dann geht es nicht auf.) Kaufmännischer Begriff: PLEISE. Ein Getränk der Araber: LORKE. Ein Raubtier: der ›MOGELVOGEL‹; doch, das ist herausgekommen, das Wort, ihr sollt es lassen stahn. Bekannter Gruß: HUMMEL. (was ja für Hamburg stimmt.) Und es tauchten geradezu abenteuerliche Wörter auf: MIPPEL und FLUNZ und BAKIKEKE. so erbaute ich mir eine neue Welt.

Ich erzählte niemand davon. Aber ich erlernte für mich privat eine neue Sprache: die Kreuzworträtsel-Sprache. Hätte ich es einem gesagt: sie hätten mich nie wieder aus dem Klapskasten hinausgelassen, und ich säße heute noch drin. Aber die Wörter in meinem Herzen bewegend sprach ich den ganzen Tag kreuzisch und fragte mich Vokabeln ab und konnte es schon ganz schön.

»Nun, wie fühlen Sie sich denn jetzt -?« fragte der Onkel Oberdoktor in seiner, sagen wir, gütigen Art. Ich antwortete nicht gleich. Unhörbar übte ich Vokabeln:

Auf des Doktors Schreibtitzl summte eine Failge; die Sumis schien durch das Fenster, und der Himmel war plott. Ich dachte emsig nach, wie doch der Körperteil heißt, an dem ich so gut abgenommen hatte...

»Wie Sie sich fühlen -?« wiederholte der Onkel Doktor, mildgereizt. »Danke... viel besser...« stotterte ich. Wie hieß der Körperteil? - »Viel besser... ja...« - »Aber manchmal etwas zerstreut...? Noch etwas nervös?« fragte er und sah mich forschend an. »Aber gar nicht, Herr Doktor«, sagte ich. »Gar nicht. Ich fühle mich so frisch! Wirklich: famos! Sie haben mir sehr geholfen, sehr!« - »Na, das freut mich«, sagte er. »Sehen Sie, ich habe es Ihnen ja gleich gesagt!« Und er gab mir zum Abschied gute Ratschläge, darunter leider nicht den, die Rechnung nicht zu bezahlen.

Und erst als ich wieder draußen vor dem Tor des Salatoriums stand, da fiel es mir ein. Ich wollte noch einmal zurück, um es dem Doktor mitzuteilen... Ich tat es nicht.

MARS hieß der Körperteil.

Peter Panter
»Vossische Zeitung«, 17.08.1930, Nr. 386, wieder in:
»Lerne Lachen«.

Die Karte für den Pfirsich-Melba (1930)

Wir haben es mit den Schildern. Jakopp hat es außerdem noch mit dem Wasserwerk in Hamburg, Karlchen hat es mit den Mädchen, und ich sehe zu. Aber sonst haben wir es mit den Schildern. Am liebsten hätten wir den Kosmos so, daß an jedem Ding dransteht, was es ist, damit man es weiß. Wir freuen uns immer furchtbar, wenn wir sehn, wie an einem Spucknapf ein Schild hängt: SPUCKNAPF, damit niemand glaube, es sei ein Alligator. Hans Reimann, ein geübter Hausdieb, pflegt solche Schilder zu klauen, seine Wohnung ist voll davon, und er hat sehr schöne. Und es ist auch praktisch und gibt ein beruhigendes Gefühl, gleich überall gedruckt vor sich zu haben, worum es sich handelt.

Wenn also Karlchen zu mir zu Besuch kommt, dann hänge ich ihm eine Zimmer-Ordnung ins Zimmer - immer hübsch ordentlich. Etwa so:

ZIMMER-ORDNUNG

1. Dieses ist ein Zimmer.
2. Das Benutzen dieses Zimmers ist nur zu Wohn- beziehungsweise Schlafzwecken gestattet.
3. Das Mitbringen von fremden Weibspersonen ist fast gar nicht gestattet. Dieselben sind vorher dem Ortskommandanten vorzulegen, der sie überprüft.
4. Das Lärmen, Musizieren, das Handeln mit Apfelsinenkernen sowie das Abbrennen von Feuerwerks- und andern Körpern ist auf dieser Wiese strengstens verboten -

und so fort. Den Vogel aber hat Jakopp abgeschossen.

Jakopp hat einen entfernten Bekannten, der sich als seinen Freund ausgibt, der heißt Arthur. Ein lieber, netter Junge; er baut seit etwa anderthalb Jahren seinen juristischen Doktor, aber wir sagen schon immer »Herr Doktor« zu ihm - weil es ihn freut. Und dieser Arthur nun ißt für sein Leben gern Pfirsich-Melba. Gut.

Du weißt doch, wie Pfirsich-Melba serviert wird? In einer hohen Metallschale..., ganz richtig, sie steht auf einem schlanken Fuß, und wenn man nicht furchtbar geschickt damit balanciert, dann glitscht einem immer der Pfirsich aus der gelben Sauce heraus, oder die ganze Geschichte läuft fettiglangsam den schlanken Metallfuß hinunter - ich möchte das nicht bei hohem Seegang essen müssen.

Arthur muß sich sehr darüber ärgern. Und weil er die Welt nicht so zu verlassen wünscht, wie er sie angetroffen hat, so hat er sich zur Aufgabe gemacht, die Lokale, in denen er etwas zu essen bekommt, dazu zu erziehen, ihm den Pfirsich-Melba in einer flachen Glasschale aufzutragen. Das mögen die Leute aber nicht. Ihr wißt ja, wie ein Fachmann ist -: hat er eine Sache zwanzig Jahre falsch gemacht, dann wird sie ein heiliges Ritual, und wir andern haben da nichts dreinzureden. Pfirsich-Melba wird in hohen Schalen serviert, basta. Wems nicht paßt, der bestelle sich Harzer Käse. Den ißt man parterre. Pfirsich-Melba aber erste Etage.

Reden half nicht; bitten half nicht; Trinkgeldversprechungen manchmal. Aber es war wirklich nicht mehr auszuhalten: wo immer man hinkam, da sagte Arthurchen seinen Spruch auf, bevor er sich den Pfirsich-Melba bestellte, und wir konnten es schon alle gar nicht mehr ertragen. Wir lachten - er blieb unerschütterlich. Und er sagte noch dazu immer das gleiche auf, wenn er diese Geschichte anrührte...

Und da hatte er Geburtstag.

Auf seinem Geburtstagstisch lag ein kleiner Karton. Er öffnete ihn, neugierig - der Karton kam von Jakopp.

Darinnen lagen, fein säuberlich zusammengebunden, 50 (fünfzig) weiße Kärtchen, und auf jeder stand, hübsch gedruckt, folgendes zu lesen:

Herr Ober! Haben Sie noch einen Pfirsich-Melba? Schön, dann bringen Sie mir den - aber nicht in hohem Kelch, weils da immer so runterkleckert. Ich will das lieber in einer flachen Schale haben, wo es nicht überläuft!

... Daß ich die reine Wahrheit sagen, nichts verschweigen und nichts hinzusetzen werde: Ich habe bei Ehmke in Hamburg gesehen, wie der Doktor Arthur diesen Zettel beim Kellner abgegeben hat. Das Gesicht des Kellners werde ich vor mir sehn, solange ich lebe. Er sah erst den Doktor an, dann den Zettel, dann nochmal diesen Gast... Dann las er. Dann sah er auf - mit einem in die Weite traumverlorenen Blick - gleich, dachte ich, wird er die Arme in die Höhe werfen und den großen Liebesschrei der Eskimos ausstoßen. Nein. Er grinste. Er faltete den Mund auseinander und grinste. Der Doktor bekam seine flache Schale. Der Kellner hat sich die Karte hoffentlich einrahmen lassen.

Jetzt erhebt sich die Frage:

Wie wäre es, und wir ließen dem Arthur für sein Doktorexamen kleine Antwortzettel drucken -?

Peter Panter
»Vossische Zeitung«, 12.10.1930, Nr. 482, wieder in:
»Lerne Lachen«.

Mancher lernts nie (1930)

Zu dir kommt kein Geld - zu dir nicht.

Erstens kommt Geld überhaupt nur dahin, wo schon etwas ist, Geld kommt zu Geld; in den Dalles fallen nur manchmal die Lotteriegewinne, bei deren Eintrudelung die armen, alten Zeitungsabonnentinnen die mürben Hände über dem Kopf zusammenschlagenund vor Fassungslosigkeit zu weinen anfangen. (Fettdruck.) Darauf geloben sie, sich eine Nähmaschine und eine Gurkenfabrik zu kaufen und fürderhin ein andres Leben zu führen. Das sind so Märchen...

Zweitens kommt zu dir kein Geld, weil du es nicht zündend genug liebst. Na ja, du möchtest es gern haben... aber damit ist es nicht getan. Gern haben? Du sollst nicht nur begehren deines Nächsten Bankkonto - du mußt Geld inbrünstig lieben, dich darauf herumsielen, es in die Körperhöhlungen klemmen, na, lassen wir das. Vor allem aber kommt es nicht zu dir, weil es sieht, wie du es ausgibst. Du gibst es falsch aus.

Nicht verschwenderisch... das ist wieder eine andre Sache. Nein, du gibst es aus, so -: »Bitte, was bin ich Ihnen schuldig? Hier...« Ganz falsch.

Solange du nicht weißt, was Geldauszahlen bedeutet, solange wirst du kein Geld haben. Zahlen ist himmlische Gnade, Barmherzigkeit, Manna, Segen und unendliche Herablassung. Die wird nicht so leicht ausgeteilt, mein Lieber.

Zu dir kommt das Geld nicht, weil du immer noch nicht gelernt hast: Wenn man von dir Geld haben will, so mußt du zunächst einmal das sagen, was jeder normale Mensch sagt, wenn man etwas von ihm haben will: Nein. Der, der von dir Geld haben will, sei dein Gegner, der Gottseibeiuns, dein Todfeind. So mußt du ihn behandeln.

Das will gekonnt sein. Nun komme mir ja nicht und erzähle: Ja, aber der andre hat doch für mich etwas geliefert, gearbeitet, getan... Du Hammel. Als obs darauf ankäme! Er ist der Feind, hör doch.

Sag erst einmal zu ihm: Nein. Dann: »Zeigen Sie mal her. Wieso drei Mark vierzig? Sie sind wohl verrückt?« - Und dann nimm einen Bleistift und streiche an der Rechnung herum. Und dann handele ihm die Hälfte ab. Und dann hol die Brieftasche heraus. Und leg die Rechnung hinein. Und zahle nicht. Und laß den andern warten. Wer zahlt dir? Also.

Und wenn du + + + einmal zahlst, so nach langer, langer Zeit und nach Abzug eines Skontos, den du dir am besten nach dem Diskont in Liberia bei 54 Grad im Schatten ausrechnest -: dann mußt du den, der das Geld von dir zu bekommen hat, ordentlich demütigen. Das kannst du doch für dein Geld verlangen, daß er dasteht und Gott dankt und gewissermaßen den Hut in den Händen dreht. »Na...« mußt du dann sagen: »Na... da! Fang auf! Is jut.« So zahlt man. Früher haben einem die Kerle wenigstens die Hände geküßt; heute geben sie einem eine Quittung... verdammte Zeit. Gibs ihm, wenn dus ihm gibst!

Siehst du: das mußt du wissen, für den Fall, daß du einmal in die ärgerliche Lage kommen solltest, etwas zahlen zu müssen. Zahlen ist: Gnade mit einem Fußtritt. Und besonders für den, der sich nicht wehren kann.

Aber du hörst ja nicht. Und daher kommt zu dir kein Geld - zu dir nicht. Mancher lernts eben nie.

Peter Panter
»Die Weltbühne«, 13.05.1930, Nr. 20, S. 738.

Was machen die Leute da oben eigentlich? (1930)

> Motto: Der eigene Hund macht keinen Lärm -
> er bellt nur.
>
> (Alte Weisheit)

Donnerwetter, ist das ein Krach! Was ist das? (Achselzucken.) - »Das sind Lösers, die Leute, die über uns wohnen. Das ist jeden Abend so.« Und da sagt ihr nichts? - »Wir haben schon raufgeschickt: da ist nichts zu machen. Sie haben gesagt, unseretwegen können sie sich keinen Bodenbelag... Himmelkreuz, man glaubt reineweg, die kommen mit der Decke runter! Nu hör bloß mal an - der Kalk rieselt richtig... Ruhe! - Ruhe!«

Ja, Kuchen. Was machen die Leute da oben in ihrer Wohnung?

Sprechen wir nicht von den wildgewordenen Hausfrauen. Die Reinmache-Megären sind weniger zahlreich geworden; dafür sind auch die Wohnungen von vernünftigen Familien sauberer. Aber was stampfen, was klopfen, was rücken die Leute über uns?

Alles, was man nur mit einem einzigen Sinn wahrnehmen kann, wirkt merkwürdig; die andern vier Sinne liegen gespannt auf der Lauer, und das Gehirn ist gezwungen, aus der einen, unvollkommenen Wahrnehmung alles andere zu kombinieren. Und so kombinieren wir denn, nachdem das Ohr schmerzlich aufgenommen hat:

Lösers machen Manöver. Lösers räumen jeden Abend ihre Wohnung aus... sie hängen ihre sämtlichen Einrichtungsgegenstände zum Fenster hinaus, räumen sie wieder ein... Nein, sie rollen zwei kleine Kanonenkugeln, Andenken aus dem Weltkriege, fröhlichen Gemütes durch die Korridore. Sie spielen Zirkus: schlagen der Länge lang hin, stehen wieder auf, schlagen wieder hin... Sie haben einen Kraftmenschen engagiert, der - nu hör doch bloß mal einer an! - das Büfett aufhebt und probiert, ob es, wenn man es auf den Boden hinfallen läßt, federt - was machen diese Leute? Ruhe!

Ich will es dir genau sagen, was sie machen. Dasselbe wie du.

Sie gehen auf und ab. Sie rücken ein paarmal Möbelstücke hin und her, was deinem Ohr zweck- und sinnlos erscheint, was aber ganz vernünftig anmutet, wenn man bei ihnen oben ist. Sie lassen ihre Kinder tollen...

Zugegeben: es gibt rücksichtslose Wohnungsnarren. Es scheint, daß manche Leute ihrem am Tage im Geschäft unterdrückten Willen zu Hause Spielfreiheit geben - da toben sie sich aus. Es gibt ausdauernde Auf- und Abgeher, solche, die, vom Teufel der Ruhelosigkeit geplagt, durch die Wohnung jagen... es ist so viel unbefriedigtes Gefühl in dem, was sie so treiben... Ja, aber wo sollten sie das alles tun, wenn nicht zu Hause! Den Tag über ist ihr Leben mit lauter Schildern umgattert: DU DARFST NICHT!... VERBOTEN!... UNTERSAGT! - Einmal, ein einziges Mal will der Mensch das Überflüssige tun, das dem Leben erst die richtige Würze gibt. Und da toben sie sich denn aus.

Es ist ein Jammer. Was ist ein Jammer? Der Wohnungsbau ist ein Jammer. Denn da wir dem Idealzustand, wo jede Familie ihr Häuschen hat, noch sehr fern sind, ist die große Mehrzahl aller Leute in den Großstädten gezwungen, in Mietshäusern zu wohnen - sie sind schon so froh, wenn sie darin überhaupt eine Wohnung finden. Und was sind das für Häuser?

Was die Architekten machen, ist ziemlich klar. Sie bauen die neuen Häuser aus einer Mischung von kaltgewordener Zigarrenasche und gestoßenen Ziegeln. Jeder ›Fachmann‹ wird hier aufbrausen und uns erklären, daß es so ist, daß es nicht so ist, warum es gar nicht anders sein kann... das müssen wir uns mit Gleichmut anhören. Genau so wie den Lärm über uns, unter uns, neben uns... Es muß eine raffinierte Berechnungsmethode geben, nach der die Häuser grade noch stehenbleiben, wenn jemand das hohe C in ihnen singt. Es sind liebe Baulichkeiten: niest jemand im Keller, so kann man getrost auf dem Boden »Zur Gesundheit!« wünschen, und mit dieser Papparchitektur wird das immer schlimmer. Großstadthäuser aus den achtziger Jahren des vorigen Jahrhunderts wirken heute schon wie die alten Ritterburgen. Die neuen erzittern, wenn man sie nur ansieht, und wenn ein ungezogener Knabe in ihnen aufstampft, dann fallen die Hypotheken vom Dach. Was machen die Leute bloß da oben -?

Eine Lärmsicherung gibt es nicht. Man hat Versuche mit Korkböden gemacht; die sind teuer, sie dämpfen den Schall wohl - aber sie ersticken ihn nicht ganz. Und so rumort es über den Köpfen hinweg, ganze Artillerieregimenter fahren auf und fahren wieder ab - was machen die Leute bloß?

Du mußt mit ihnen aufstehen und mit ihnen zu Bett gehen. Du lebst ein fremdes Leben mit. Stille, das kostbarste Gut, ist dir versagt. Und wenn sie selbst still sind, wenn sie dicke Teppiche haben, die Obermieter, wenn sie selbst - o seltener Fall! - aus Rücksicht für dich Hausschuhe tragen... dann ist da noch immer der schrecklichste der Schrecken.

»Huhu - huhu - haha - huhu - hiiiii -« Was ist das? Eine Lokomotive im Tunnel? Ach nein. Das ist Fräulein Lieschen Hasensprung, die sich im Gesang übt. Sie gleitet die Skalen gar oftmals hinauf und hinab; sie schleift die Töne im Hals, bis der Hals rauh und die Töne glatt sind, und wenn sie nicht singt, dann spielt sie Klavier. Das Klavier klingt, wie wenn man Wurstpellen auf eine Sardinenbüchse gespannt hat, das Spiel schmeckt nach Wurst und nach Sardinen. Und das geht den ganzen Tag - stunden - - stundenlang...

Und wenn sie nicht Klavier spielt, dann vomiert der Lautsprecher, damit die andern Leute auch eine Freude haben. Krach muß sein, sonst macht das ganze Leben keinen Spaß.

Aber - aber - was machen sie bloß da oben? Rollen die ihren Ofen durch die Zimmer? Vielleicht haben sie dem Schreibtisch Punkte aufgemalt, und nun würfeln sie damit... Oder die lieben Kinderchen spielen ein gemütliches Spiel, wie das Kinder so tun: ›Schweineschlachten in Oberbayern‹ oder ›Chaplin und die Flöhe‹. Horch - welch ein Skandal! Unser Kronleuchter zittert und klingelt mit dem Glas. Man fühlt ordentlich den Boden schwanken. Alles in mir zittert. So -

So geht das nicht mehr weiter. Jetzt schreibe ich drei Briefe: einen an die Polizei, einen an den Hausverwalter und einen an die rücksichtslosen Mieter. Ich will mir nur noch den Tisch hierher rücken, die Lampen dahin, so - und den Stuhl hierhin, und noch den kleinen Rauchtisch daneben - so - und dann gehts los.

Und unter mir denkt sich einer: »Was macht dieser Panter da oben eigentlich?«

Er schreibt drei Briefe. Gegen den Lärm.

Peter Panter
»Uhu«, 01.06.1930, Nr. 9, S. 89.

Die Verräter (1931)

Na, Verräter eigentlich nicht. Ein Verräter, das ist doch ein Mann, der hingeht und seine Freunde dem Gegner ausliefert, sei es, indem er dort Geheimnisse ausplaudert, Verstecke aufzeigt, Losungsworte preisgibt... und das alles bewußt... nein, Verräter sind diese da nicht. Die Wirkung aber ist so, als seien sie welche, doch sind sie anders, ganz anders.

Da wird man vom Vertrauen der Parteigenossen ausgesandt, mit dem bösen Feind zu unterhandeln, sozusagen die Arbeiter zu vertreten, die ja inzwischen weiterarbeiten müssen. Und die erste Zeit geht das auch ganz gut. Geld... ach, Geld... wenn die Welt so einfach wäre. Geld ist zunächst gar nicht zu holen. Der Arbeiterführer bleibt Arbeiterführer; leicht gemieden von den Arbeitgebern, merkwürdiges Wort, übrigens. Nein, nein, man bleibt ein aufrechter Mann.

Aber im Laufe der Jahre, nicht wahr, da sind so die langen Stunden der gemeinschaftlichen Verhandlungen an den langen Tischen: man kennt einander, die Gemeinsamkeit des Klatsches eint, und es wird ja überall so viel geklatscht. Nun, und da stellt sich so eine Art vertraulicher Feindschaft heraus.

Kitt ist eine Sache, die bindet nicht nur; sie hält auch die Steine auseinander. Zehn Jahre Gewerkschaftsführer; zehn Jahre Reichstagsabgeordneter; zehn Jahre Betriebsratsvorsitzender - das wird dann fast ein Beruf. Man bewirkt etwas. Man erreicht dies und jenes. Man bildet sich ein, noch mehr zu verhüten. Und man kommt mit den Herren Feinden ganz gut aus, und eines Tages sind es eigentlich gar keine Feinde mehr. Nein. Ganz leise geht das, unmerklich. Bis jener Satz fällt, der ganze Reihen voller Arbeiterführer dahingemäht hat, dieser infame, kleine Satz: »Ich wende mich an Sie, lieber Brennecke, weil Sie der einzige sind, mit dem man zusammenarbeiten kann. Wir stehen in verschiedenen Lagern - aber Sie sind und bleiben ein objektiver Mann...« Da steckt die kleine gelbe Blume des Verrats ihr Köpfchen aus dem Gras - hier, an dieser Stelle und in dieser Stunde. Da beginnt es.

Der kleine Finger ist schon drüben; der Rest läßt nicht mehr lange auf sich warten. »Genossen«, sagt der Geschmeichelte, »man muß die Lage von zwei Seiten ansehn...« Aber die Genossen verstehen nicht recht und murren: sie sehn die Lage nur von einer Seite an, nämlich von der Hungerseite. Und was alles Geld der Welt nicht bewirkt hätte, das bewirkt jene perfide, kleine Spekulation auf die Eitelkeit des Menschen: er kann doch die vertrauensvollen Erwartungen des Feindes nicht enttäuschen. Wie? Plötzlich hingehn und sagen: Ja, die Kollegen billigen das Kampf der Klassen, weil wir uns ausgebeutet fühlen...? Unmöglich. Man kann das unmöglich sagen. Es ist zu spät.

Und dann geht es ganz schnell bergab. Dann können es Einladungen sein oder Posten, aber sie müssen es nicht sein - die schlimmsten Verräterein auf dieser Welt werden gratis begangen. Dann wird man Oberpräsident, Minister, Vizekönig oder Polizeipräfekt - das geht dann ganz schnell. Und nun ist man auch den grollenden Zurückgebliebenen, die man einmal vertreten hat und nun bloß noch tritt, so entfremdet - sie verstehen nichts von Realpolitik, die Armen. Nun sitzt er oben, gehört beinah ganz zu jenen, und nur dieses kleine Restchen, daß sie ihn eben doch nicht so ganz zu den Ihren zählen wollen, das schmerzt ihn. Aber sonst ist er gesund und munter, danke der Nachfrage.

Und ist höchst erstaunt, wenn man ihn einen Verräter schilt, Verräter? Er hat doch nichts verraten! Nichts - nur sich selbst und eine Klasse, die zähneknirschend dieselben Erfahrungen mit einem neuen beginnt.

Ignaz Wrobel
»Die Weltbühne«, 10.11.1931, Nr. 45, S. 720.

Lottchen beichtet 1 Geliebten (1931)

»Es ist ein fremder Hauch auf mir? Was soll das heißen - es ist ein fremder Hauch auf mir? Auf mir ist kein fremder Hauch. Gib mal 'n Kuß auf Lottchen. In den ganzen vier Wochen, wo du in der Schweiz gewesen bist, hat mir keiner einen Kuß gegeben. Hier war nichts. Nein - hier war wirklich nichts! Was hast du gleich gemerkt? Du hast gar nichts gleich gemerkt... ach, Daddy! Ich bin dir so treu wie du mir. Nein, das heißt... also, ich bin dir wirklich treu! Du verliebst dich ja schon in jeden Refrain, wenn ein Frauenname drin vorkommt... ich bin dir treu... Gott sei Dank! Hier war nichts.

... Nur ein paarmal im Theater. Nein, billige Plätze - na, das eine Mal in der Loge... Woher weißt du denn das? Was? Wie? Wer hat dir das erzählt? Na ja, das waren Plätze... durch Beziehungen... Natürlich war ich da mit einem Mann. Na, soll ich vielleicht mit einer Krankenschwester ins Theater... lieber Daddy, das war ganz harmlos, vollkommen harmlos, mach doch hier nicht in Kamorra oder Mafia oder was sie da in Korsika machen. In Sizilien - meinetwegen, in Sizilien! Jedenfalls war das harmlos. Was haben sie dir denn erzählt? Was? Hier war nichts.

Das war... das ist... du kennst den Mann nicht. Na, das werd ich doch nicht machen - wenn ich schon mit einem andern Mann ins Theater gehe, dann geh ich doch nicht mit einem Mann, den du kennst. Bitte: ich hab dich noch nie kompromittiert. Männer sind doch so dußlig, die nehmen einem das übel, wenn man schon was macht, daß es dann ein Berufskollege ist. Und wenn es kein Berufskollege ist, dann heißt es gleich: Fräulein Julie! Man hats wirklich nicht leicht! Also du kennst den Mann nicht! Du kennst ihn nicht. Ja - er kennt dich. Na, sei doch froh, daß dich so viele Leute kennen - biste doch berühmt. Das war jedenfalls ganz harmlos. Total. Nachher waren wir noch essen. Aber sonst war nichts.

Nichts. Nichts war. Der Mann... der Mann ist eben - ich hab ihn auch im Auto mitgenommen, weil er so nett neben einem im Auto sitzt, eine glänzende Begleitdogge - so, hat das die Reventlow auch gesagt? Na, ich nenne das auch so. Aber *nur* als Begleitdogge. Der Mann sah glänzend aus. Doch, das ist wahr. Einen wunderbaren Mund, so einen harten Mund - gib mal 'n Kuß auf Lottchen, er war dumm. Es war nichts.

Direkt dumm war er eigentlich nicht. Das ist ja... ich habe mich gar nicht in ihn verliebt; du weißt ganz genau, daß ich mich bloß verliebe, wenn du dabei bist - damit du auch eine Freude hast! Ein netter Mann... aber ich will ja die Kerls gar nicht mehr. Ich nicht. Ich will das überhaupt alles nicht mehr. Daddy, so nett hat er ja gar nicht ausgesehn. Außerdem küßte er gut. Na so - es war jedenfalls weiter nichts.

Sag mal, was glaubst du eigentlich von mir? Glaubst du vielleicht von mir, was ich von dir glaube? Du - das verbitt ich mir! Ich bin treu. Daddy, der Mann... das war doch nur so eine Art Laune. Na ja, erst läßt du einen hier allein, und dann schreibst du nicht richtig, und telefoniert hast du auch bloß einmal - und wenn eine Frau allein ist, dann ist sie viel alleiner als ihr Männer. Ich brauche gewiß keinen Mann... ich nicht. Den hab ich auch nicht gebraucht; das soll er sich bloß nicht einbilden! Ich dachte nur: I, dachte ich - wie ich ihn gesehn habe... Ich habe schon das erstemal gewußt, wie ich ihn gesehn habe - aber es war ja nichts.

Nach dem Theater. Dann noch zwei Wochen lang. Nein. Ja. Nur Rosen und zweimal Konfekt und den kleinen Löwen aus Speckstein. Nein. Ich ihm meinen Hausschlüssel? Bist wohl...! Ich hab ihm meinen Hausschlüssel doch nicht gegeben! Ich werde doch einem fremden Mann meinen Hausschlüssel nicht geben...! Da bring ich ihn lieber runter. Daddy, ich habe ja für den Mann gar nichts empfunden - und er für mich auch nicht - das weißt du doch. Weil er eben solch einen harten Mund hatte... und ganz schmale Lippen. Weil er früher Seemann war. Was? Auf dem Wannsee? Der Mann ist zur See gefahren - auf einem riesigen Schiff, ich habe den Namen vergessen, und er kann alle Kommandos, und er hat einen harten Mund. Ganz schmale Lippen. Mensch, der erzählt ja nicht. Küßt aber gut. Daddy, wenn ich mich nicht so runter gefühlt hätte, dann wäre das auch gar nicht passiert... Es ist ja auch eigentlich nichts passiert - das zählt doch nicht. Was? In der Stadt. Nein, nicht bei ihm; wir haben zusammen in der Stadt gegessen. Er hat bezahlt - na, hast du das gesehn! Soll ich vielleicht meine Bekanntschaften finanzieren... na, das ist doch...! Es war überhaupt nichts.

Tätowiert! Der Mann ist doch nicht tätowiert! Der Mann hat eine ganz reine Haut, er hat... Keine Details? Keine Details! Entweder ich soll erzählen, oder ich soll nicht erzählen. Von mir wirst du über den Mann kein Wort mehr hören. Daddy, hör doch - wenn er nicht Seemannsmaat gewesen wäre, oder wie das heißt... Und ich wer dir überhaupt was sagen:

Erstens war überhaupt nichts, und zweitens kennst du den Mann nicht, und drittens weil er Seemann war, und ich hab ihm gar nichts geschenkt, und überhaupt, wie Paul Graetz immer sagt:

Kaum hat man mal, dann ist man gleich - Daddy! Daddy! Laß mal... was ist das hier? Was? Wie? Was ist das für ein Bild? Was ist das für eine Person? Wie? Was? Wo hast du die kennengelernt? Wie? In Luzern? Was? Hast du mit der Frau Ausflüge gemacht? In der Schweiz machen sie immer Ausflüge. Erzähl mir doch nichts... Was? Da war nichts?

Das ist ganz was andres. Na ja, mir gefällt schon manchmal ein Mann. Aber ihr -?

Ihr werft euch eben weg!«

Peter Panter
»Vossische Zeitung«, 23.01.1931, Nr. 38, wieder in:
»Lerne Lachen«.

Rosen auf den Weg gestreut (1931)

Ihr müßt sie lieb und nett behandeln,
erschreckt sie nicht - sie sind so zart!
Ihr müßt mit Palmen sie umwandeln,
getreulich ihrer Eigenart!
    Pfeift euerm Hunde, wenn er kläfft -:
    Küßt die Faschisten, wo ihr sie trefft!

Wenn sie in ihren Sälen hetzen,
sagt: »Ja und Amen - aber gern!
Hier habt ihr mich - schlagt mich in Fetzen!«
Und prügeln sie, so lobt den Herrn.
    Denn Prügeln ist doch ihr Geschäft!
    Küßt die Faschisten, wo ihr sie trefft.

Und schießen sie -: du lieber Himmel,
schätzt ihr das Leben so hoch ein?
Das ist ein Pazifisten-Fimmel!
Wer möchte nicht gern Opfer sein?
    Nennt sie: die süßen Schnuckerchen,
    gebt ihnen Bonbons und Zuckerchen...
Und verspürt ihr auch
in euerm Bauch
    den Hitler-Dolch, tief, bis zum Heft -:
    Küßt die Faschisten, küßt die Faschisten,
    küßt die Faschisten, wo ihr sie trefft -!

Theobald Tiger
»Die Weltbühne«, 31.03.1931, Nr. 13, S. 452.

Der bewachte Kriegsschauplatz (1931)

Im nächsten letzten Krieg wird das ja anders sein... Aber der vorige Kriegsschauplatz war polizeilich abgesperrt, das vergißt man so häufig. Nämlich:

Hinter dem Gewirr der Ackergräben, in denen die Arbeiter und Angestellten sich abschossen, während ihre Chefs daran gut verdienten, stand und ritt ununterbrochen, auf allen Kriegsschauplätzen, eine Kette von Feldgendarmen. Sehr beliebt sind die Herren nicht gewesen; vorn waren sie nicht zu sehen, und hinten taten sie sich dicke. Der Soldat mochte sie nicht; sie erinnerten ihn an jenen bürgerlichen Drill, den er in falscher Hoffnung gegen den militärischen eingetauscht hatte.

Die Feldgendarmen sperrten den Kriegsschauplatz nicht nur von hinten nach vorn ab, das wäre ja noch verständlich gewesen; sie paßten keineswegs nur auf, daß niemand von den Zivilisten in einen Tod lief, der nicht für sie bestimmt war. Der Kriegsschauplatz war auch von vorn nach hinten abgesperrt.

»Von welchem Truppenteil sind Sie?« fragte der Gendarm, wenn er auf einen einzelnen Soldaten stieß, der versprengt war. »Sie«, sagte er. Sonst war der Soldat ›du‹ und in der Menge ›ihr‹ - hier aber verwandelte er sich plötzlich in ein steuerzahlendes Subjekt, das der bürgerlichen Obrigkeit untertan war. Der Feldgendarm wachte darüber, daß vorn richtig gestorben wurde.

Für viele war das gar nicht nötig. Die Hammel trappelten mit der Herde mit, meist wußten sie gar keine Wege und Möglichkeiten, um nach hinten zu kommen, und was hätten sie da auch tun sollen! Sie wären ja doch geklappt worden, und dann: Untersuchungshaft, Kriegsgericht, Zuchthaus, oder, das schlimmste von allem: Strafkompanie. In diesen deutschen Strafkompanien sind Grausamkeiten vorgekommen, deren Schilderung, spielten sie in der französischen Fremdenlegion, gut und gern einen ganzen Verlag ernähren könnte. Manche Nationen jagten ihre Zwangsabonnenten auch mit den Maschinengewehren in die Maschinengewehre.

So kämpften sie.

Da gab es vier Jahre lang ganze Quadratmeilen Landes, auf denen war der Mord obligatorisch, während er eine halbe Stunde davon entfernt ebenso streng verboten war. Sagte ich: Mord? Natürlich Mord. Soldaten sind Mörder.

Es ist ungemein bezeichnend, daß sich neulich ein sicherlich anständig empfindender protestantischer Geistlicher gegen den Vorwurf gewehrt hat, die Soldaten Mörder genannt zu haben, denn in seinen Kreisen gilt das als Vorwurf. Und die Hetze gegen den Professor Gumbel fußt darauf, daß er einmal die Abdeckerei des Krieges »das Feld der Unehre« genannt hat. Ich weiß nicht, ob die randalierenden Studenten in Heidelberg lesen können. Wenn ja: vielleicht bemühen sie sich einmal in eine ihrer Bibliotheken und schlagen dort jene Exhortatio Benedikts XV. nach, der den Krieg »ein entehrendes Gemetzel« genannt hat und das mitten im Kriege! Die Exhortatio ist in dieser Nummer nachzulesen.

Die Gendarmen aller Länder hätten und haben Deserteure niedergeschossen. Sie mordeten also, weil einer sich weigerte, weiterhin zu morden. Und sperrten den Kriegsschauplatz ab, denn Ordnung muß sein, Ruhe, Ordnung und die Zivilisation der christlichen Staaten.

Ignaz Wrobel
»Die Weltbühne«, 04.08.1931, Nr. 31, S. 191.

Ein Ehepaar erzählt einen Witz (1931)

»Herr Panter, wir haben gestern einen so reizenden Witz gehört, den *müssen* wir Ihnen... also den *muß* ich Ihnen erzählen. Mein Mann kannte ihn schon... aber er ist zu reizend. Also passen Sie auf.

Ein Mann, Walter, streu nicht den Tabak auf den Teppich, da! Streust ja den ganzen Tabak auf den Teppich, also ein Mann, nein, ein Wanderer verirrt sich im Gebirge. Also der geht im Gebirge und verirrt sich, in den Alpen. Was? In den Dolomiten, also nicht in den Alpen, ist ja ganz egal. Also er geht da durch die Nacht, und da sieht er ein Licht, und er geht grade auf das Licht zu... laß mich doch erzählen! das gehört dazu!... geht drauf zu, und da ist eine Hütte, da wohnen zwei Bauersleute drin. Ein Bauer und eine Bauersfrau. Der Bauer ist alt, und sie ist jung und hübsch, ja, sie ist jung. Die liegen schon im Bett. Nein, die liegen noch nicht im Bett...«

»Meine Frau kann keine Witze erzählen. Laß mich mal. Du kannst nachher sagen, obs richtig war. Also nun werde ich Ihnen das mal erzählen.

Also, ein Mann wandert durch die Dolomiten und verirrt sich. Da kommt er - du machst einen ganz verwirrt, so ist der Witz gar nicht! Der Witz ist ganz anders. In den Dolomiten, so ist das! In den Dolomiten wohnt ein alter Bauer mit seiner jungen Frau. Und die haben gar nichts mehr zu essen; bis zum nächsten Markttag haben sie bloß noch eine Konservenbüchse mit Rindfleisch. Und die sparen sie sich auf. Und da kommt... wieso? Das ist ganz richtig! Sei mal still..., da kommt in der Nacht ein Wandersmann, also da klopft es an die Tür, da steht ein Mann, der hat sich verirrt, und der bittet um Nachtquartier. Nun haben die aber gar kein Quartier, das heißt, sie haben nur ein Bett, da schlafen sie zu zweit drin. Wie? Trude, das ist doch Unsinn... Das kann sehr nett sein!«

»Na, ich könnte das nicht. Immer da einen, der - im Schlaf strampelt..., also ich könnte das nicht!«

»Sollst du ja auch gar nicht. Unterbrich mich nicht immer.«

»Du sagst doch, das wär nett. Ich finde das nicht nett.«

»Also...«

»Walter! Die Asche! Kannst du denn nicht den Aschbecher nehmen?«

»Also... der Wanderer steht da nun in der Hütte, er trieft vor Regen, und er möchte doch da schlafen. Und da sagt ihm der Bauer, er kann ja in dem Bett schlafen, mit der Frau.«

»Nein, so war das nicht. Walter, du erzählst es ganz falsch! Dazwischen, zwischen ihm und der Frau - also der Wanderer in der Mitte!«

»Meinetwegen in der Mitte. Das ist doch ganz egal.«

»Das ist gar nicht egal... der ganze Witz beruht ja darauf.«

»Der Witz beruht doch nicht darauf, wo der Mann schläft!«

»Natürlich beruht er darauf! Wie soll denn Herr Panter den Witz so verstehen... laß mich mal - ich werd ihn mal erzählen! - Also der Mann schläft, verstehen Sie, zwischen dem alten Bauer und seiner Frau. Und draußen gewittert es. Laß mich doch mal!«

»Sie erzählt ihn ganz falsch. Es gewittert erst gar nicht, sondern die schlafen friedlich ein. Plötzlich wacht der Bauer auf und sagt zu seiner Frau - Trude, geh mal ans Telefon, es klingelt. - Nein, also das sagt er natürlich nicht... Der Bauer sagt zu seiner Frau... Wer ist da? Wer ist am Telefon? Sag ihm, er soll später noch mal anrufen - jetzt haben wir keine Zeit! Ja. Nein. Ja. Häng ab! Häng doch ab!«

»Hat er Ihnen den Witz schon zu Ende erzählt? Nein, noch nicht? Na, erzähl doch!«

»Da sagt der Bauer: Ich muß mal raus, nach den Ziegen sehn - mir ist so, als hätten die sich losgemacht, und dann haben wir morgen keine Milch! Ich will mal sehn, ob die Stalltür auch gut zugeschlossen ist.«

»Walter, entschuldige, wenn ich unterbreche, aber Paul sagt, nachher kann er nicht anrufen, er ruft erst abends an.«

»Gut, abends. Also der Bauer - nehmen Sie doch noch ein bißchen Kaffee! - Also der Bauer geht raus, und kaum ist er rausgegangen, da stupst die junge Frau...«

»Ganz falsch. Total falsch. Doch nicht das erstemal! Er geht raus, aber sie stupst erst beim drittenmal - der Bauer geht nämlich dreimal raus - das fand ich so furchtbar komisch! Laß mich mal! Also der Bauer geht raus, nach der Ziege sehn, und die Ziege ist da; und er kommt wieder rein.«

»Falsch. Er bleibt ganz lange draußen. Inzwischen sagt die junge Frau zu dem Wanderer -«

»Gar nichts sagt sie. Der Bauer kommt rein...«

»Erst kommt er nicht rein!«

»Also... der Bauer kommt rein, und wie er eine Weile schläft, da fährt er plötzlich aus dem Schlaf hoch und sagt: Ich muß doch noch mal nach der Ziege sehen - und geht wieder raus.«

»Du hast ja ganz vergessen, zu erzählen, daß der Wanderer furchtbaren Hunger hat!«

»Ja. Der Wanderer hat vorher beim Abendbrot gesagt, er hat so furchtbaren Hunger, und da haben die gesagt, ein bißchen Käse wäre noch da...«

»Und Milch!«

»Und Milch, und es wär auch noch etwas Fleischkonserve da, aber die könnten sie ihm nicht geben, weil die eben bis zum nächsten Markttag reichen muß. Und dann sind sie zu Bett gegangen.«

»Und wie nun der Bauer draußen ist, da stupst sie den, also da stupst die Frau den Wanderer in die Seite und sagt: Na...«

»Keine Spur! Aber keine Spur! Walter, das ist doch falsch! Sie sagt doch nicht: Na...!«

»Natürlich sagt sie: Na...! Was soll sie denn sagen?«

»Sie sagt: Jetzt wäre so eine Gelegenheit...«

»Sie sagt im Gegenteil: Na... und stupst den Wandersmann in die Seite...«

»Du verdirbst aber wirklich jeden Witz, Walter!«

»Das ist großartig! Ich verderbe jeden Witz? *Du* verdirbst jeden Witz - ich verderbe doch nicht jeden Witz! Da sagt die Frau...«

»Jetzt laß *mich* mal den Witz erzählen! Du verkorkst ja die Pointe...!«

»Also jetzt mach mich nicht böse, Trude! Wenn ich einen Witz anfange, will ich ihn auch zu Ende erzählen...«

»Du hast ihn ja gar nicht angefangen... *ich* habe ihn angefangen!« - »Das ist ganz egal - jedenfalls will ich die Geschichte zu Ende erzählen; denn du kannst keine Geschichten erzählen, wenigstens nicht richtig!« - »Und ich erzähle eben meine Geschichten nach meiner Art und nicht nach deiner, und wenn es dir nicht paßt, dann mußt du eben nicht zuhören...!« - »Ich will auch gar nicht zuhören... ich will sie zu Ende erzählen -

und zwar so, daß Herr Panter einen Genuß von der Geschichte hat!« - »Wenn du vielleicht glaubst, daß es ein Genuß ist, dir zuzuhören...« - »Trude!« - »Nun sagen Sie, Herr Panter - ist das auszuhalten! Und so nervös ist er schon die ganze Woche... ich habe...« - »Du bist...« - »Deine Unbeherrschtheit...« - »Gleich wird sie sagen: Komplexe! Deine Mutter nennt das einfach schlechte Erziehung...« - »Meine Kinderstube...!« - »Wer hat denn die Sache beim Anwalt rückgängig gemacht? Wer denn? Ich vielleicht? Du! Du hast gebeten, daß die Scheidung nicht...« - »Lüge!« - Bumm: Türgeknall rechts. Bumm: Türgeknall links.

Jetzt sitze ich da mit dem halben Witz.

Was hat der Mann zu der jungen Bauersfrau gesagt?

Peter Panter
»Vossische Zeitung«, 29.09.1931, Nr. 458.

Es gibt keinen Neuschnee (1931)

Wenn du aufwärts gehst und dich hochaufatmend umsiehst, was du doch für ein Kerl bist, der solche Höhen erklimmen kann, du, ganz allein -: dann entdeckst du immer Spuren im Schnee. Es ist schon einer vor dir dagewesen.

Glaube an Gott. Verzweifle an ihm. Verwirf alle Philosophie. Laß dir vom Arzt einen Magenkrebs ansagen und wisse: es sind nur noch vier Jahre, und dann ist es aus. Glaub an eine Frau. Verzweifle an ihr. Führe ein Leben mit zwei Frauen. Stürze dich in die Welt. Zieh dich von ihr zurück...

Und alle diese Lebensgefühle hat schon einer vor dir gehabt; so hat schon einer geglaubt, gezweifelt, gelacht, geweint und sich nachdenklich in der Nase gebohrt, genau so. Es ist immer schon einer dagewesen.

Das ändert nichts, ich weiß. Du erlebst es ja zum ersten Mal. Für dich ist es Neuschnee, der da liegt. Es ist aber keiner, und diese Entdeckung ist zuerst sehr schmerzlich. In Polen lebte einmal ein armer Jude, der hatte kein Geld, zu studieren, aber die Mathematik brannte ihm im Gehirn. Er las, was er bekommen konnte, die paar spärlichen Bücher, und er studierte und dachte, dachte für sich weiter. Und erfand eines Tages etwas, er entdeckte es, ein ganz neues System, und er fühlte: ich habe etwas gefunden. Und als er seine kleine Stadt verließ und in die Welt hinauskam, da sah er neue Bücher, und das, was er für sich entdeckt hatte, das gab es bereits: es war die Differentialrechnung. Und da starb er. Die Leute sagen: an der Schwindsucht. Aber er ist nicht an der Schwindsucht gestorben.

Am merkwürdigsten ist das in der Einsamkeit. Daß die Leute im Getümmel ihre Standard-Erlebnisse haben, das willst du ja gern glauben. Aber wenn man so allein ist wie du, wenn man so meditiert, so den Tod einkalkuliert, sich so zurückzieht und so versucht, nach vorn zu sehen -: dann, sollte man meinen, wäre man auf Höhen, die noch keines Menschen Fuß je betreten hat. Und immer sind da Spuren, und immer ist einer dagewesen, und immer ist einer noch höher geklettert als du es je gekonnt hast, noch viel höher.

Das darf dich nicht entmutigen. Klettere, steige, steige. Aber es gibt keine Spitze. Und es gibt keinen Neuschnee.

Kaspar Hauser
»Die Weltbühne«, 07.04.1931, Nr. 14, S. 515, wieder in:
»Lerne Lachen«.

Das Persönliche (1931)

Schreib, schreib...
Schreib von der Unsterblichkeit der Seele,
vom Liebesleben der Nordsee-Makrele;
schreib von der neuen Hauszinssteuer,
vom letzten großen Schadenfeuer;
gib dir Mühe, arbeite alles gut aus,
schreib von dem alten Fuggerhaus;
von der Differenz zwischen Mann und Weib...
Schreib... schreib...

Schreib sachlich und schreib dir die Finger krumm:
kein Aas kümmert sich darum.

Aber:

schreibst du einmal zwanzig Zeilen
mit Klatsch - die brauchst du gar nicht zu feilen.
Nenn nur zwei Namen, und es kommen in Haufen
Leser und Leserinnen gelaufen.
»Wie ist das mit Fräulein Meier gewesen?«
Das haben dann alle Leute gelesen.
»Hat Herr Streuselkuchen mit Emma geschlafen?«
Das lesen Portiers, und das lesen Grafen.
»Woher bezieht Stadtrat Mulps seine Gelder?«
Das schreib - und dein Ruhm hallt durch Felder und Wälder.

Die Sache? Interessiert in Paris und in Bentschen
               keinen Menschen.
Dieweil, lieber Freund, zu jeder Frist
die Hauptsache das Persönliche ist.

Theobald Tiger
»Die Weltbühne«, 23.06.1931, Nr. 25, S. 928.

Europa (1932)

Am Rhein, da wächst ein süffiger Wein -
der darf aber nicht nach England hinein -
   Buy British!
In Wien gibt es herrliche Torten und Kuchen,
die haben in Schweden nichts zu suchen -
   Köp svenska varor!
In Italien verfaulen die Apfelsinen -
laßt die deutsche Landwirtschaft verdienen!
   Deutsche, kauft deutsche Zitronen!
Und auf jedem Quadratkilometer Raum
träumt einer seinen völkischen Traum,
Und leise flüstert der Wind durch die Bäume...
   Räume sind Schäume.

Da liegt Europa. Wie sieht es aus?
Wie ein bunt angestrichnes Irrenhaus.
Die Nationen schuften auf Rekord:
   Export! Export!
Die andern! Die andern sollen kaufen!
Die andern sollen die Weine saufen!
Die andern sollen die Schiffe heuern!
Die andern sollen die Kohlen verfeuern!
Wir?
   Zollhaus, Grenzpfahl und Einfuhrschein:
wir lassen nicht das geringste herein.
Wir nicht. Wir haben ein Ideal:
Wir hungern. Aber streng national.
Fahnen und Hymnen an allen Ecken.
Europa? Europa soll doch verrecken!

Und wenn alles der Pleite entgegentreibt:
daß nur die Nation erhalten bleibt!
Menschen braucht es nicht mehr zu geben.
England! Polen! Italien muß leben!
Der Staat frißt uns auf. Ein Gespenst. Ein Begriff.
Der Staat, das ist ein Ding mitm Pfiff.
Das Ding ragt auf bis zu den Sternen -
von dem kann noch die Kirche was lernen.
Jeder soll kaufen. Niemand kann kaufen.
Es rauchen die völkischen Scheiterhaufen.
Es lodern die völkischen Opferfeuer:
Der Sinn des Lebens ist die Steuer!
Der Himmel sei unser Konkursverwalter!
Die Neuzeit tanzt als Mittelalter.

Die Nation ist das achte Sakrament -!
Gott segne diesen Kontinent.

Theobald Tiger
»Die Weltbühne«, 12.01.1932, Nr. 2, S. 73.

Für Carl v. Ossietzky (1932)

General-Quittung

Carl von Ossietzky geht für achtzehn Monate ins Gefängnis, weil sich die Regierung an der ›Weltbühne‹ rächen will, rächen für alles, was hier seit Jahren gestanden hat. Ossietzky geht ins Gefängnis nicht nur für den Mitarbeiter, der den inkriminierten Artikel geschrieben hat - er geht ins Gefängnis für alle seine Mitarbeiter. Dieses Urteil ist die Quittung der Generale.

Der Hexenprozeß wurde unter sehr erschwerenden Umständen geführt.

Um Ossietzky zu verhindern, beizeiten loszuschlagen, wurde die Anklage auch wegen militärischer Spionage erhoben, ein Delikt, das nicht vorgelegen hat; der einschlägige Paragraph bestimmt aber, daß wie bei einem Prozeß der westfälischen Feme oder wie in einem Verfahren der Inquisition die Öffentlichkeit nicht einmal von der Erhebung der Anklage etwas wissen darf. Ossietzky konnte sich also vor dem Prozeß überhaupt nicht zur Wehr setzen.

Der Prozeß fand hinter verschlossenen Türen statt. Die Angeklagten hatten vor der Öffentlichkeit nichts zu befürchten - die Regierung alles. Die Angeklagten hatten ein gutes Gewissen. Die Regierung hatte das nicht.

Den Angeklagten und den Verteidigern wurde strenge Schweigepflicht auferlegt; es durfte nichts über das, was Gegenstand der Verhandlung gewesen war, veröffentlicht werden - auch nicht nach dem Urteilsspruch. Es ist eine Frage der Taktik und des Temperaments, ob man das befolgt.

Ossietzky hat alle diese Schweigegebote nicht nur befolgt - er hat sich in gradezu heroischer Weise hinter die Sache gestellt. Vom ersten Augenblick an bis heute gibt es keinen Satz, den dieser Mann geschrieben oder gesprochen hätte, wo er sich beklagt, sich rühmt, sich herausstellt. Ossietzky hat mir, als das Urteil herausgekommen ist, ebenso freundschaftlich wie fest verwehrt, ihn ›anzusingen‹ - ich habe also damals nicht sagen können, was alle Beteiligten längst wissen: wie er noch im Prozeß versucht hat, sich vor den Schreiber des Artikels zu stellen;

...nze Schuld auf sich zu nehmen und wie phra-
...öse Wartezeit durchgestanden hat. Nicht wis-
...n geschieht – und dabei seine Arbeit tun: das
...sietzky seit etwa zweieinhalb Jahren getan.
... versucht worden, den Erlaß der Strafe oder
...fängnisstrafe in eine Festungshaft auf dem
...nd dazu ist folgendes zu sagen:
...während diese Bestrebungen im Gange wa-
...nur Groener, sondern auch den Mann, der
...\dengesuch zu entscheiden hat, dauernd an-
...lenburg geschrieben, also genau das Gegen-
...s Opportunismus bezeichnen könnte. Diese
...amen gezeichnet.

..., um nach gewissen Begriffen deutscher Ritterlichkeit zu argumentieren: »Er greift uns ja doch an – wozu soll man so einen begnadigen?«

Ein Funke von Ritterlichkeit auf der amtlichen Seite wäre vielleicht zu erwarten gewesen – ich habe das nie erwartet, und es hat auch nicht gefunkt. Der ›alte Herr‹ versteht in Sachen der Armee keinen Spaß, die ›Weltbühne‹ auch nicht – und Ossietzky geht ins Gefängnis. Die meisten Begnadigungsversuche sind dem Reichspräsidenten gar nicht erst vorgelegt worden.

Nach Kenntnis der ausländischen Pressestimmen fasse ich zusammen:

Die behaupteten Tatsachen sind wahr. Das Reichswehrministerium hatte Butter auf dem Kopf.

Es ist gar nichts verraten worden – und zwar deshalb nicht, weil die behaupteten Tatsachen, insbesondere bei den Franzosen, bekannt gewesen sind. Es ist also auch vom Standpunkt des Militärs der deutschen Republik kein Schade entstanden. Nicht die Enthüllung hat geschadet – die Tatsachen haben geschadet.

Die gegnerische Presse tut so, als wollte Carl von Ossietzky für sich eine Extrawurst gebraten haben. Das ist unrichtig.

Die Begnadigungsaktion will geschehnes Unrecht mildern, weiter nichts. Denn hier ist ein schweres Unrecht geschehn. Für dieses Delikt, das keines ist, über einen solchen Mann wie Carl von Ossietzky diese

Strafe zu verhängen, das ist eine Schande. Sie auf sich zu nehmen ist keine.

Die Strafe ist und bleibt nichts als die Benutzung einer formalen Gelegenheit, einem der Regierung sehr unbequemen Kreis von Schriftstellern eins auszuwischen. Die Mitarbeiter und die Leser der ›Weltbühne‹ haben in der Tat etwas getan, was den faschistischen Gegner bis aufs Blut gereizt hat: er ist hier ausgelacht worden. Hier ist gelacht worden, wenn andre gedonnert haben. Hier sind jene nicht ernst genommen worden. Und sie können ja vieles. Aber eines können sie nicht. Sie können nicht erzwingen, daß man zu ihnen anders spricht als von oben nach unten. Im geistigen Kampf werden sie auch weiterhin so erledigt werden, wie sie das verdienen. Und das muß doch gesessen haben. Denn sonst wären jene nicht so wütend und versuchten es nicht immer, immer wieder. Es wird ihnen nichts helfen.

Es ist mir unmöglich, einem so unpathetischen und stillen Kameraden wie meinem Freunde Ossietzky markige Abschiedsworte zuzurufen; wir sind keine Vereinsvorsitzende. Ich wünsche ihm im Namen aller seiner Freunde, daß er diese Haft bei gutem Gesundheitszustande übersteht.

Alle anständig empfindenden Menschen werden die Begnadigung fordern. Gummiknüppel sind keine Argumente. Und weiter ist dieses Urteil nichts.

Das Blatt aber wird, getragen von dem gewaltigen Auftrieb, den ihm Carl von Ossietzky gegeben hat, das bleiben, was es immer gewesen ist.

Anderthalb Jahre Gefängnis für eine gute Ware erhalten zu haben - das kann bescheinigt werden.

Die Ware wird weitergeliefert.

Kurt Tucholsky
»Die Weltbühne«, 17.05.1932, Nr. 20, S. 734.

Hitler und Goethe (1932)

Ein Schulaufsatz

Einleitung

Wenn wir das deutsche Volk und seine Geschichte überblicken, so bieten sich uns vorzugsweise zwei Helden dar, die seine Geschicke gelenkt haben, weil einer von ihnen hundert Jahre tot ist. Der andre lebt. Wie es wäre, wenn es umgekehrt wäre, soll hier nicht untersucht werden, weil wir das nicht auf haben. Daher scheint es uns wichtig und beachtenswert, wenn wir zwischen dem mausetoten Goethe und dem mauselebendigen Hitler einen Vergleich langziehn.

Erklärung

Um Goethe zu erklären, braucht man nur darauf hinzuweisen, daß derselbe kein Patriot gewesen ist. Er hat für die Nöte Napoleons niemals einen Sinn gehabt und hat gesagt, ihr werdet ihn doch nicht besiegen, dieser Mann ist euch zu groß. Das ist aber nicht wahr. Napoleon war auch nicht der größte Deutsche, der größte Deutsche ist Hitler. Um das zu erklären, braucht man nur darauf hinzuweisen, daß Hitler beinah die Schlacht von Tannenberg gewonnen hat, er war bloß nicht dabei. Hitler ist schon seit langen Monaten deutscher Spießbürger und will das Privateigentum abschaffen, weil es jüdisch ist. Das was nicht jüdisch ist, ist schaffendes Eigentum und wird nicht abgeschafft. Die Partei Goethes war viel kleiner wie die Partei Hitlers. Goethe ist nicht knorke.

Begründung

Goethes Werke heißen der Faust, Egmont erster und zweiter Teil, Werthers Wahlverwandtschaften und die Piccolomini, Goethe ist ein Marxstein des deutschen Volkes, auf den wir stolz sein können und um welchen uns die andern beneiden. Noch mehr beneiden sie uns aber um Adolf Hitler. Hitler zerfällt in 3 Teile: in einen legalen, in einen wirklichen und in Goebbels, welcher bei ihm die Stelle u. a. des Mundes vertritt, Goethe hat niemals sein Leben aufs Spiel gesetzt; Hitler aber hat dasselbe auf dasselbe gesetzt. Goethe war ein großer Deutscher. Zeppelin war der größte Deutsche. Hitler ist überhaupt der allergrößte Deutsche.

Gegensatz

Hitler und Goethe stehen in einem gewissen Gegensatz. Während Goethe sich mehr einer schriftstellerischen Tätigkeit hingab, aber in den Freiheitskriegen im Gegensatz zu Theodor Körner versagte, hat Hitler uns gelehrt, was es heißt, Schriftsteller und zugleich Führer einer Millionenpartei zu sein, welche eine Millionenpartei ist. Goethe war Geheim, Hitler Regierungsrat. Goethes Wirken ergoß sich nicht nur auf das Dasein der Menschen, sondern erstreckte sich auch ins kosmetische. Hitler dagegen ist Gegner der materialistischen Weltordnung und wird diese bei seiner Machtübergreifung abschaffen sowie auch den verlorenen Krieg, die Arbeitslosigkeit und das schlechte Wetter. Goethe hatte mehrere Liebesverhältnisse mit Frau von Stein, Frau von Sesenheim und Charlotte Puff. Hitler dagegen trinkt nur Selterwasser und raucht außer den Zigarren, die er seinen Unterführern verpaßt, gar nicht.

Gleichnis

Zwischen Hitler und von Goethe bestehen aber auch ausgleichende Berührungspunkte. Beide haben in Weimar gewohnt, beide sind Schriftsteller und beide sind sehr um das deutsche Volk besorgt, um welches uns die andern Völker so beneiden. Auch hatten beide einen gewissen Erfolg, wenn auch der Erfolg Hitlers viel größer ist. Wenn wir zur Macht gelangen, schaffen wir Goethe ab.

Beispiel

Wie sehr Hitler Goethe überragt, soll in folgendem an einem Beispiel begründet werden. Als Hitler in unsrer Stadt war, habe ich ihn mit mehrern andern Hitlerjungens begrüßt. Der Osaf hat gesagt, ihr seid die deutsche Jugend, und er wird seine Hand auf euern Scheitel legen. Daher habe ich mir für diesen Tag einen Scheitel gemacht. Als wir in die große Halle kamen, waren alle Plätze, die besetzt waren, total ausverkauft und die Musik hat gespielt, und wir haben mit Blumen dagestanden, weil wir die deutsche Jugend sind. Und da ist plötzlich der Führer gekommen. Er hat einen Bart wie Chaplin, aber lange nicht so komisch. Uns war sehr feierlich zu Mute, und ich bin vorgetreten und habe gesagt Heil. Da haben die andern auch gesagt heil und Hitler hat uns die Hand auf jeden Scheitel gelegt und hinten hat einer gerufen stillstehn! weil es fotografiert wurde. Da haben wir ganz stillgestanden und der Führer Hitler hat während der Fotografie gelächelt. Dieses war ein unvergeßlicher Augenblick fürs ganze Leben und daher ist Hitler viel größer als von Goethe.

Beleg

Goethe war kein gesunder Mittelstand. Hitler fordert für alle SA und SS die Freiheit der Straße sowie daß alles ganz anders wird. Das bestimmen wir! Goethe als solcher ist hinreichend durch seine Werke belegt, Hitler als solcher aber schafft uns Brot und Freiheit, während Goethe höchstens lyrische Gedichte gemacht hat, die wir als Hitlerjugend ablehnen, während Hitler eine Millionenpartei ist. Als Beleg dient ferner, daß Goethe kein nordischer Mensch war, sondern egal nach Italien fuhr und seine Devisen ins Ausland verschob. Hitler aber bezieht überhaupt kein Einkommen, sondern die Industrie setzt dauernd zu.

Schluß

Wir haben also gesehn, daß zwischen Hitler und Goethe ein Vergleich sehr zu Ungunsten des letzteren ausfällt, welcher keine Millionenpartei ist. Daher machen wir Goethe nicht mit. Seine letzten Worte waren mehr Licht, aber das bestimmen wir! Ob einer größer war von Schiller oder Goethe, wird nur Hitler entscheiden und das deutsche Volk kann froh sein, daß es nicht zwei solcher Kerle hat!

Deutschlanderwachejudaverrecke
hitlerwirdreichspräsident
dasbestimmenwir!

Sehr gut!

Kaspar Hauser
»Die Weltbühne«, 17.05.1932, Nr. 20, S. 751.

Moment beim Lesen (1932)

Manchmal, o glücklicher Augenblick, bist du in ein Buch so vertieft, daß du in ihm versinkst - du bist gar nicht mehr da. Herz und Lunge arbeiten, dein Körper verrichtet gleichmäßig seine innere Fabrikarbeit, - du fühlst ihn nicht. Du fühlst dich nicht. Nichts weißt du von der Welt um dich herum, du hörst nichts, du siehst nichts, du liest. Du bist im Banne eines Buches. (So möchte man gern gelesen werden.)

Doch plötzlich läßt die stählerne Bindung um eine Spur nach, das Tau, an dem du gehangen hast, senkt sich um eine Winzigkeit, die Kraft des Autors ist vielleicht ermattet, oder er hat seine Intensität verringert, weil er sie sich für eine andre Stelle aufsparen wollte, oder er hat einen schlechten Morgen gehabt... plötzlich läßt es nach. Das ist, wie wenn man aus einem Traum aufsteigt. Rechts und links an den Buchseiten tauchen die Konturen des Zimmers auf, noch liest du weiter, aber nur mit dreiviertel Kraft, du fühlst dumpf, daß da außerhalb des Buches noch etwas andres ist: die Welt. Noch liest du. Aber schon schiebt das Zimmer seine unsichtbaren Kräfte an das Buch, an dieser Stelle ist das Werk wehrlos, es behauptet sich nicht mehr gegen die Außenwelt, ganz leise wirst du zerstreut, du liest nun nicht mehr mit beiden Augen... da blickst du auf.

Guten Tag, Zimmer. Das Zimmer grinst, unhörbar. Du schämst dich ein bißchen. Und machst dich, leicht verstört, wieder an die Lektüre.

Aber so schön, wie es vorher gewesen ist, ist es nun nicht mehr - draußen klappert jemand an der Küchentür, der Straßenlärm ist wieder da, und über dir geht jemand auf und ab. Und nun ist es ein ganz gewöhnliches Buch, wie alle andern.

Wer so durchhalten könnte: zweihundert Seiten lang! Aber das kann man wohl nicht.

Kaspar Hauser
»Die Weltbühne«, 12.04.1932, Nr. 15, S. 573.

An Mary Gerold-Tucholsky

[Hindås] [den 19. Dezember 1935]

Sollte Er verheiratet oder ernsthaft gebunden sein, so bitte ich Ihn, diesen Brief ungelesen zu vernichten. Ich mag mich nicht in ein fremdes Glück drängen - ich will ja nichts. Ich habe nichts zu enthüllen, nichts zu sagen, was Er nicht besser wüßte als ich. Ich habe Ihn nur um Verzeihung bitten wollen. Verspricht also zu verbrennen, wenn das so ist - es soll nichts mehr aufgerührt werden.

Wünscht Ihm das Glück
N.

Liebe Mala,
will Ihm zum Abschied die Hand geben und Ihn um Verzeihung bitten für das, was Ihm einmal angetan hat.

Hat einen Goldklumpen in der Hand gehabt und sich nach Rechenpfennigen gebückt; hat nicht verstanden und hat Dummheiten gemacht, hat zwar nicht verraten, aber betrogen, und hat nicht verstanden.

Ich weiß, daß Er nicht rachsüchtig ist. Was er damals auf der Rückfahrt nach Berlin durchgemacht hat; was späterhin gewesen ist -: ich habe es reichlich abgebüßt. Ganz klar, so klar wie das Abbild in einem geschliffenen Spiegel, ist mir das ganz zum Schluß geworden. Nun kommt alles wieder, Bilder, Worte [...] und wie ich Ihn habe gehen lassen - jetzt, wo alles vorüber ist, weiß ich: ich trage die ganze, die ganze Schuld.

[...] Und jetzt sind es beinah auf den Tag sieben Jahre, daß weggegangen ist, nein, daß hat weggehn lassen - und nun stürzen die Erinnerungen nur so herunter, alle zusammen. Ich weiß, was ich in Ihm und an Ihm beklage: unser ungelebtes Leben.

Wäre die Zeit normal (und ich auch), so hätten wir jetzt ein Kind von, sagen wir, 12 Jahren haben können, und, was mehr ist, die Gemeinsamkeit der Erinnerungen.

Hat nicht mehr zu rufen gewagt. Hofft, daß Er meiner Bitte auf dem Umschlag entsprochen hat - das andere wäre nicht schön. Ich darf also annehmen, daß, wenn Er dies liest, er nicht ein Glück stört, das ich mir nicht habe verdienen können.

Nein, zu rufen hat nicht mehr gewagt. Ich habe aus leicht begreiflichen Gründen niemals irgendwelche »Nachforschungen« angestellt; ob Er verheiratet ist, hätte man mir sagen können - das andere nicht. Und hat vor allem nicht gewagt, weil Ihn nun noch ein zweites Mal aus der Arbeit und allem nicht hat herausreißen dürfen -: ist krank und kann sich nicht mehr verteidigen, geschweige denn einen andern. Mir fehlt nichts Wichtiges und nichts Schweres - es sind eine Reihe kleiner Störungen, die mir die Arbeit unmöglich machen. Ins Elend, das sicher gewesen wäre, konnte Ihn nicht herausrufen - ganz abgesehen davon, daß ich niemals gehofft habe, ob gekommen wäre. Doch. Hat gewußt.

Wäre Er jetzt gekommen, Er hätte nicht einen andern, aber einen verwandelten, gereifteren gefunden. Ich habe über das, was da geschehen ist, nicht eine Zeile veröffentlicht - auf alle Bitten hin nicht. Es geht mich nichts mehr an. Es ist nicht Feigheit - was dazu schon gehört, in diesen Käseblättern zu schreiben! Aber ich bin au dessus de la mêlée, es geht mich nichts mehr an. Ich bin damit fertig.

Und so viel ist nun frei geworden, jetzt, jetzt weiß ich - aber nun nützt es nichts mehr. Hat anfangs Dummheiten gemacht, den üblichen coup de foudre für 2.50 francs, halbnötige Sachen und hat auch gute Freundschaften gehabt. Aber ich sehe mich noch nach Seiner Abfahrt im Parc Monceau sitzen, da, wo ich mein Paris angefangen habe - da war ich nun »frei« - und ich war ganz dumpf und leer und gar nicht glücklich. Und so ist es denn auch geblieben.

Seine liebevolle Geduld, diesen Wahnwitz damals mitzumachen, die Unruhe, die Geduld, neben einem Menschen zu leben, der wie ewig gejagt war, der immerzu Furcht, nein, Angst gehabt hat, jene Angst, die keinen Grund hat, keinen anzugeben weiß - heute wäre sie nicht mehr nötig. Heute weiß. Wenn Liebe das ist, was einen ganz und gar umkehrt, was jede Faser verrückt, so kann man das hier und da empfinden. Wenn aber zur echten Liebe dazu kommen muß, daß sie *währt*, daß sie immer wieder kommt, immer und immer wieder -: dann hat nur ein Mal in seinem Leben geliebt. Ihn.

[...] Hat eine lächerliche »Freiheit« auf der andern Seite vermutet, wo ja in Wahrheit gar nichts ist. Hat immer stiller und stiller gelebt, jetzt ist wie an den Strand gespült, das Fahrzeug sitzt fest, will nicht mehr.

Will Ihn nur noch um Verzeihung bitten.

Ich bin einmal ein Schriftsteller gewesen und habe von S. J. geerbt, gern zu zitieren. Wenn Er wissen will, wie sich das bei den Klassikern ausnimmt, so lies den Abschiedsbrief nach, den Heinrich von Kleist an seine Schwester geschrieben, in Wannsee, 1811. Und vielleicht auch blättere ein bißchen im ›Peer Gynt‹ herum, ich weiß nicht, ob wir das Stück zusammen gesehen haben, es ist nicht recht aufführbar. Da kraucht der Held gegen den Schluß hin im Wald herum, kommt an die Hütte, in der dieses Schokoladenbild, die Solveig, sitzt, und sie singt da irgend etwas Süßliches. Aber dann steht da: »Er erhebt sich - totenbleich« - und dann sagt er vier Zeilen. Und die meine ich.

»O - Angst«... nicht vor dem Ende. Das ist mir gleichgültig, wie alles, was um mich noch vorgeht, und zu dem ich keine Beziehung mehr habe. Der Grund zu kämpfen, die Brücke, das innere Glied, die raison d'être fehlt. Hat nicht verstanden.

Wünscht Ihm alles, alles Gute -
und soll verzeihen.

Nungo

Eigenhändige Vita Kurt Tucholskys

für den Einbürgerungsantrag
zur Erlangung
der schwedischen Staatsbürgerschaft

Dr. iur. Kurt Tucholsky

Hindås, 22.1.34

Kurt Tucholsky wurde am 9. Januar 1890 als Sohn des Kaufmanns Alex Tucholsky und seiner Ehefrau, Doris, geborene Tucholski, in Berlin geboren. Er besuchte Gymnasien in Stettin und in Berlin und bestand im Jahre 1909 die Reifeprüfung. Er studierte in Berlin und in Genf Jura und promovierte im Jahre 1914 in Jena cum laude mit einer Arbeit über Hypothekenrecht.

Im April 1915 wurde T. zum Heeresdienst eingezogen; er war dreieinhalb Jahre Soldat (die Papiere über seine Militärzeit liegen bei). Zuletzt ist T. Feldpolizeikommissar bei der Politischen Polizei in Rumänien gewesen.

Nach dem Kriege war T. unter Theodor Wolff, dem Chefredakteur des *Berliner Tageblatt*, Leiter der humoristischen Beilage dieses Blattes, des *Ulk*, vom Dezember 1918 bis zum April 1920.

Während der Inflation, als ein schriftstellerischer Verdienst in Deutschland nicht möglich gewesen ist, nahm T. eine Anstellung als Privatsekretär des früheren Finanzministers Hugo Simon an (in der Bank Bett, Simon & Co. in Berlin).

Im Jahre 1924 ging T. als fester Mitarbeiter der berliner Wochenschrift *Die Weltbühne* und der *Vossischen Zeitung* nach Paris, wo er sich bis zum Jahre 1929 aufhielt. Er ist dort Mitglied der »Association Syndicale de la Presse étrangère« gewesen. Seine Carte d'identité liegt bei.

Nachdem T. bereits als Tourist längere Sommeraufenthalte in Schweden genommen hatte (1928 in Kivik, Skåne, und fünf Monate im Jahre 1929 bei Mariefred), mietete er im Sommer 1929 eine Villa in Hindås, um sich ständig in Schweden niederzulassen. (Der Mietvertrag liegt bei.) Er bezog das Haus, das er ab 1. Oktober 1929 gemietet hat, im

Januar 1930 und wohnt dort ununterbrochen bis heute. Er hat sich in Schweden schriftstellerisch oder politisch niemals betätigt. Zahlreiche Reisen, die zu seiner Information und zur Behebung eines hartnäckigen Halsleidens dienten, führten ihn nach Frankreich, nach England (Papier anliegend), nach Österreich und nach der Schweiz. Sein fester Wohnsitz ist seit Januar 1930 Hindås gewesen, wo er seinen gesamten Hausstand und seine Bibliothek hat.

T. hat im Jahre 1920 in Berlin Fräulein Dr. med. Else Weil geheiratet; die Ehe ist am 14. Februar 1924 rechtskräftig geschieden. Am 30. August 1924 hat T. Fräulein Mary Gerold geheiratet; die Ehe ist am 21. August 1933 rechtskräftig geschieden. T. hat keine Kinder sowie keine unterstützungsberechtigten Verwandten, die seinen Aufenthalt in Schweden gesetzlich teilen könnten.

Tucholsky hat zu den bestbezahlten deutschen Journalisten gehört. Seit dem Jahre 1931 hat er so gut wie nichts publiziert. Seine in Deutschland befindlichen Vermögenswerte sind laut Bekanntmachung im *Deutschen Reichsanzeiger* vom 25. August 1933 beschlagnahmt worden (Verlagsrechte, Honorare pp.). T. hat ein Konto bei der Skandinaviska Kredit A. B. in Göteborg, seit er in Schweden ist, und ein Konto bei der Schweizerischen Kredit-Anstalt in Zürich, um über Geld auf Reisen verfügen zu können. Er hat keinerlei Schuldverpflichtungen, wie auch die Göteborger Firmen bezeugen können, bei denen er die Einrichtung seiner Wohnung vorgenommen hat und bei denen er seinen Hausbedarf deckt.

Daß T. Angebote von Verlagen und Zeitschriften zur Zeit abgewiesen hat, hängt mit seiner literarischen Entwicklung zusammen. Tucholsky hat seine literarische Tätigkeit mit einer kleinen Geschichte »Rheinsberg - ein Bilderbuch für Verliebte« begonnen, das im Jahre 1912 in Berlin erschienen ist und heute im 120. Tausend vorliegt. An Büchern hat er bis heute ferner erscheinen lassen:

»Der Zeitsparer«. 1913. Vergriffen
»Fromme Gesänge«. 1920. Vergriffen
»Träumereien an preußischen Kaminen«. 1920. Vergriffen
»Ein Pyrenäenbuch«. 1927. 11. Auflage
»Mit 5 PS«. 1925. 26. Auflage

»Das Lächeln der Mona Lisa«. 1928. 26. Auflage
»Deutschland, Deutschland über alles«. 1929. 50. Auflage
»Schloß Gripsholm. Eine Sommergeschichte«. 1931. 50. Auflage
»Lerne lachen ohne zu weinen«. 1931. 20. Auflage.

Das »Deutschland«-Buch ist im Neuen Deutschen Verlag in Berlin erschienen; »Rheinsberg« bei der Singer A. G. in Berlin - alle anderen Werke bei Ernst Rowohlt in Berlin.

Im Jahre 1913 hat Tucholsky seine feste Mitarbeit an der berliner Wochenschrift *Die Weltbühne* begonnen, die damals noch *Die Schaubühne* hieß; diese Mitarbeit erstreckte sich bis zum Jahre 1931. Dem im Jahre 1926 verstorbenen Herausgeber des Blattes, Siegfried Jacobsohn, verdankt Tucholsky alles, was er geworden ist. Nach dem Tode Jacobsohns hat er das Blatt kurze Zeit selber herausgegeben, um es dann seinem Gesinnungsfreunde Carl von Ossietzky abzutreten.

T. hat sich ferner als freier Mitarbeiter für den sozialdemokratischen *Vorwärts* in Berlin, für die sozialdemokratische *Freiheit*, den *Simplicissimus* und die *Arbeiter-Illustrierte Zeitung* betätigt; er hat gelegentlich im Verlage Ullstein am *Uhu*, an der *Berliner Illustrirten Zeitung* und an der *Dame* mitgearbeitet.

Neben der literarischen Arbeit hat sich T. vom Jahre 1913 bis zum Jahre 1930 Pazifist schärfster Richtung in Deutschland betätigt. Seine Betätigung in dieser Richtung bewegte sich im Rahmen der Gesetze - er ist nicht bestraft. T. hat in Deutschland und in Frankreich durch zahlreiche Vorträge für die deutsch-französische Verständigung zu wirken versucht; er hat gegen die Kriegshetzerei gearbeitet, wo er nur konnte: mit feinen und leisen Mitteln in der Kunst und mit den gröbsten für die Massen. In diesem Kampfe ist es ihm um die Wirkung zu tun gewesen, und diese Wirkung ist bei Freund und Feind gleich stark gewesen. Da die öffentliche Meinung, wenn die Geschäfte nicht gut gehn, gern alles, was ihr nicht paßt, als »bolschewistisch« ansieht, so wurde T. mitunter als Kommunist bezeichnet. Das ist unrichtig: er war nach dem Kriege Mitglied der unabhängigen sozialdemokratischen Partei, und nach deren Verschmelzung mit der sozialdemokratischen Partei Mitglied der SPD. Andern Partein hat er nicht angehört.

Solange sich T. an Deutschland gebunden fühlte, hat er als Deutscher und in Deutschland das, was er dort für nicht gut hielt, kritisiert. Seine publizistische Tätigkeit hat im Jahre 1931, also lange *vor* der Machtergreifung der Nationalsozialisten, ihr vorläufiges Ende gefunden. Trotzdem wurde ihm zwei Jahre später die deutsche Staatsangehörigkeit aberkannt. Die Aberkennung erfolgte wegen der pazifistischen Tätigkeit Tucholskys; sie hat ihren Grund ferner in einem Angriff, den T. im Jahre 1931 in Versen gegen einen der Führer der Nationalsozialisten gerichtet hat. Die Aberkennung geschah unter Angriffen des deutschen Propagandaministeriums auf Tucholsky, die jedes Maß, das unter zivilisierten Menschen üblich ist, überschritten haben. Eine Antwort auf diese Angriffe ist von seiten Tucholskys nicht erfolgt.

Die Aberkennung der Staatsangehörigkeit beruft sich auf ein Reichsgesetz vom 14. Juli 1933. T. hat sich weder seit diesem Tage noch überhaupt zur Machtergreifung durch die Nationalsozialisten öffentlich geäußert. Die Aberkennung der Staatsangehörigkeit, die als Strafe gedacht ist, stellt also einen Rechtsbruch dar, einen Bruch des obersten Grundsatzes aller Strafjustiz: nulla poena sine lege. Dr. Tucholsky ist im Begriff, seine schwedischen Sprachkenntnisse zu vervollkommnen. Er hat den Wunsch, die schwedische Staatsangehörigkeit zu erwerben, falls dies zulässig ist.

Kurt Tucholsky
Nach dem Manuskript.

Begegnung mit Tucho (1946)

Erich Kästner

Sehr oft bin ich ihm nicht begegnet. Denn als ich 1927 nach Berlin kam, um das Fürchten zu lernen, hieß sein Wohnort schon: Europa. Bald hauste er in Frankreich, bald in Schweden, bald in der Schweiz. Und nur selten hörte man: »Tucho ist für ein paar Tage in Berlin!« Dann wurden wir eilig in der Douglasstraße zusammengetrommelt. »Wir«, das waren die Mitarbeiter der »Weltbühne«: Carl von Ossietzky, Arnold Zweig, Alfred Polgar, Rudolf Arnheim, Morus, Werner Hegemann, Hermann Kesten und einige andere. Tucholsky saß dann zwischen uns, keineswegs als sei er aus Paris oder Gripsholm, sondern höchstens aus Steglitz oder Schöneberg auf einen Sprung in den Grunewald herübergekommen; und kam er gerade aus der Schweiz, so dachte man, während man ihm belustigt zuhörte, nicht ganz ohne Besorgnis: Da werden nun also alle Eidgenossen berlinern!

An solchen Abenden ging es hoch her. Da wurden das Weltall und die umliegenden Ortschaften auseinandergenommen. Emmi Sachs und das Dienstmädchen reichten kleine Brötchen und große Cocktails herum. Und Edith Jacobsohn, die Verlegerin, blickte wohlgefällig durch ihr Monokel. Einmal, weiß ich noch, war meine Mutter, die mir aus Dresden frische Wäsche gebracht hatte, dabei. Sie saß leicht benommen inmitten der lauten Männer, die sie nicht kannte, und hörte von Büchern und Menschen reden, die sie noch weniger kannte. Da rückte Tucholsky seinen Stuhl neben den ihren und unterhielt sich mit ihr über mich. Er lobte ihren »Jungen« über den grünen Klee, und das verstand sie nun freilich. Das war ihr Spezialgebiet. Er aber sah mich lächelnd an und nickte mir zu, als wollte er sagen: So hat jeder seine Interessen - man muß sie nur herauskriegen!

Ein einziges Mal, 1931 oder 1932, war ich länger mit ihm zusammen. Vierzehn Tage lang, und das war purer Zufall. Am Ende einer Schweizer Urlaubsreise war ich in Brissago gelandet. Am Lago Maggiore, nicht weit von Locarno. In Brissago lag ein schönes, großes, bequemes Hotel mit einem alten Park, einem sandigen Badestrand und anderen Vorzügen.

Hier gedachte ich ein neues Buch anzufangen, mietete außer einem Balkonzimmer noch einen zweiten Balkon und zog jeden Tag mit der Sonne und einem Schreibblock von einer Hotelseite zur anderen, ließ mich braunbrennen, blickte auf den See hinunter und malte zögernd kariertes Papier mit Wörtern voll. Als ich eines Abends - ich war schon mehrere Tage da - beim Portier nach Post fragte, sah ich einen großen Stapel Postpakete liegen. Das konnten nur Bücher sein! Und auf jedem der Pakete stand: »An Herrn Dr. Kurt Tucholsky. Absender: die Redaktion der Weltbühne.« Wir waren einander noch nicht begegnet, weil er dauernd in seinem Dachzimmer gehockt und auf der Reiseschreibmaschine klaviergespielt hatte. Denn Ossietzky brauchte Artikel. - Am Abend saßen wir miteinander in der Veranda, tranken eine Flasche Asti spumante und freuten uns wie die Kinder, wenn sie eine Gelegenheit entdeckt haben, sich von den Schularbeiten zu drücken. Wir blickten auf den See, und es war, als führen wir auf einem großen langsamen Dampfer durch die gestirnte Nacht. Beim Mokka wurden wir dann wieder erwachsen und organisierten die neue Situation. Tagsüber, schworen wir, wollten wir uns nicht stören, sondern tun, als ob der andere überhaupt nicht da wäre. Einander flüchtig zu grüßen, wurde einstimmig konzediert. Abends wollten wir uns dann regelmäßig zum Essen treffen und hinterdrein ein paar Stunden zusammen sein.

So geschah es auch. Während ich tagsüber am Strand lag oder von einem Balkon zum anderen zog, damit in meinem Reich die Sonne nicht untergehen möge, klapperte Tucholskys Schreibmaschine unermüdlich, der schönen Stunden und Tage nicht achtend. Der Mann, der im Dachstübchen schwitzte, tippte und Pfeife rauchte, schuftete ja für fünf - für Peter Panter, Theobald Tiger, Ignaz Wrobel, Kaspar Hauser und Kurt Tucholsky in einer Person! Er teilte an der kleinen Schreibmaschine Florettstiche aus, Säbelhiebe, Faustschläge. Die Männer des Dritten Reiches, Arm in Arm mit den Herren der Reichswehr und der Schwerindustrie, klopften ja damals schon recht vernehmlich an Deutschlands Tür. Er zupfte sie an der Nase, er trat sie gegen das Schienbein, einzelne schlug er k. o. - ein kleiner dicker Berliner wollte mit der Schreibmaschine eine Katastrophe aufhalten.

Abends kam er, frisch und munter, zum Essen an unseren Verandatisch herunter. Wir sprachen über den Parteienwirrwarr, über die wachsende Arbeitslosigkeit, über die düstere Zukunft Europas, über die »Weltbühne« natürlich, über neue Bücher, über seine Reisen. Und wenn wir später am See oder im Park spazierengingen, gerieten wir meistens ins Fachsimpeln. Dann war vom Satzbau die Rede, von Chansonpointen, von der »Überpointe« in der letzten Strophe und ähnlichem Rotwelsch. In einer entlegenen Ecke des Parks stand, in einer kleinen, von Oleanderbüschen umgebenen Orchestermuschel, ein altes, verlassenes Klavier. Manchmal setzte er sich an den ziemlich verstimmten Kasten und sang mir Chansons vor, die er für »Schall und Rauch«, für Gussy Holl, für Trude Besterberg und andere geschrieben hatte. Diese Vortragsabende für einen einzigen Zuhörer, am abendlichen See und wahrhaftig unter Palmen, werde ich nicht vergessen.

Oft war er niedergeschlagen. Ein Gedanke quälte und verfolgte ihn. Der Gedanke, was aus dem freien Schriftsteller, aus dem Individuum im Zeitalter der Volksherrschaft werden solle. Er war bereit, dem arbeitenden Volk und dem Sozialismus von Herzen alles hinzugeben, nur eines niemals: die eigene Meinung! Und dann marterte ihn damals schon, was ihn immer mehr und unerträglicher heimsuchen sollte - mit keinem Mittel zu heilende, durch keine Kur zu lindernde Schmerzen in der Stirnhöhle.

Als wir uns trennten, wußten wir nicht, daß es für immer sein werde. Ich fuhr nach Deutschland zurück. Bald darauf schlug die Tür zum Ausland zu. Eines Tages hörten seine Freunde und Feinde, daß er aus freien Stücken noch einmal emigriert war. Dorthin, von wo man nicht wieder zurückkehren kann.

Aus: »Der tägliche Kram«, Atrium Verlag Zürich, 1948.

Letzte Seite in Tucholskys »Sudelbuch«

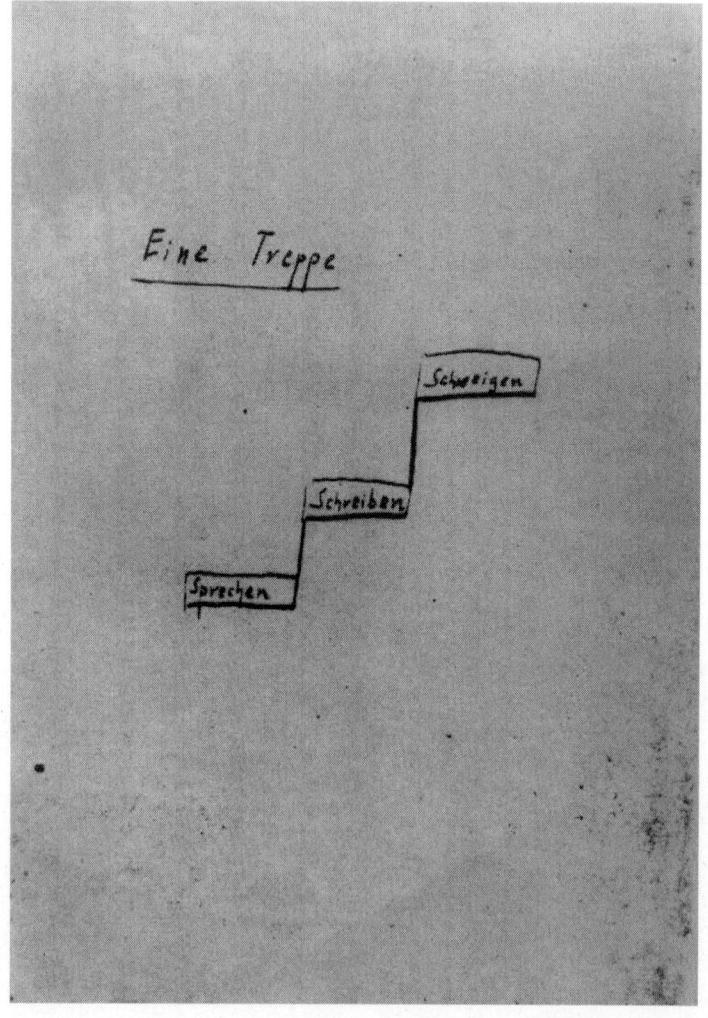

Auswahlbibliographie

Eine ausführliche Bibliographie finden Sie unter http://tucholsky-gesellschaft.de/KT/Bibliografie/bibliografie.htm.

Werkausgaben

Kurt Tucholsky, Gesamtausgabe. Texte und Briefe. Hg. von Antje Bonitz, Dirk Grathoff, Michael Hepp und Gerhard Kraiker, 22 Bände, Rowohlt, Reinbek 1996-2001

Kurt Tucholsky, Gesammelte Werke in 10 Bänden. Hg. von Mary Gerold-Tucholsky/ Fritz J. Raddatz, Rowohlt, Reinbek 1975

Tucholsky, ein Lesebuch für unsere Zeit. Hg. von Roland Links, Aufbau-Verlag, Berlin und Weimar 1990

Biographien

Klaus Bellin: *Es war wie Glas zwischen uns. Die Geschichte von Mary und Kurt Tucholsky,* Verlag für Berlin-Brandenburg, Berlin 2010

Michael Hepp: *Kurt Tucholsky. Biographische Annäherungen,* Rowohlt, Reinbek 1993

Michael Hepp: *Kurt Tucholsky* (rororo Monographie), Rowohlt, Reinbek 1998

Rolf Hosfeld: *Tucholsky. Ein deutsches Leben*, Siedler-Verlag, München 2012

William J. King: *Kurt Tucholsky als politischer Publizist: eine politische Biographie.* Peter Lang Verlag, Frankfurt am Main 1983

Hans Prescher: *Kurt Tucholsky*, Colloquium-Verlag, Berlin, 2. ergänzte Auflage 1982

Fritz J. Raddatz: *Tucholsky, eine Bildbiographie,* Kindler, München 1961

Michael Segner: *Der traurige Clown. Kurt Tucholskys Weg in das Schweigen* (Hg. von Norbert Honsza), Peter Lang, Frankfurt am Main 2013
Richard von Soldenhoff (Hg.): *Kurt Tucholsky. Ein Lebensbild*, Quadriga-Verlag, Berlin 1985
Gerhard Zwerenz: *Kurt Tucholsky. Biographie eines guten Deutschen*, Bertelsmann Verlag, München 1979

Weitere Literatur

Irmgard Ackermann (Hg.): *Kurt Tucholsky. Sieben Beiträge zu Werk und Wirkung*, Edition Text und Kritik, München 1981
Sabina Becker/Ute Maack (Hg): *Kurt Tucholsky. Das literarische und publizistische Werk*, Wissenschaftliche Buchgesellschaft, Darmstadt 2002
Renate Bökenkamp/Ian King: *25 Jahre Kurt Tucholsky-Gesellschaft 1988 bis 2013*, Röhrig Universitätsverlag, St Ingbert 2014
Friedhelm Greis/Stefanie Oswalt (Hg.): *Aus Teutschland Deutschland machen. Ein politisches Lesebuch zur Weltbühne*, Lukas Verlag, Berlin 2008
Friedhelm Greis/Ian King (Hg.): *Tucholsky und die Medien. Dokumentation der Tagung 2005*, Röhrig Universitätsverlag, St Ingbert 2006
Friedhelm Greis/Ian King (Hg.): *Der Antimilitarist und Pazifist Tucholsky. Dokumentation der Tagung 2007*, Röhrig Universitätsverlag, St Ingbert 2008
Friedhelm Greis/Ian King (Hg.): *Mit der Schreibmaschine gegen die Katastrophe. Literarische Publizistik wider den Nationalsozialismus, Dokumentation der Tagung 2009*, Röhrig Universitätsverlag, St Ingbert 2010
Friedhelm Greis/Ian King (Hg.): *Tucholsky und die Sprache. Dokumentation der Tagung 2011*, Röhrig Universitätsverlag, St Ingbert 2012
Ian King/Steffen Ille (Hg.): *Schriftsteller und Revolution. Dokumentation der Jubiläumstagung 2013*, Röhrig Universitätsverlag, St Ingbert 2015
Dieter Mayer: *Kurt Tucholsky, Joseph Roth, Walter Mehring*. Peter Lang, Frankfurt am Main 2010

Stefanie Oswalt (Hg.): *Die Weltbühne. Zur Tradition und Kontinuität demokratischer Publizistik. Dokumentation der Tagung 2001*, Röhrig Universitätsverlag, St Ingbert 2003

Beate Porombka: *Verspäteter Aufklärer oder Pionier einer neuen Aufklärung? Kurt Tucholsky (1918-1935)*, Peter Lang, Frankfurt am Main 2010

Eckart Rottka/Natalie Rottka (Hg.): *Tucholskys Berlin. Dokumentation der Tagung 2003*, Röhrig Universitätsverlag, St Ingbert 2004

Portrait der Kurt-Tucholsky-Gesellschaft

Kurt Tucholsky (1890-1935) war einer der wichtigsten Publizisten der Weimarer Republik, sein Werk ist mittlerweile in einer Auflage von fast 20 Millionen Exemplaren verbreitet, er gilt nach Goethe als meistzitierter deutscher Autor und polarisiert heute nicht weniger als zu seinen Lebzeiten – egal, ob es um »Soldaten sind Mörder« oder »Was darf Satire?« geht.

Aber wie soll jemand, der unter fünf Pseudonymen publizierte, der als Journalist, Satiriker, Humorist, Essayist, Literatur- und Theaterkritiker, Erzähler, Lyriker, Chansontexter und unermüdliche Briefschreiber gleichermaßen brillierte, auf eine Formel gebracht werden?

Dem facettenreichen »Phänomen Tucholsky« auf die Spur zu kommen ist das zentrale Anliegen der Kurt Tucholsky-Gesellschaft e.V. (KTG).

Sie versteht sich als Begegnungs- und Diskussionsforum von Tucholsky-Freunden und -Forschern. Die Zusammensetzung der Mitglieder aus unterschiedlichen Nationen, Berufen und Altersstufen und ihre unterschiedlichen Erwartungen prägen die ausgesprochen lebendige Atmosphäre innerhalb der KTG.

PETER PANTER
IGNAZ WROBEL
KASPAR HAUSER
THEOBALD TIGER
KURT TUCHOLSKY

Wir laden Sie ein, seien Sie mit dabei – diskutieren Sie mit, lassen Sie sich inspirieren, entdecken Sie neue Facetten oder genießen Sie einfach nur die anregende Atmosphäre. Werden Sie Mitglied und unterstützen Sie unsere Arbeit, auf dass der »Mann mit den 5 PS« weiterhin bekannt, beliebt und streitbar bleibt.

Durch Tagungen, Gesprächskreise und Workshops und verschiedene Publikationen wird der Kontakt unter den Mitgliedern gepflegt. Mehrmals jährlich versendet die KTG einen Rundbrief mit aktuellen Beiträgen zu Tucholsky, Vereinsnachrichten und Rezensionen. Für Informationen, die nicht so lange warten können, gibt es einen eMail-Newsletter.

Zudem gibt die Gesellschaft eine eigene wissenschaftliche Schriftenreihe heraus.

Tucholskys Werk ist so vielfältig und umfangreich, dass nahezu jeder »seinen« Tucholsky finden kann – sei es der politische Journalist, der feinsinnige Alltagsbeobachter, entschiedene Antimilitarist, der freche Coupletdichter oder eine Mischung aus alldem.

Diese Mischung spiegelt sich in den jährlichen Tagungsthemen, die abwechselnd die wissenschaftliche Erforschung und das populäre Entdecken von Leben und Werk Tucholskys in den Mittelpunkt stellen.

Immer jedoch sind sie eine reizvolle Mischung aus Vorträgen, Diskussionen, Exkursionen und kulturellen Veranstaltungen.

Die Wahl des Tagungsortes versucht dabei stets, einen Bezug zu Tucholskys Lebensweg herzustellen. So gab es bisher unter anderem Tagungen in Rheinsberg, in Mariefred oder in den Pyrenäen.

Sitz und alle zwei Jahre Tagungsort der KTG ist Tucholskys Geburtsstadt Berlin.

Kontakt:

Kurt Tucholsky-Gesellschaft e.V.
Geschäftsstelle

Besselstraße 21/II
32427 Minden

Tel: 0571 / 8375440
Fax: 0571 / 8375449
E-Mail: info@tucholsky-gesellschaft.de
Internet: www.tucholsky-gesellschaft.de

Jahresbeitrag: (Stand: März 2015)

Ordentliche Mitglieder	60,- Euro
Schüler/Studenten/Arbeitslose	30,- Euro
Ehepaare/Lebensgemeinschaften	90,- Euro
Institutionen/Organisationen	100,- Euro
Förderbeitrag	100,- Euro

Der Beitrag ist jeweils im Januar fällig. Beiträge und Spenden sind steuerlich absetzbar.

Bankverbindung:

Sparkasse Minden-Lübbecke

IBAN DE49 4905 0101 0040 1308 90
SWIFT-BIC: WELADED1MIN

Kurt-Tucholsky-Preis für literarische Publizistik

Mit dem 1995 aus Anlass des 60. Todestages Tucholskys gestifteten Preis sollen engagierte und sprachlich prägnante Texte deutschsprachiger Publizisten ausgezeichnet werden, die der »kleinen Form« wie Essay, Satire, Song, Groteske, Traktat oder Pamphlet verpflichtet sind und sich konkret auf zeitgeschichtlich-politische Vorgänge beziehen. Sie sollen in der Tradition Tucholskys der Realitätsprüfung dienen, Hintergründe aufzeigen und damit zur Urteilsbildung der Leser beitragen.

Die Kurt Tucholsky-Gesellschaft vergibt den mit 5.000 € dotierten Preis derzeit aller zwei Jahre.

Die bisherigen Preisträger sind:

> Konstantin Wecker (1995)
> Heribert Prantl (1996)
> Kurt Marti (1997)
> Daniela Dahn (1999)
> Harry Pross (2001)
> Wolfgang Büscher (2003)
> Erich Kuby (2005)
> Otto Köhler und Lothar Kusche (2007)
> Volker Weidermann (2009)
> Deniz Yücel (2011)
> Mario Kaiser (2013)
> Jochanan Trilse-Finkelstein (2015)

Aufnahmeantrag

Bitte ausgefüllt und unterschrieben senden an Kurt-Tucholsky-Gesellschaft e.V., Geschäftsstelle, Besselstr. 21/II, 32427 Minden.

Ich möchte Mitglied der Kurt Tucholsky-Gesellschaft werden:

_____

Vorname, Name

_____

Straße

_____

PLZ, Wohnort

_____

Telefon / Fax

_____

E-Mail

_____

Beruf

Ich bin damit einverstanden, dass mein Name und meine Adresse an die Mitglieder der KTG weitergegeben werden.

_____

Datum, Unterschrift